german with ease

Day by day method

german with ease

Original text by

Hilde SCHNEIDER

Adapted for the use
of English speaking readers
by

A. STETTLER

Illustrated by J.L. GOUSSÉ

ASSIMIL S.A.
B.P. 25
94431 CHENNEVIERES S/MARNE Cedex
(France)

Benelux - Düsseldorf - Lausanne - London
Barcelona - Montréal - New York - Torino

 Nº I.S.B.N. 2-7005-0132-2

"ASSIMIL" METHOD BOOKS

Bound books, lavishly illustrated, containing lessons and exercises recorded on cassettes

* * * * *

French with ease
Using French
German with ease
Spanish with ease
Italian without toil
Dutch without toil
Russian without toil
Arabic with ease

* * * * *

INTRODUCTION

German with Ease will make you familiar with the everyday language. Most of the texts are dialogues between people meeting in the street, in cafés, at work, at home...
Even complete beginners will be able to make themselves understood and to understand a conversation in the course of a few months.

The ASSIMIL method relies on daily involvement by the student. You will learn German by listening and repeating and finally by speaking yourself. The most important rule is : do a little every day. It is only through constant contact that one's natural powers of learning are exploited to the full. Even if you devote only ten to fifteen minutes each day to the course, do so **every day**, and do it when you are relaxed.

During the first part of the course, the **First Wave** (Lesson 1-50), we only ask you to listen, repeat and understand. Read the texts aloud and compare translation and notes. Do not pay too much attention to grammar rules. As you proceed, you will gradually assimilate the basic constructions of the language in the same way as you assimilates your native language. Don't learn anything by heart.

From Lesson 50 onwards – the **Second Wave** and active phase of the ASSIMIL method – you will go back to an earlier lesson, starting at Lesson 1, and translate from English into German.

At both stages, the exercises will help you to consolidate your knowledge.

The more complex points of grammar are examined in every seventh lesson (Wiederholung und Erklärungen). In the texts, such points are indicated by [N-] and a number. Each time you come to one of these references, read the relevant Note but **no more**. In this way, when you reach the "Wiederholung und Erklärungen Lektion", it will be a real revision.

Do not try and do too much at once. We have tried to make things as simple as possible, so find your own rhythm, and you will enjoy your daily practice.

PRONUNCIATION

The only way to acquire correct pronunciation is to listen to the recordings. However, to make things easier in the earlier lessons, we provide German pronunciation using the nearest equivalent English phoneme and not the International Phonetic Alphabet. In German the pronunciation is not too difficult because you pronounce each letter.

However, pay attention to the following points :
The *Umlaut, ä, ö, ü :*
ä is pronounced like "ai" in "fair";
ö is pronounced like "er" in "her" ;

For the *Umlaut ü,* there is no equivalent phoneme in English. For those who know a little French, it corresponds to the pronunciation of the vowel "u" in French. Listen carefully to the recordings and repeat aloud ; this will be the best way of getting familiar with it.

The *ch* is pronounced in two ways :
preceded by the vowels *i, e, ü, eu* [oy], it is pronounced slightly less gutturally than "ch" in the Scottish word *loch.* We will write it this way in the pronunciation [çh].

Preceded by the vowels *a, o, au,* it is pronounced gutturally. It will be written with a capital H [cH].

The letter *ß* is used instead of *ss* at the end of a word or before consonants.

The *"e"* In italics is pronounced like the "e" in "open". Notice that the stress is on the bold-faced letters.

These indications will be sufficient for the time being. Remember that nobody speaks a language without making mistakes at first...

VIEL SPASS! ENJOY YOURSELF!

ERSTE (1.) LEKTION [Erste Lektsiohn]

Im Café

1 — Herr **O**ber!
2 Der Tee ist kalt! **(1)**
3 — Wie ist der Tee? **(2)**
4 — Er ist kalt! **(3)**
5 — Oh, Verz**ei**hung!
6 — Herr **O**ber, der Tee ist jetzt gut;
7 **a**ber die T**a**sse... **(4)**
8 — Ja, die T**a**sse?
9 — Sie ist zu klein! **(5)**

Aussprache [Ows-shpracHe] (pronunciation)
Im Kaf**ay. 1** Herr **Oh**ber! **2** Dehr Tay ist kalt! **3** Vee ist dehr Tay? **4** Ehr ist kalt! **5** Oh, Ferts**y**-oong! **6** Herr **Oh**b*e*r, dehr Tay ist yetst goot ; **7 ah**b*e*r dee T**a**ss*e*... **8** Yah, dee T**a**ss*e*? **9** Zee ist tsoo klyne!

*****

Below, for the first time the exercises which will accompany each lesson. The first exercise *(Übung)* consists of short German sentences which you should read aloud and then translate orally into English.
The second *(Ergänzen Sie bitte)* will help you to test your newly acquired knowledge : we ask you to fill in the blanks. You will find the answers to the exercises at the end of each lesson.

Übung [Üboong] (Exercise)

1. Wie ist die Tasse? **2**. Sie ist klein. **3**. Wie ist der Tee? **4**. Er ist zu kalt. **5**. Peter ist klein, aber Klaus ist groß.*

* groß : tall.

FIRST LESSON

In the Café

1 — Waiter (Mister waiter)!
2 The tea is cold!
3 — What is the tea like (how is the tea)?
4 — It (he) is cold!
5 — Oh, excuse me (pardon)!
6 — Waiter, the tea is (now) good now ;
7 but the cup...
8 — Yes, the cup?
9 — It (she) is too small!

NOTES

(1) In German, all nouns are spelled with an initial capital letter. Notice also that nouns have a **gender**. They are either **masculine, feminine** or **neuter.**
Tee : tea is **masculine,** its **definite article** is *der.*

(2) *Wie :* how? is pronounced [vee], like *ee* in the English verb "meet". The *e* is not pronounced.

(3) *Er :* he : is the masculine **personal pronoun.**

(4) *Tasse :* cup, is a **feminine** noun ; its **definite article** is *die.* Notice that the *"e"*s in italics are pronounced like the *"e"* in "open".

(5) *Sie :* she, is the feminine **personal pronoun.**

EXERCISE : 1. What is the cup like? – **2.** It is small. – **3.** What is the tea like? – **4.** It is cold. – **5.** Peter is small, but Klaus is tall.

3 drei [dry]

Ergänzen Sie bitte [Ergen**t**sen Zee bi**tt**e] :
(Fill in the blanks please. Each dash represents a letter).

1 *What is the tea like (How is the tea)?*

. . . ist der Tee?

2 *It is good.*

. . ist gut.

3 *Excuse me, (Mister) waiter!*

. . . . , Herr Ober!

4 *The cup is too small.*

Die Tasse ist . . klein.

****

ZWEITE (2.) LEKTION [Tsvyte Lektsiohn]

Das Restaurant (1)

1 — Ich bin sehr müde, (2)
2 und ich habe Hunger.
3 Dort ist ein Restaurant. (3)

Aussprache
1 Içh bin zehr m**ü**de* ; **2** oont içh h**ah**be H**oo**nger. **3** Dort ist ine Restor**ohn**.

*****

We hope that the pronunciation helps you to make yourself familiar with the spoken language, but do not write it down.

5 *She is small.*

. . . ist klein.

6 *Anne is small, but Klaus is tall.*

Anne ist . . . . . , aber Klaus ist . . . .

Fill in the blanks

1 Wie -. **2** Er -. **3** Verzeihung -. **4** - zu -. **5** Sie -. **6** - klein - groß.

Remember that you are not required to learn the texts by heart. Listen carefully to the lessons and read each paragraph aloud, immediately after you have heard it. This sort of revision will help you to assimilate new words and constructions before learning a grammar rule.

****

SECOND LESSON

The restaurant

1 — I am very tired,
2 and I am hungry (I have hunger).
3 There is a restaurant [over there].

NOTES

(1) *Restaurant :* is a **neuter** noun, the third gender. Its **definite article** is *das.* Don't worry too much about this novelty ; the gender of any new word will always be indicated in the English translation : *m* = masculine, *f* = feminine, *n* = neuter.

(2) *Ich :* I ; the pronunciation of "ch" is not easy. It is pronounced slightly less gutturally than "ch" in the Scottish word **Loch.** We will write it like that in the pronunciation : *[çh].* It occurs after *i, e, ü, eu.*

(3) *Ein :* a/an, is the **indefinite article** of the **neuter** and the **masculine** gender. *Eine,* as you will see later, is the **feminine** form : *eine Tasse :* a cup.

4 Es ist schön, nicht wahr? **(4) (5)**
5 — Ja..., aber...
6 — Haben Sie auch Hunger? **(6)**
7 — Ja, aber...
8 — Sind Sie nicht müde?
9 — Doch, aber das Restaurant ist zu teuer.
10 Dort ist eine Kneipe; sie ist auch schön, nicht wahr? **(7)**

Aussprache
4 Ess ist shern, niçht vahr? Yah, **ah***ber*... **6** **Hah***ben* Zee owcH **Hoon***ger*? **7** Yah, **ah***ber*... **8** Zinnt Zee niçht **mü***de*? **9** DocH, **ah***ber* dass Resto**rohn** ist tsoo **toy**-*er*. **10** Dort ist **i**-*ne* Kn**y**-*pe* ; zee ist owcH shern, niçht vahr?

Übung

1. Das Restaurant ist zu teuer. **2.** Sie sind müde? **3.** Dort ist das Café. **4.** Ich habe Hunger. **5.** Haben Sie auch Hunger?

Ergänzen Sie bitte:

1 *I am tall.*

Ich . . . groß.

2 *You are small.*

Sie . . . . klein.

3 *Is the restaurant expensive?*

Ist das Restaurant . . . . . ?

4 It is nice, isn't it (not true)?
5 — Yes..., but...
6 — Are you (also) hungry, too (have you also hunger)?
7 — Yes, but...
8 — Are you not tired?
9 — Indeed I am, but the restaurant is too expensive.
10 There is a pub [over there] ; it (she) is (also) nice too, isn't it?

NOTES

(4) *Es* is the personal pronoun of the **neuter.** *Das Restaurant ist schön :* ***es*** *ist schön* (the restaurant is nice : **it** is nice).

(5) *Schön : "ö" = "er".*

(6) *Sie :* you, is the personal pronoun of the formal way of addressing a person. The *s* is always spelled with a capital letter. The *ch* of *auch* is always pronounced gutturally, not like the *ch* of *ich.* This pronunciation occurs after the vowels *a, o, u, au.* It is very similar to the pronunciation of the Scottish word **"Loch".** In the pronunciation the guttural *ch* will be written with a capital *h* [cH].

(7) *Die Kneipe :* the pub, is a place where you can have a beer or a snack. It is a colloquial word.

EXERCISE : 1. The restaurant is too expensive. – **2.** You are tired? – **3.** The café is over there (there is the café). – **4.** I am hungry. – **5.** Are you hungry, too?

4 *No, it is not expensive.*

Nein, . . ist nicht teuer.

5 *There is a café over there.*

. . . . ist ein Café.

6 *I am hungry.*

Ich habe . . . . . .

Fill in the blanks (Correct answers)

1 - bin -. **2** - sind -. **3** - teuer. **4** - es -. **5** Dort -. **6** - Hunger.

DRITTE (3.) LEKTION [Dritte Lektsi**oh**n]

Im Park

1 — Verzeihung! Ist dieser Platz noch frei? (1)
2 — Ich glaube, ja. (2)
3 — Danke! Wunderbar diese Sonne, nicht wahr? (3)
4 Die Luft ist auch so gut!
5 Sind Sie oft hier?
6 Warum antworten Sie nicht?
7 Sprechen Sie Deutsch? (4)
8 — Nein, ich bin Französin. (5)
9 Ich spreche nur ein wenig Deutsch. (6)
10 — Schade!

Aussprache
Im Park. **1** Fertsy-oong! Ist d**ee**z*er* Plats nocH fry? **2** Içh gl**ow**b*e* yah. **3** Dang-k*e*! V**oo**nd*e*rbahr d**ee**z*e* Z**o**nn*e*, niçht vahr? **4** Dee Looft ist owcH zoh goot! **5** Zinnt Zee oft heer? **6** Var**oo**m **annt**-vort*e*n Zee niçht? **7** Shpr**e**çh*e*n Zee Doytsh? **8** Nyne, içh bin Frants**e**rzin. **9** Içh shpr**e**çh*e* noor ine vehniçh Doytsh. **10** Sh**ah**d*e*!

Übung

1. Dieser Platz ist nicht frei. **2.** Ich spreche ein wenig Deutsch. **3.** Sind Sie Franzose? **4.** Warum ist der Tee kalt? **5.** Die Sonne ist wunderbar.

Ergänzen Sie bitte:

1 *Do you speak French?*

. . . . Sie Französisch?

2 *No, I speak only German.*

Nein, ich . . . . nur Deutsch.

3 *Is this tea good?*

Ist . . . . Tee gut?

THIRD LESSON

In the park

1 — Excuse me! Is this seat (place) still free?
2 — I think (believe) [so], yes.
3 — Thank you! Wonderful this sun [shine], isn't it?
4 The air smells (is) so nice, too!
5 Do you often come here (are you often here)?
6 Why don't you answer (why answer you not)?
7 Do you speak German?
8 — No, I am French.
9 I speak only a little German.
10 — What a pity (pity)!

NOTES

(1) *Der Platz :* the seat or place is **masculine.** *Dieser Platz :* this place, *dieser* is the **demonstrative pronoun** of the masculine gender.

(2) *Glauben :* the *"au"* is pronounced like the *"ow"* of "how".

(3) *Diese Sonne :* this sun ; *diese* is the **feminine** form of the demonstrative pronoun. The **neuter** is : *dieses.*
E. g. : *Dieses Restaurant :* this restaurant.

(4) In German, the questions are formed by inverting the verb and the noun or pronoun. Do, does, did is never translated!

(5) *Eine Französin :* a Frenchwoman ; *ein Franzose :* a Frenchman. **But :** *Ich spreche Französisch :* I speak French.

(6) *Ein wenig :* a little ; the ending *-ig* is generally pronounced *[-içh].*

EXERCISE : 1. This seat is not free. – **2.** I speak a little German. – **3.** Are you French (a Frenchwoman)? – **4.** Why is the tea cold? – **5.** The sun [shine] is wonderful.

9 neun [noyne]

4 *This restaurant is not expensive.*

. . . . . . Restaurant ist nicht teuer.

5 *I speak a little English.*

Ich spreche . . . . Englisch.

****

VIERTE (4.) LEKTION [F**ee**rte Lektsi**oh**n]

Wie geht's? (1)

1 — G**u**ten Tag, W**o**lfgang!
2 — Hallo, **A**nne! Wie geht's?
3 — Gut, d**a**nke.
4 — Kommst du mit ins Caf**é**? **(2) (3)**
5 — Ja, gern. Ich h**a**be Durst.
6 — Was trinkst du?
7 — Ich trinke **ei**ne Limon**a**de. Und du?
8 — Ich n**e**hme ein Bier.
9 **A**nne (sie) trinkt **ei**ne Limon**a**de, und W**o**lfgang (er) trinkt ein Bier. **(4)**

10 — G**u**ten **A**bend, Frau H**e**rder!
11 — G**u**ten **A**bend, Herr Schmitt!
12 — Das ist Fr**äu**lein W**a**gner.
13 — Freut mich! Tr**i**nken Sie ein Glas Wein mit mir? **(5)**

Aussprache

Vee g**e**hts? **1** G**oo**t*en* Tak, V**o**lfgang!* **2** H**a**lloh, **A**nn*e*! Vee gehts? **3** Goot, d**a**ng-k*e*. **4** Kommst doo mit ins Kaf**ay**? **5** Yah, gern. Içh h**ah**b*e* Doorst. **6** Vass tr**i**ng-kst doo? **7** Içh tr**i**ng-k*e*... Limon**ah**d*e*. Oont doo? **8** Içh n**eh**m*e* ine Beer. **9** **A**nn*e* (zee) tr**i**ng-kt **i**-n*e* Limon**ah**d*e* oont V**o**lfgang (ehr) tr**i**ng-kt ine Beer. **10** G**oo**t*en* **Ah**bent, Frow H**e**rd*er*. **11**..., Herr Shmitt. **12** Dass ist Fr**oy**lyne V**a**gn*er*. **13** Froyt miçh. Tr**i**ng-k*en* Zee ine Glass Vyne mit meer?

****

6 *Do you often come here (are you often here)?*

Sie sind . . . hier?

Fill in the blanks

1 Sprechen -. **2** - spreche -. **3** - dieser -. **4** Dieses -. **5** - ein wenig -. **6** - oft -.

****

FOURTH LESSON

How are you?

1 — Hello, Wolfgang! (good day)
2 — Hello, Anne! How are you (how goes it)?
3 — Fine, thanks.
4 — Will you come to the café with me?
5 — Yes, with pleasure. I am thirsty (I have thirst).
6 — What are you having (drinking)?
7 — I'll have (drink) a lemonade. And you?
8 — I'll have a beer(n).
9 Anne (she) drinks a lemonade, and Wolfgang (he) drinks a beer.
10 — Good evening, Mrs. Herder!
11 — Good evening, Mr. Schmitt!
12 — This is Miss Wagner.
13 — Nice to meet you! Will you have a glass [of] wine with me (do you drink...)?

NOTES

(1) *Wie geht's?* or *Wie geht es?* How are you? The answer is *gut :* well / fine, or *es geht gut.*

(2) In German, the present tense translates the simple and the progressive forms in English and can be used when making an invitation : *kommst du...?* will you come...?

(3) We say : *ich gehe ins Café :* I go to the café ; **but :** *ich bin im Café :* I am in the café. Notice the difference, the explanation will follow.

(4) We have already seen the singular of the present tense : *ich trinke :* I drink, *du trinkst :* you drink, *er/sie/es trinkt :* he/she/it drinks.

(5) The formal form : *Sie trinken :* you drink, always ends in *-en.*

11 elf [elf]

Übung

1. Guten Tag! Wie geht's? **2**. Ich habe Durst. **3**. Trinkst du ein Bier? **4**. Nein, danke! Ich nehme eine Limonade. **5**. Kommen Sie mit ins Café? **6**. Was trinken Sie?

Ergänzen Sie bitte:

1 *Good evening, Miss Wagner! How are you?*

Guten . . . . . , Fräulein Wagner! . . . geht's?

2 *This is Mr. Müller.*

Das . . . Herr Müller.

3 *What are you having (do you drink)?*

Was . . . . Sie?

4 *Anne drinks a lemonade.*

Anne . . . . . . eine Limonade.

5 *Will you come (with) to the café [with me]?*

. . . . . . du mit ins Café?

****

FÜNFTE (5.) LEKTION [F**ü**nfte Lektsi**oh**n]

Am Telefon

1 — Guten Tag! Hier ist P**e**ter Schmitt.
2 'Ich möchte b**i**tte Fr**äu**lein W**a**gner spr**e**chen. **(1)**
3 — Verz**ei**hung! Wer sind Sie?

Aussprache
1 G**oo**ten Tak!* Heer ist P**eh**t*er* Shmitt. **2** Içh m**er**çht*e*... shpr**e**ç*hen*,
3 Fertsy-oong! Vehr zinnt Zee?

* The pronunciation of final *g* is *k* (except *-ig*, see lesson 3, note (6)). Final *b* is pronounced *p*, and *d* is pronounced *t* : *sind* [zinnt].

EXERCISE : 1. Hello! How are you? – **2.** I am thirsty. – **3.** Will you have a beer (do you drink a beer)? – **4.** No, thanks! I'll have a lemonade. – **5.** Will you come to the café with me? – **6.** What will you have (to drink)?

6 *I am thirsty. And you?*

Ich . . . . Durst. Und . . ?

Fill in the blanks

1 - Abend - Wie -. **2** - ist -. **3** - trinken -. **4** - trinkt -. **5** Kommst -. **6** - habe - du.

Don't worry about any words or expressions that have not yet been explained ; just try to repeat and to understand them in their context. We'll have a closer look at them soon.

****

FIFTH LESSON

On the phone

1 — Hello! This is Peter Schmitt speaking (here is Peter Schmitt).
2 I would like to speak to Miss Wagner, please.
3 — Excuse me! Who is speaking (Who are you)?

NOTES

(1) Notice the word order of the sentence : *ich möchte* (I'd like)... *sprechen* (talk to). The **infinitive** *sprechen* is placed **at the end** of the sentence.

4 — Mein Name ist Peter Schmitt. (2)
5 — Einen Moment, bitte. Meine Tochter kommt sofort. (2)
6 — Hallo, Peter! Wo bist du?
7 — Ich bin noch im Büro; aber ich fahre jetzt nach Hause. (3)
8 Gehen wir heute abend ins Kino? (4)
9 — Nein, lieber morgen; heute abend möchte ich fernsehen. (5)
10 — Gut! Dann bis morgen!

11 Ich bin, du bist, er/sie/es ist, Sie sind. (6)

Aussprache
4 Myne **Nah**me ist... **5** I-nen Moh**ment** bitte. **My**-ne **Toc**Hter kommt zoh**fort**. **6** Halloh **Peh**ter! Voh bist doo? **7** Içh bin nocH im Bür**oh** ; **ah**ber içh **fah**re yetst nacH **How**ze. **8** **Geh**en veer **hoy**te **ah**bent ins **Kee**no? **9** Nyne, **lee**ber **mor**gen ;... **fern**zeh'n. **10** Goot! Dann bis **mor**gen! **11** Içh bin, doo bist, ehr/zee/ess ist, Zee zinnt.

Übung

1. Wer sind Sie? - Ich bin Anne Müller. **2.** Herr Schmitt geht nach Hause. **3.** Fräulein Wagner ist noch im Büro. **4.** Gehst du heute abend ins Restaurant? **5.** Herr und Frau Herder sind sehr müde. **6.** Kommen Sie mit ins Kino?

Ergänzen Sie bitte:

1 *Hello! This is Miss Wagner speaking.*

Guten Tag! . . . . ist Fräulein Wagner.

4 — My name (m) is Peter Schmitt.
5 — One moment, please. My daughter will be here right away (comes at once).
6 — Hello, Peter! Where are you?
7 — I am still at the office ; but I'm leaving now (driving).
8 Are we going to the cinema (n) tonight?
9 — No, rather tomorrow ; tonight I would like to watch the television.
10 — Fine! See you tomorrow then (then until tomorrow)!

11 I am, you are, he/she/it is, you are (formal).

NOTES
(2) *Der Name :* the name ; *mein Name :* my name. *Mein* is the **possessive pronoun** of the **masculine** and the **neuter** gender. *Meine* is the **feminine form (indefinite article :** ***ein/eine*****).**
(3) *Das Haus :* the house ; *"nach Hause" :* home, *nach* indicates the **direction to a place.** But : I am at home : *Ich bin zu Hause.*
(4) *Heute :* today ; but : *heute abend :* tonight, this evening.
(5) *Das Fernsehen :* the television ; *fernsehen :* to watch the TV (literally : *fern* = far, *sehen* = see).
(6) The verb *sein :* to be, is irregular in German as well as in English.

EXERCISE : 1. Who is speaking (who are you)? – I am Anne Müller. – **2.** Mr. Schmitt goes home. – **3.** Miss Wagner is still at the office. – **4.** Are you going to the restaurant tonight? – **5.** Mr. and Mrs. Herder are very tired. – **6.** Will you come (with) to the cinema with me?

2 *My name is Wolfgang.*

Mein . . . . ist Wolfgang.

3 *Excuse me, who are you?*

Verzeihung, . . . bist du?

4 *I'm going home now.*

Ich gehe jetzt . . . . Hause.

15 fünfzehn [fünftsehn]

5 *Where is Peter? – He is at home.*

. . ist Peter? - Er ist . . Hause.

****

SECHSTE (6.) LEKTION [Z**e**kste Lektsi**oh**n]

Immer dasselbe...

1 — Komm schnell! Der Zug fährt in zehn Min**u**ten. (1)
2 — Hast du die F**a**hrkarten? (2)
3 — Ich h**a**be m**ei**ne F**a**hrkarte, **a**ber nicht d**ei**ne. (3)
4 — Viell**ei**cht hast du m**ei**ne und nicht d**ei**ne?
5 — **A**lso gut, ich h**a**be nur **ei**ne K**a**rte. Wer hat die **a**ndere?
6 — Ich h**a**be sie nicht. Du mußt zwei K**a**rten h**a**ben. (4)
7 — Oh Gott, das ist **i**mmer dass**e**lbe The**a**ter! Ich f**a**hre all**ei**n!

Aussprache
1 komm shnell! Dehr Tsook fehrt in tsehn Min**oo**t*e*n. **2** Hast doo dee F**ah**rkart*e*n? **3** Içh h**ah**b*e* m**y**-n*e*... **ah**b*e*r niçht d**y**-n*e*, **4** Feel**y**çht... **5** **A**llzoh goot içh h**ah**b*e* noor **i**-n*e* K**a**rt*e*. Vehr hat dee **a**nd*e*r*e*? **6** Içh h**ah**b*e* zee niçht. Doo moosst tsvy K**a**rt*e*n h**ah**bn. **7** Oh Gott, dass ist **i**mm*e*r dass**e**lb*e* Te**ah**t*e*r! Içh f**ah**r*e* allyne!

6 *My daughter is still small.*

Meine . . . . ist noch klein.

Fill in the blanks

1 - Hier -. **2** - Name -. **3** - wer -. **4** - nach -. **5** Wo - zu -. **6**. - Tochter -.

****

SIXTH LESSON

Always the same...

1 — Hurry up (come quickly)! The train is leaving in ten minutes.
2 — Have you [got] the tickets (f)?
3 — I have my ticket, but not yours.
4 — Maybe, you have [got] mine and not yours?
5 — Well then, I have only [got] one ticket. Who has [got] the other one?
6 — I have not got it. You must have two tickets.
7 — Oh dear (God), it's always the same old story (theatre)! I'll go on my own!

NOTES

(1) *Fahren :* to go (by car, train...), to leave. *Gehen* only means to go on foot. Notice that we say : *ich fahre,* but : *du fährst, er/sie/es fährt* (the *a* becomes *ä*).
The plural is regular : *wir fahren :* we go/leave, *Sie fahren :* you go/leave (formal), and *sie fahren :* they go/leave.

(2) The plural has only one gender ; its definite article is *die*. The plural forms of the nouns are not regular : *die Karte - die Karten :* the ticket - the tickets ; *der Zug - die Züge :* the train - the trains ; *das Theater - die Theater :* the theatre - the theatres...

(3) *Die Fahrkarte* is feminine. *Meine/deine Karte :* my/your ticket.

(4) Pay attention to the position of *"haben"*. Remember note (1) of the fifth lesson.

*****

8 — Warte! Hier ist meine Karte - in meiner Manteltasche! (5)
9 — Endlich...! Wir haben nur noch zwei Minuten Zeit.

10 — Ich habe, du hast, er/sie/es hat, wir haben, Sie haben.

Aussprache
8 Var*te*! Heer... in m**y**n*er* **Man**t*el*ta*she*. **9 E**ntliçh! Veer h**ah**b*en* noor nocH tsvy Min**oo**t*en* Tsyte. **10** Içh h**ah**b*e*, doo hast, ehr / zee / ess hat, veer h**ah**b*en*, Zee h**ah**b*en*.

Übung

1. Wer hat die Fahrkarten? **2**. Endlich kommst du! **3**. Ich warte schon zehn Minuten. **4**. Mein Mantel hat zwei Taschen. **5**. Sie haben (politesse) nur noch eine Minute Zeit. **6**. Das ist mein Glas.

Ergänzen Sie bitte:

1 *The train leaves at six o'clock.*

Der Zug . . . . . um sechs Uhr.

2 *Where is my ticket?*

Wo ist . . . . . Fahrkarte?

3 *Wait! I am coming immediately!*

. . . . . ! Ich komme . . . . . . !

4 *We have only ten minutes [left].*

Wir . . . . . nur . . . . Minuten Zeit.

8 — Wait! Here is my ticket – in my coat pocket.
9 — At last...! We only have two minutes [left].

10 — I have, you have, he/she/it has, we have, you have (formal).

NOTES (continued)
(5) *Die Manteltasche :* the coat pocket. One of the peculiarities of the German language is the **compound words.** Their gender is determined by the gender of the second word : *der Mantel :* the coat ; *die Tasche :* the pocket ; *die Manteltasche.* You see, it is important to learn the nouns with their article.

EXERCISE : 1. Who has the tickets? – **2.** There you are, finally (finally you are coming)! – **3.** I have already been waiting [for] ten minutes (I wait already ten minutes). – **4.** My coat has two pockets. – **5.** You have only one minute [left]. – **6.** That is my glass.

5 *My name is Anne Müller.*

. . . . Name ist Anne Müller.

6 *It's always the same!*

Das ist immer . . . . !

Fill in the blanks

1 - fährt -. **2** - meine -. **3** Warte - sofort. **4** - haben - zehn -. **5** Mein -. **6** - dasselbe.

We have seen quite a lot during this first week. At the end of each week of six lessons, there will be a review lesson which will explain the most important points of the preceding lessons. Don't learn the rules by heart ; try to assimilate them in the given context.

SIEBTE (7.) LEKTION [Z**ee**p-te Lektsi**oh**n]

Wiederholung und Erklärungen
(Revision and Explanations)

1. During this first week we have learnt short sentences, and have gradually familiarized ourselves with German pronunciation. Below, you will find the whole **alphabet** with the pronunciation of each letter :

a [ah], b [beh], c [tseh], d [deh], e [eh], f [eff], g [geh], h [hah], i [ee], j [yot], k [kah], l [ell], m [em], n [en], o [oh], p [peh], q [koo], r [err], s [ess], t [teh], u [oo], v [fow], w [veh], x [iks], y [eepsilon], z [tsett], ä [ai], ö [er], ü [ü].

2. We have seen that there are **three genders** in German : **masculine, feminine, neuter.**
The **definite articles** are : *der* (m), *die* (f), *das* (n) ; the **indefinite articles :** *ein* (m/n), *eine* (f) ; the **demonstrative pronouns** (this) : *dieser* (m), *diese* (f), *dieses* (n).
The **plural** has only one gender, so there is only one definite article : *die :* the ; and one demonstrative pronoun : *diese :* these.

3. Verbs :
We have already learnt the **present tense** of :
trinken : to drink :
ich trinke : I drink
du trinkst : you drink
er/sie/es trinkt : he/she/it drinks
wir trinken : we drink
sie trinken : they drink
Sie trinken : you drink (formal)
The formal way of addressing a person *"Sie trinken"* and the third person of the plural are identical in pronunciation. The difference is only apparent in the written language : the formal form takes an initial capital *S.* The second person of the plural will be considered a little later.

SEVENTH LESSON

Do you remember the two irregular verbs we saw?
*Ich **bin** Franzose :* I **am** French
*Du **bist** müde :* You **are** tired
*Er/sie/es **ist** groß :* He/she/it **is** tall
*Sie **sind** Französin :* You **are** French (formal)

*Ich **habe** die Fahrkarte :* I **have** the ticket
*Du **hast** :* you **have**
*Er/sie/es **hat** :* he/she/it **has**
*Wir **haben** :* we **have**
*Sie **haben** :* you **have**

The advantage of German is that the present tense translates the simple and the progressive (-ing) forms in English.

*****

Remember : Don't spend too much time on the explanations. Listen regulary to your lessons, read them aloud – sentence by sentence – without asking yourself too many questions.

*****

ACHTE (8.) LEKTION [AcHte Lektsiohn]

Ein Fest

1 Viele Leute sind heute abend bei Fischers. (1)
2 Fischers geben eine Party.
3 Man trinkt, tanzt und lacht viel.
4 Alle amüsieren sich gut. Alle?
5 Wer ist die Frau dort? Sie ist ganz allein.
6 Ich möchte wissen, wer sie ist. (2)
7 — Anne, wer ist die blonde Frau dort? (3)
8 — Ich weiß nicht. Ich kenne sie nicht.
9 Aber ich glaube, sie ist eine Freundin von Frau Fischer. (4)
10 — Gut! Ich frage sie...

(Fortsetzung folgt)

Aussprache
Ine Fest. **1** Feel*e* Loyt*e*... by Fish*e*rs. **2** Fish*e*rs geb*e*n... **3** Mann tring'kt, tanntst oont lacHt feel. **4** Alle amüs**ee**r*e*n siçh goot... **5** ...? ... gannts allyne? **6** ... vissen, ... **7** ... blonnd*e*... **8** ... vise niçht... **9** Ahber içh glowb*e*... Froyn-din fonn... **10** ... frahge...

Übung

1. Wer ist die Freundin von Frau Fischer? **2**. Die Leute trinken und lachen. **3**. Das Kind ist ganz allein. **4**. Kennen Sie Fräulein Wagner? **5**. Der kleine Mann dort ist mein Freund.

EIGHTH LESSON

A party (n)

1 Many people are at [the] Fischers' tonight.
2 [The] Fischers are giving a party.
3 Everybody is drinking and dancing and laughing a lot.
4 All [of them] are enjoying [themselves] a lot (well). All [of them]?
5 Who is the woman [over] there? She is all alone.
6 I would like to know who she is.
7 — Anne, who is the fair-haired (blonde) woman [over] there?
8 — I don't know. I don't know her.
9 But I think (believe) she is a friend of Mrs. Fischer's
10 — Well! I'[ll] ask her...

NOTES

(1) *Viel :* many ; a lot, when it is used as an adjective it **has to agree** with the noun it qualifies. *Viele Freunde :* many friends.

(2) *Wissen :* to know. The first person singular does not end in *-e : ich weiß :* I know. *ß* takes the place of *ss* at **word endings, preceding** a **consonant** and **between 2 vowels** when the first one is long.
Notice : to know something : *wissen ;* to know someone : *kennen.*

(3) Adjectives before the noun are always declined (see (1)) ; preceded by a definite article the singular form ends in *-e : **die** blonde Frau ; **der** blonde Mann ; **das** blonde Kind.* **But :** *das Kind ist blond.*

(4) *Der Freund :* the friend (m) ; *die Freundin :* the friend (f). *Der Student :* the student (m) ; *die Studentin :* the student (f).

EXERCISE : 1. Who is the friend of Mrs Fischer? – **2.** The people are drinking and laughing. – **3.** The child is all alone. – **4.** Do you know Miss Wagner? – **5.** The small man over there is my friend.

Ergänzen Sie bitte:

1 *Who is it? – I don't know.*

. . . ist das? - Ich . . . . nicht.

2 *All of them are enjoying themselves and dancing.*

. . . . amüsieren sich und . . . . . .

3 *I think (believe) he is a friend of Miss Schmitt's.*

Ich . . . . , er ist ein . . . . von Fräulein Schmitt.

****

NEUNTE (9.) LEKTION [N**oy**nte Lektsi**oh**n]

Ein Fest (Fortsetzung)

1 — Guten **A**bend! T**a**nzen Sie nicht gern? **(1)**
2 — Doch, sehr gern. **A**ber ich k**e**nne n**ie**mand hier.
3 — Ach so. Darf ich mich v**o**rstellen? Mein N**a**me ist Klaus Frisch.
4 Ich bin ein Koll**e**ge von Herrn Fischer.
5 — Ich h**ei**ße Elisabeth. Frau Fischer ist meine Schw**e**ster. **(2)**

Aussprache
... (F**o**rtsetsoong) **1** ... T**a**nntsen... gern? **2** ... k**e**nn*e* n**ee**mannt heer. **3** AcH zoh. Darf... f**o**r'shtell*e*n?... **4** ... Koll**e**g*e*... **5** Içh h**y**s*e* Elizabett... Shv**e**st*e*r.

St or *sp* at the beginning of a word is pronounced like *"scht"* or *"schp" (sht* or *shp* in English). *Vor* of *vorstellen* is a prefix which can be separated from the verb *stellen*.

4 *He doesn't know her/them.*

Er . . . . . . sie nicht.

5 *Do you know why he is laughing?*

Wissen Sie, ... er lacht?

6 *The small woman [over] there is my mother.*

Die . . . . . . Frau dort ist meine Mutter.

Fill in the blanks

1 Wer - weiß -. **2** Alle - tanzen. **3** - glaube - Freund -. **4** - kennt -. **5** - warum -. **6** - kleine -.

****

NINTH LESSON

A party (continued)

1 — Good evening! Don't you like dancing?
2 — On the contrary, I do (I like very much). But I [don't] know anybody here. (I know nobody here).
3 — Oh, I see! May I introduce myself? My name is Klaus Fischer.
4 I am a colleague of Mr. Fischer's.
5 — My name is Elisabeth. Mrs. Fischer is my sister.

NOTES

(1) *Ich tanze gern :* I like dancing/to dance. *Er trinkt gern Wein :* he likes drinking wine.

(2) *Heißen :* to be called. *Ich heiße :* I am called. But : My name is... this is how we introduce ourselves.

6 — Ihre Schwester? Das ist nicht möglich! (3)
7 — Warum nicht?
8 — Sie sind groß, blond und schlank und (4)
9 Ihre Schwester ist klein, dunkel und ... mh... nicht so schlank.
10 — Das ist ganz einfach. Mein Vater ist groß, dick und dunkel, und meine Mutter klein, blond und dünn.

Aussprache
6 **Eere** Shvester?... **mer**gliçh! **7** var**oo**m... **8** ... gross, blonnt oont shlang-k... d**oo**ng'kel... **10** ... ine-facH... F**ah**ter... dikk... dünn.

Übung

1. Trinken Sie gern Kaffee? **2.** Wie heißen Sie? - Ich heiße Klaus. **3.** Kennst du meine Schwester? **4.** Er hat eine große Schwester und eine kleine Schwester. **5.** Haben Sie Ihre Fahrkarte?

Ergänzen Sie bitte:

1 *My brother is tall and slim.*

Mein Bruder ist . . . . und . . . .

2 *What is your sister's name?*

Wie heißt . . . . Schwester?

3 *May I introduce myself?*

. . . . ich mich vorstellen?

6 — Your sister? That is impossible! (not possible)
7 — Why? (not)
8 — You are tall, fair-haired and slim, and
9 Your sister is small, dark-[haired] and... mm... not very (so) slim.
10 — It's very simple. My father is tall, fat and dark-[haired], and my mother [is] small, fair-haired and thin.

NOTES (continued)

(3) We have already seen *mein(e)* : my and *dein(e)* : your. *Ihr(e)* is the formal way of addressing someone. Notice the capital I.

(4) Don't forget that the **attributive** adjective **never agrees** with the noun it refers to. *Der Mann ist dick* : the man is fat. **But :** *der dicke Mann* : the fat man.

EXERCISE : 1. Do you like drinking coffee? – **2.** What is your name? – My name is Klaus. – **3.** Do you know my sister? – **4.** He has a big sister and a little sister. – **5.** Do you have your ticket?

4 *We know nobody here.*

Wir kennen . . . . hier.

5 *They like going to the cinema.*

Sie . . . . ins Kino.

6 *What is this woman's name? – I don't know.*

Wie . . . . . diese Frau? - Ich . . . . nicht.

Fill in the blanks

1 - groß - schlank. **2** - Ihre -. **3** Darf -. **4** - niemand -. **5** - gehen gern -. **6** - heißt - weiß -.

ZEHNTE (10.) LEKTION [Tsehnte Lektsiohn]

Eine Überraschung

1 — Was machst du heute abend, Peter?
2 — Ich weiß noch nicht. Ich habe Zeit. **(1)**
3 Meine Freundin kommt nicht. Ihre Mutter ist krank.
4 — Gehen wir ins Kino! Meine Freundin kommt auch nicht. **(2)**
5 Sie hat zuviel Arbeit.
6 — Vielleicht hat Helmut auch Zeit.
7 Seine Frau ist nicht da. **(3)**
8 — Prima! Wir sind alle frei.
9 Treffen wir uns um acht Uhr! **(4)**

Um acht Uhr im Kino:

10 — Schau 'mal, Peter! Ist das nicht deine Freundin dort? **(5)**
11 — Mensch, ja! Und deine Freundin und Helmuts Frau auch! **(6)**

Aussprache
I-*ne* Über**ra**shoong. **1** ... **2** ... nocH... Tsyte. **3** ... **Moo**tt*er* ist krang'k. **4** ... **5** ... tsoo-**feel Ar**byte. **6** ... feel**y**çht... **7** Zyne... **8** Pree**ma**!... **9** Tref*fen* veer oons oomm acHt Oohr! **10** Show* mal... **11** ... Helmoots Frow...!

* Remember : *-au* is pronounced like *-ow* in **how**!

TENTH LESSON

A surprise

1 — What are you doing tonight, Peter?
2 — I don't know yet (yet not). I am free (I have time).
3 My girlfriend is not coming. Her mother is ill.
4 — Let's go (go we) to the cinema! My girlfriend isn't coming either (also not).
5 She has too much work.
6 — Maybe Helmut is free, too (has also time).
7 His wife is not there.
8 — Super! We are all free.
9 Let's meet (meet us) at eight o'clock!

At eight o'clock at the cinema :

10 — Look (once), Peter! Isn't that your girlfriend [over] there?
11 — Dear me, yes! And your girlfriend and Helmut's wife, too!

NOTES

(1) *Noch :* yet ; still. *Sie ist noch zu Hause :* She is still at home. **But** : *noch nicht :* not yet.
(2) *Auch :* also ; too. *Auch nicht :* either.
(3) *Sein(e)/ihr(e) :* his/her. The possessive pronouns ends in *-e* if it precedes a feminine singular or a plural noun : *seine Mutter :* his mother ; **but :** *sein Vater :* his father.
(4) *Sich treffen :* to meet, is a reflexive verb in German. **Notice :** *wir treffen* ***uns*** *:* we meet (us).
(5) *Mal :* its usage is very common in spoken language. The entire form is : *einmal* which means "once". *Schau mal :* look! is the imperative of the **2nd person singular.** We add the personal pronoun to the **formal way** of addressing someone : *Schauen Sie! –* look! and to the **first person plural :** *schauen wir! –* let's look!
(6) *Mensch :* man, human being. **Here :** *Mensch* expresses surprise, because you meet someone or come across something unexpectedly.

29 neunundzwanzig [n**oy**n- oont- tsvanntsiçh]

12 — Na sowas! Das ist ja **ei**ne Überr**a**schung! (7)

Übung

1. Schauen Sie 'mal! Ist das nicht Ihre Mutter? **2**. Seine Freundin ist sehr schön, nicht wahr? **3**. Treffen wir uns um 10 Uhr im Café! **4**. Meine Frau hat zuviel Arbeit. **5**. Ihr Bruder ist sehr groß und dick.

Ergänzen Sie bitte:

1 *Are you free today (have you time today)?*

Hast du . . . . heute?

2 *His mother is ill.*

. . . . . Mutter (Helmuts Mutter) ist krank.

3 *Her sister [will] come tomorrow.*

. . . . Schwester (Annes Schwester) kommt morgen.

****

ELFTE (11.) LEKTION [Elfte Lektsi**oh**n]

Eine Begegnung (1)

1 — Was m**a**chen Sie denn hier? Sind Sie verr**ü**ckt? (2)

2 — War**u**m? Ich möchte nur schl**a**fen! (3)

3 — Ja, **a**ber das ist m**ei**ne Gar**a**ge. Woh**e**r k**o**mmen Sie?

Aussprache

I-*ne* Be-**ge**gnoong. **1** ... ferr**ü**ckt? **2** ... noor shl**ah**f*en*. **3** ... **my**-*ne* Gar**a**sh*e*...

12 — Think of that! That's a nice surprise, indeed!

NOTES
(7) *Ja :* here, its use is only emphatic.

EXERCISE : 1. Look (once)! Isn't that your mother? – **2.** His girlfriend is very beautiful, isn't she? – **3.** Let's meet at ten o'clock at the café! – **4.** My wife has too much work. – **5.** Her brother is very tall and fat.

4 *His friend likes drinking much.*

. . . . Freund (Peters Freund) trinkt gern viel.

5 *Her brother likes dancing.*

. . . Bruder (Annes Bruder) tanzt gern.

6 *Maybe her husband (man) is also free (has also time)?*

. . . . hat ihr Mann auch Zeit?

Fill in the blanks

1 - Zeit -. **2** Seine -. **3** Ihre -. **4** Sein -. **5** Ihr -. **6** Vielleicht -.

****

ELEVENTH LESSON

A meeting (f)

1 — What are you doing here? Are you crazy?
2 — Why? I only want to sleep.
3 — Yes, but this is my garage. (From) where do you come from?

NOTES
(1) Nouns ending in *-ung* are always **feminine.** .
(2) You will often come across words like *denn, doch, ja* in German. It is impossible to give a single translation for them ; we'll use them in different contexts so that you'll be able to understand their meaning. In this text, *denn* underlines disapproval of something.
(3) *Ich möchte :* I want to... or I would like to...

4 — Ich komme aus Frankreich, aus England, aus Indien und aus Südamerika.
5 — Ja, aber wo wohnen Sie?
6 — Ich wohne in Frankreich, in England, in Indien und manchmal in Australien.
7 — Ja, aber Sie sind hier in Deutschland, und das ist meine Garage.
8 — Oh, das ist Ihre Garage! Das tut mir leid. Dann suche ich ein Hotel. **[N.1] (4)**
9 — Haben Sie denn Geld?
10 — Ja, ich habe viel Geld - in Frankreich, in England und in Spanien.
11 — Ja, aber verstehen Sie nicht? Sie sind in der Bundesrepublik Deutschland, und das ist meine Garage. **(5)**
12 — Ach ja, das ist richtig; in Deutschland habe ich leider kein Bankkonto. Wo ist der Bahnhof, bitte? **(6)**

Aussprache
4 ... ows Frangkryçhe,... Englannt,... Indyen... Südamerika. **5** ... vohn*en*... **6** ... mannçh-mahl in Ows-tralien. **7** ... Doytshlannt... **8** ... toot meer lite. Dann zoocH*e*... Hotel. **9** ... Gelt? **10** ... Shpanien. **11** ... Fer'shteh*en*...? **12** AcH ya,... riçhtiçh ;... lyd*er* kyne Bang'konto... Bahnhohf.

Übung

1. Woher kommt Peter? **2.** Er kommt aus Deutschland. **3.** Sie hat nicht viel Geld. **4.** Ich wohne in München. **5.** Ich habe leider kein Auto. **6.** Hier möchte ich nicht schlafen. **7.** Wo möchten Sie schlafen?

Ergänzen Sie bitte:

1 *Where do you come from? – I come from Berlin.*

. . . . . kommst du? - Ich komme . . . Berlin.

2 *Where do you live? – I live in Frankfurt.*

Wo . . . . . . Sie? - Ich . . . . Frankfurt.

4 — I come from France, England, India and South America.
5 — Yes, but where do you live?
6 — I live in France, in England, in India and sometimes in Australia.
7 — Yes, but here you are in Germany, and this is my garage.
8 — Oh, this is your garage! I am sorry. Then I['ll] look for a hotel.
9 — But do you have any money?
10 — Yes, I have a lot of money – in France, in England and in Spain.
11 — Yes, but don't you understand? You are in West Germany and this is my garage.
12 — Oh yes, that's right. Unfortunately I don't have a bank account in Germany. Where is the station, please?

NOTES (continued)
(4) [N] refers to a paragraph in the next revision lesson.
(5) *BRD = Bundesrepublik Deutschland :* Federal Republic of Germany or West Germany.
(6) *Ich habe kein Geld :* I haven't got **any** money/I have **no** money.

EXERCISE : 1. Where does Peter come from? – **2.** He comes from Germany. – **3.** She doesn't have much money. – **4.** I live in Munich. – **5.** Unfortunately I don't have a car. – **6.** I would like to sleep here. – **7.** Where would you like to sleep?

3 *Do you drink a lot [of] beer? – No, I only drink wine.*

Trinken Sie . . . . Bier? - Nein, ich trinke . . . Wein.

4 *Is this your child? – No, I don't have a child.*

Ist das . . . Kind? - Nein, ich habe . . . . Kind..

5 *Mrs. Pivot lives in France, and Mr. Johnson lives in England.*

Frau Pivot . . . . . in . . . . , und Herr Johnson

. . . . . . in . . . .

6 *Sorry? I do not understand.*

Wie bitte? Ich . . . . nicht.

Fill in the blanks

1 Woher - aus. **2** - wohnen - wohne in -. **3** - viel - nur -. **4** - Ihr - kein -. 5 - wohnt - Frankreich - wohnt - England. **6** - verstehe -.

****

ZWÖLFTE (12.) LEKTION [Tsverlfte Lektsiohn]

Wenn das Wetter schön ist...

1 — Wohin fahren Sie in Urlaub, Frau Herder? **(1)**
2 — Ich fahre nach Hamburg und an die Ostsee..., wenn das Wetter schön ist... **(2)**
3 — Kennen Sie Hamburg?
4 — Ja, ich kenne die Stadt gut. Meine Schwester wohnt dort.
5 — Und Sie, Herr Huber, wohin fahren Sie?
6 — Wir fahren nach Österreich in die Alpen und nach Salzburg..., wenn das Wetter schön ist...

Aussprache
... Vetter... **1** Voheen... **Oo**rlowb... **2** ... Hammboork oont... **Ost**-zay... **3** **Ken**nen... **4** ... dee Shtatt... **5** ... **6** ... **Er**ster-ryçh... **Al**pen... Zaltsboork...

*****

****

TWELFTH LESSON

If the weather is fine...

1 — Where will you go on holiday, Mrs. Herder?
2 — I will go to Hamburg and to the Baltic Sea... if the weather is fine...
3 — Do you know Hamburg?
4 — Yes, I know the town well. My sister lives there.
5 — And you Mr. Huber, where will you go?
6 — We will go to Austria, to the Alps and to Salzburg..., if the weather is fine...

NOTES

(1) *Wo :* where? determines the **place** you **are** in. *Wohin :* where? determines the **place** you **go** to. *Wo wohnt Peter?* Where does Peter live? *Wohin geht Peter?* Where does Peter go?

(2) The preposition *nach* indicates the **direction ;** it is used before the names of towns and countries. *Ich gehe nach Paris :* I go to Paris.

7 — Kennen Sie schon Salzburg?
8 — Ja, ich kenne es gut, aber meine Frau kennt es noch nicht.
9 — Die Altstadt ist wirklich sehr schön und die Umgebung auch.
10 Und Sie, Fräulein Wagner, wohin fahren Sie?
11 — Ach wissen Sie, ich fliege nach Mallorca, denn hier ist das Wetter immer so schlecht. (3) (4) (5)

Aussprache
9 ... **A**lt'shtatt... v**i**rkliçh... Oomg**ay**boong... **11** ... fl**ee**ge... Mall**o**rca... shleçht.

Übung

1. Wohin fährst du in Urlaub? **2.** Ich fahre nach Italien. Und du? **3.** Ich fliege nach Südamerika. **4.** Kennen Sie Berlin gut? **5.** Die Umgebung von München ist sehr schön. **6.** Herr Wagner kennt Österreich wirklich gut.

Stellen Sie bitte die Fragen :
(Ask the questions please)

1 *Ich komme aus Deutschland. (I come from Germany).*

. . . . ? (Where do you come from?)

2 *Ich wohne in Frankfurt. (I live in Frankfort.)*

. . . . ? (Where do you live?)

3 *Ich gehe nach Hause. (I'm going home).*

. . . . ? (Where are you going?).

4 *Mein Name ist Gisela Weber. (My name is Gisela Weber.)*

. . . . ? (What (how) is your name?)

7 — Do you already know Salzburg?
8 — Yes, I know it well, but my wife does not know it yet.
9 — The old part of the town (old town) is really very nice and the surroundings too.
10 — And you, Miss Wagner, where will you go?
11 — Oh, you know, I'll go to Majorca, because the weather is always so bad here.

NOTES (continued)

(3) *Wissen :* to know ; we've already seen *ich weiß :* I know. Here we have the first and third persons of the plural and the formal way of addressing someone : *wir wissen :* we know ; *sie wissen :* they know ; *Sie wissen :* you know.

(4) German, English is very precise :
Ich gehe : I go (on foot).
Ich fahre : I go/leave (by car, train...).
Ich fliege : I go (by plane).

(5) *Denn :* here is a conjunction and means **because.**

EXERCISE : 1. Where do you go on holiday? – **2.** I go to Italy. And you? – **3.** I go to South America. – **4.** Do you know Berlin well? – **5.** The surroundings of Munich are very nice. – **6.** Mr. Wagner really knows Austria well.

5 *Das ist Herr Huber. (This is Mr. Huber.)*

. . . . ?(Who is this?)

6 *Das ist ein Hotel. (This is a hotel.)*

. . . . ? (What is this?)

****

DREIZEHNTE (13.) LEKTION [Dry-tsehnte Lektsiohn]

Ich kann es versuchen...

1 — Was machen Sie da, Herr Samson?
2 — Ich lerne Deutsch.
3 — Warum lernen Sie Deutsch?
4 — Ich will in Deutschland arbeiten. Meine Firma hat eine Filiale in Frankfurt. (1)
5 — Und wann wollen Sie nach Frankfurt gehen? (2)
6 — Meine Arbeit beginnt in vier Monaten. (2)
7 — Aber das ist nicht möglich. Sie können nicht in vier Monaten Deutsch lernen. (3)
8 — Ich kann es versuchen. Aller Anfang ist schwer.
9 — Sie sprechen doch Englisch, oder?
10 — Natürlich spreche ich Englisch. Aber hören Sie, ich spreche auch schon ein bißchen Deutsch: (5)

Aussprache
... fer-zoocH*en*. **1** ... **2** ... lerne Doytsh. **3** ... **4** ... vill... arby-ten... Firma... Filyahle... **5** ... vollen... **6** ... beginnt... Monaten. **7** ... merglịch... kernnen... **8** ... Anfang... shver. **9** ... shpreçhen docH English. **10** Natürliçh... her-ren... biss-çhen...

*****

Ask the questions

1 Woher kommen Sie? **2** Wo wohnen Sie? **3** Wohin gehen Sie? **4** Wie ist Ihr Name? **5** Wer ist das? **6** Was ist das?

****

THIRTEENTH LESSON

I can try (it)...

1 — What are you doing there, Mr. Samson?
2 — I am learning German.
3 — Why are you learning German?
4 — I want to work in Germany. My company (f) has a subsidiary in Frankfurt.
5 — And when do you want to go to Frankfurt?
6 — My job (work) starts in four months (m).
7 — But that is impossible (not possible). You can't learn German in four months.
8 — I can try. The first step is always the hardest (every beginning is hard).
9 — But you speak English, don't you (or)?
10 — Of course I speak English. But listen, I already speak a little German too :

NOTES

(1) Pay attention to the position of the infinitive : *Ich will in Berlin arbeiten :* I want to work in Berlin. *Wann wollen Sie nach Berlin gehen? :* When do you want to go to Berlin? It is always **at the end of the sentence.**

(2) *Der Monat :* the month.

(3) *Können :* can ; *ich kann :* I can ; *Sie können :* you can. *Wollen :* to want ; *ich will :* I want ; *Sie wollen :* you want. The first person of the singular does not end in *-e.*

11 "Ich m**ö**chte b**i**tte ein Bier und ein Steak! - Wo ist das Hot**e**l Ritz? - K**o**mmen Sie mit? - Wann fährt der n**ä**chste Zug nach Fr**a**nkreich?"

12 Das ist doch schon ganz gut, nicht wahr?

Aussprache
11 ... fairt... n**e**ksṭe Tsook... **12** ...?

Übung

1. Sprechen Sie Französisch? **2**. Ja, ich spreche ganz gut Französisch. **3**. Warum wollen Sie nach Frankfurt fahren? **4**. Ich will dort arbeiten. **5**. Wann beginnt Ihr Urlaub? **6**. Mein Urlaub beginnt morgen. **7**. Ja, das ist schon ganz gut!

Antworten Sie bitte :
(Please answer)

1 *Was lernt Herr Samson?*

. . . .

2 *Wo will er arbeiten?*

. . . .

3 *Wann beginnt die Arbeit?*

. . . .

4 *Spricht Herr Samson Englisch?* **[N.3]**

Ja, ...

****

VIERZEHNTE (14.) LEKTION

Revision and Explanations

1. Lets have a closer look at the construction of sentences in German :

11 "I would like a beer and a steak (n) please. – Where is the Ritz hotel? – Will (do you) you come with [me]? – When is the next train leaving for (going to) France?

12 That's not bad at all, is it? (That's already quite good, not true?)

EXERCISE : 1. Do you speak French? – **2.** Yes, I speak French quite well. – **3.** Why do you want to go to Frankfurt? – **4.** I want to work there. – **5.** When do your holidays begin? – **6.** My holidays begin tomorrow. – **7.** Yes, that's not bad at all.

5 *Sprechen Sie Deutsch?*

Ja, ich . . . . ein . . . .

Answer

1 Er lernt Deutsch. **2** Er will in Deutschland arbeiten. **3** Die Arbeit beginnt in vier Monaten. **4** - er spricht Englisch. **5** - spreche - bißchen Deutsch.

****

FOURTEENTH LESSON

- *Herr Wagner kommt aus Deutschland :* Mr. Wagner comes from Germany.
- *Sie sprechen Deutsch :* You speak German.

There is nothing exceptional about these sentences. The word order is the same as in English : subject – verb – object.

We have already mentioned that questions are formed by inverting subject and verb :
- *Kommt Herr Wagner aus Deutschland?* – Does Mr. Wagner come from Germany?
- *Sprechen Sie Deutsch?* – Do you speak German?

In German you can start a sentence with the subject, the object or an adverb, but the verb does not change its position :
- *Natürlich* ***kommt*** *er morgen :* of course he is coming tomorrow.
- *Vielleicht* ***kommt*** *Herr Wagner aus Österreich :* Maybe Mr. Wagner comes from Austria.
- *In vier Monaten* ***beginnt*** *meine Arbeit :* My job starts in four months.

2. The indefinite negative article : ***kein***

- *Ich habe kein Geld :* I have **no** money/I haven'**t** got **any** money.
- *Wir trinken kein Bier :* We don'**t** drink beer.
- *Ich habe keine Freunde :* I have **no** friends.

Kein always belongs to a noun ; in English you use either **not** + **any** or **no.** It must agree with the noun it precedes : *keine Freunde.*

3. All verb infinitives end in *-en* (or *-n*). Nevertheless there are regular and irregular verbs. The **irregularity** occurs in the **second** and **third person singular** of the **present tense,** the **simple past** and the **present perfect.**

The **radical vowel** of the present tense *e* becomes *i* or *ie* :
- *Sprechen* – to speak
ich spreche – I speak
du sprichst – you speak
er, sie, es spricht – he, she, it speaks
wir sprechen – we speak
sie sprechen – they speak
Sie sprechen – you speak

Some other examples : *g**e**ben :* to give : *ich g**e**be, du g**i**bst... ; n**e**hmen :* to take : *ich n**e**hme, du n**i**mmst ; l**e**sen :* to read : *ich l**e**se, du l**ie**st...*

Remember that the first person of the singular and the plural forms of the present tense are always regular.

In the following lessons you will find new irregular verbs in the "Notes".

Now, let's come back to our lessons : that's where you really practise the grammar rules you have learnt.

*****

FÜNFZEHNTE (15.) LEKTION

Ich habe einen Freund... (1)

1 — Ich bin so deprimiert.
2 Komm, gehen wir einen trinken!
3 — Nein, ich gehe lieber nach Hause.
4 Ich muß morgen früh arbeiten.
5 — Ach, komm! Es ist noch nicht spät.
6 Wir bleiben nicht lange.
7 — Das kenne ich. Das sagst du immer,
8 und dann bleibst du 3 oder 4 Stunden.
9 — Das ist nicht wahr; heute sicher nicht.
10 Ich trinke nur einen kleinen Whisky. Komm! (1)

(Fortsetzung folgt)

Aussprache
... i-nen Froynt. **1** ... deprimeert. **2** ... **3** ... leeber. **4** ... mooss... früh. **5** ... shpait. **6** ... bly-ben... lange. **7** ... kenne... zakst. **8** ... Shtoondenn. **9** ... vahr... ziçher. **10** ... Fort-zetsoong folkt.

Übung

1. Möchten Sie einen Kaffee? **2.** Nein, danke. Ich trinke keinen Kaffee. **3.** Anne und Elisabeth bleiben lange im Café. **4.** Peter muß heute nicht arbeiten. **5.** Ich bleibe nur eine Stunde. **6.** Das ist nicht wahr.

FIVETEENTH LESSON

I have a friend...

1 — I feel so depressed.
2 Come [on], let's go and have a drink (drink one)!
3 — No, I'd rather go home.
4 I have to work tomorrow.
5 — Oh, come [on]! It's not late yet.
6 We [won't] stay [for a] long [time].
7 — I know that. You always say that,
8 and then you stay [for] 3 or 4 hours.
9 — That's not true ; today I won't (not), sure.
10 I will only have a small whisky. Come on!

NOTES

(1) *Ein Freund :* a friend, is a masculine noun. When a masculine noun is the object, or the **accusative,** of the sentence, the indefinite article ***ein*** becomes ***einen.*** To find the object you ask the question **whom** or **what.** E. g. : *Wir haben einen Hund :* We have got a dog. **What** have we got?
You not only have to decline the article but also the adjective preceding the noun (qualifying adjective). You add *-en. Ich treffe einen alten Freund :* I'm meeting an old friend (m).

*****

EXERCISE : 1. Would you like some (a) coffee? – **2.** No, thank you. – **3.** Anne and Elisabeth are staying in the café [for a] long [time]. – **4.** Peter does not have to work today. **5.** I'[ll] only stay [for] an hour. – **6.** That is not true.

Ergänzen Sie bitte:

1 *She drinks a lemonade, and he drinks a whisky.*

Sie trinkt . . . . Limonade, und er trinkt . . . . . Whisky.

2 *Come on, let's go home.*

Komm, gehen wir . . . .

3 *I'd rather stay here.*

Ich bleibe . . . . . . hier.

4 *We have to work tomorrow.*

Wir müssen . . . . . . arbeiten.

****

SECHZEHNTE (16.) LEKTION

Drei Stunden später

1 — Siehst du, jetzt trinkst du schon den fünften Whisky! **(1)**
2 — Und du das achte Bier!
3 Das ist auch nicht besser!
4 — Komm, wir nehmen ein Taxi und fahren nach Hause!
5 — Oh nein. Es geht mir so gut hier! **(2)**
6 — Wieviel Uhr ist es?
7 — Es ist zwölf (Uhr).
8 — Was? Schon so spät?

Aussprache
1 Zeest... yetst... **3** besser. **6** Vee-feel Oohr?

*****

5 *Why are you depressed?*

Warum sind Sie . . . . ?

6 *He always stays [for] one or two hours.*

Er . . . . . . immer zwei oder drei . . . .

Fill in the blanks

1 - eine - einen -. **2** - nach Hause. **3** - lieber -. **4** - morgen -. **5** - deprimiert. **6** - bleibt - Stunden.

*****

Don't forget to read each lesson aloud. It's the best way to familiarize yourself with the pronunciation.

****

SIXTEENTH LESSON

Three hours later...

1 — You see, (now) you are already drinking your (the) fifth whisky!
2 — And that's your eighth beer (and you the eighth beer)!
3 That's not better either.
4 — Come on, we'll take a taxi and go (drive) home.
5 — Oh, no. I feel so good here! (It goes me so good here).
6 — What time is it?
7 — It is twelve (o'clock).
8 — What? Already so late!

NOTES

(1) *Der,* the definite article of the masculine gender becomes *"den"* when the following noun is the object of the verb **(accusative).** *Der Mann arbeitet :* the man works. *(Der Mann* is the **subject** of the sentence, the **nominative**). You ask : Who works? *Ich sehe* ***den*** *Mann :* I see the man. (Whom do I see?)

(2) *Es geht mir gut :* I am fine, is an impersonal expression in German. The question is : *Wie geht es dir?/Ihnen?* How are you?

9 — Ja, es ist Mitternacht, **Geisterstunde!** **(3)**
10 — **A**lso komm **e**ndlich! Ich br**i**nge dich nach **Hau**se. **(4)**
11 — Warte!... Ich br**au**che noch **ei**nen kl**ei**nen Wh**i**sky...
12 gegen die G**ei**ster!

Aussprache
9 ... Mitt*er*nacHt... **Guy**st*er*-sht**oo**nd*e*. **10** ... **e**nntliçh... **11** ... br**ow**cH*e*... **12** **ge**g*e*n...

Übung

1. Sie nehmen ein Taxi und fahren nach Hause. **2.** Wie geht es Ihnen? **3.** Es geht mir gut. Danke. Und Ihnen? **4.** Wieviel Uhr ist es? - Es ist elf Uhr. **5.** Er braucht einen Cognac. **6.** Es ist kalt. Sie nimmt den Mantel.

Ergänzen Sie bitte:

1 *What time is it?*

. . . . Uhr ist es?

2 *How are you? – Very well, thanks.*

. . . geht es dir? - Danke, ... gut.

3 *Peter is taking (bringing) me home.*

Peter bringt . . . . nach Hause.

4 *We'll take the car. That's better.*

Wir nehmen . . . Wagen (masc.). Das ist . . . . . .

5 *Everybody needs money.*

Alle Leute . . . . Geld.

6 *It is midnight. The ghosts are coming.*

Es ist . . . . Die Geister . . . . . .

9 — Yes, it's midnight (f), witching hour (ghost hour)!
10 — Come on, then! I will take (bring) you home.
11 — Wait!... I need another (a small) whisky...
12 for the ghosts!

NOTES (continued)

(3) *Mitternacht* : midnight ; *die Nacht* : the night ; *die Mitte* : the middle. *Der Geist,* means : the ghost or : the spirit/mind. Plural : *die Geister.*

(4) *Dich* : you, **accusative :** *Ich sehe* ***dich*** *morgen* : I'll see you tomorrow. *Mich* : me, accusative : *Er bringt* ***mich*** *nach Hause* : He takes me home. *Bringen* means : to bring and to take .

EXERCISE : 1. They/you take a taxi and go home. – **2.** How are you? – **3.** I am fine, thanks. And you? – **4.** What time is it? – It is eleven o'clock. – **5.** He needs a cognac. – **6.** It is cold. She takes her (the) coat.

Fill in the blanks

1 Wieviel -. **2** Wie - sehr -. **3** - mich -. **4** - den - besser. **5** - brauchen -. **6** - Mitternacht - kommen.

SIEBZEHNTE (17.) LEKTION

Der Zahnarzt

1 — Ich habe seit drei Tagen Zahnschmerzen. **(1)**
2 Kennen Sie einen guten Zahnarzt? **(2)**
3 — Meine Tante kennt einen. Sie findet ihn sehr nett. **(3)**
4 — Können Sie mir bitte seinen Namen und seine Adresse geben? **(4)**
5 — Ja, warten Sie! Er heißt Dr. Knorr und wohnt Wagnerstraße 13.
6 Seine Telefonnummer ist 26 35 16 (sechsundzwanzig fünfunddreißig sechzehn). **[N.4]**
7 — Vielen Dank. Sagen Sie mir, kennt Ihre Tante ihn schon lange?
8 — Oh ja, seit ungefähr zehn Jahren.
9 — Und sie sieht ihn oft?
10 — Oh ja, sehr oft. Wissen Sie, sie hat viele Probleme mit ihren Zähnen.
11 — Ah ja? Was für Probleme? **(5)**
12 — Sie verliert ihre Plomben, hat Abszesse usw. **(6)**
13 Aber ich sage Ihnen, der Zahnarzt ist wirklich phantastisch!

Aussprache
... Tsahn'artst. **1** ... Zyte... Tsahnshmert*sen*. **3** Tannt*e*... een zehr nett. **4** ... sy-n*en* Nahm*en*... Adress*e*. **5** ... Knorr... Vahgn*er*shtrass*e* dry-tsehn... **7** Zag*en* Zee... **8** ... oongefair... Yahr*en*... **10** Tsaihn*en*... **12** ... ferleert eer*e* Plommb*en*... Aps'tsess*e*... vy-t*er*... **13** ... fanntastish.

Übung

1. Meine Schwester kennt einen netten Zahnarzt. **2.** Können Sie mir bitte Ihre Adresse geben? **3.** Was für ein Buch ist das? **4.** Haben Sie Probleme mit Ihren Zähnen? **5.** Ich kenne ihn seit ungefähr drei Jahren.

SEVENTEENTH LESSON

The dentist

1 — I have [had] a toothache for three days now.
2 Do you know a good dentist?
3 — My aunt knows one. She finds him very kind.
4 — Can you give me his name and (his) address, please?
5 — Hang on! His name is Dr. Knorr and he lives at Wagnerstreet 13.
6 His telephone number (f) is 26 35 16.
7 — Thank you very much. Tell me, has your aunt known him for a long time? (Does your aunt know him...)
8 — Oh yes, for about ten years.
9 — And she often [goes to] see him?
10 — Oh yes, very often. She has a lot of problems with her teeth, you know.
11 — Oh, does she? What kind of problems? (for)
12 — She loses her fillings, has abscesses and so on.
13 But I assure (tell) you, the dentist is really fantastic!

NOTES

(1) *Der Schmerz, die Schmerzen :* the ache, aches ; *der Zahn, die Zähne :* the tooth, the teeth. *Die Zahnschmerzen :* the toothache ; *die Kopfschmerzen :* the headache ; *(der Kopf :* the head).
(2) *Der Arzt* or *der Doktor* (is the more familiar word) : the doctor ; *die Ärztin* (f).
(3) *Ihn :* him, is the accusative of *er* - he. *Ich sehe ihn :* I see him.
(4) The possessive pronouns have the same endings as the indefinite article : *ein/einen ; sein/seinen. Sein Name ist Wolfgang :* his name is Wolfgang. **But :** *Ich kenne seinen Namen nicht :* I don't know his name. (What?). *Name* also ends in *-n,* but this is an exception.
(5) *Was für Probleme? :* What kind of problems (What for...)? *Was für ein Auto hast du?* What kind of car have you got?
(6) *usw.,* is the abbreviation for *"und so weiter" :* and so on.

EXERCISE : 1. My sister knows a nice dentist. – **2.** Can you give me your address, please? – **3.** What kind of book is that? – **4.** Do you have [any] problems with your teeth? – **5.** I have known him for about three years.

Ergänzen Sie bitte:

1 *Do you have a headache?*

Haben Sie . . . . ?

2 *My doctor is very nice.*

Mein Arzt ist sehr . . . .

3 *I have known him for five years.*

Ich kenne . . . seit . . . . Jahren.

4 *Do you know my husband?*

Kennen Sie . . . . . . Mann?

****

ACHTZEHNTE (18.) LEKTION

Das Verbot

1 — Halt! Hier **dü**rfen Sie nicht **par**ken! **(1) (N.2)**
2 — Oh, das tut mir leid; **a**ber ich bin in fünf Mi**nu**ten zu**rü**ck.
3 — Nein! Hier ist **Park**verbot, auch für fünf Mi**nu**ten.

Aussprache
Dass Fer**boht**. **1** Halt... **dür**fen... **par**ken! **2** ... tsoo-**rü**kk.

*****

5 *Unfortunately I do not know your brother.*

Leider kenne ich . . . . . Bruder nicht.

6 *Can you give me your telephone number, please?*

. . . . Sie . . . bitte Ihre Telefonnummer geben?

Fill in the blanks

1 - Kopfschmerzen. **2** - nett. **3** - ihn - fünf -. **4** - meinen -. **5** - Ihren -. **6** Können - mir -

****

EIGHTEENTH LESSON

The prohibition

1 — Stop! You must not park here!
2 — Oh, I am sorry ; but I will be back in five minutes.
3 — No! No parking here (here is park prohibition), even (also) for five minutes.

NOTES

(1) Notice that *dürfen* expresses prohibition here. In an affirmative sentence it expresses permission : *Ich darf bis um 10 Uhr fernsehen :* I may watch TV until 10 o'clock.

4 — Ich weiß. Aber es gibt nun 'mal keinen anderen Parkplatz hier. (2)
5 — Hören Sie, ich diskutiere nicht mit Ihnen. (3)
6 — Seien Sie doch nicht so! Ich muß nur schnell auf die Bank, (4)
7 und die ist nur bis sechzehn Uhr geöffnet.
8 — Wieviel Uhr ist es jetzt?
9 — Es ist sieben Minuten vor vier. (N.3)
10 — Oh, dann haben Sie nicht mehr viel Zeit.
11 Machen Sie schnell!
12 — Oh, vielen Dank! Sie sind wirklich süß!
13 Ich komme sofort zurück.

Aussprache
4 ... ess gipt... Parkplats. **5** ... disskooteere **7** ... ge-erffnett. **10** ... mehr... **11** ... shnell. **12** ... züss!

Übung

1. Sie dürfen hier nicht rauchen! **2**. Hier ist Rauchen verboten. **3**. Es gibt hier viele Parkplätze. **4**. Ich muß schnell machen. **5**. Ich habe nicht mehr viel Zeit. **6**. Die Post ist bis achtzehn Uhr geöffnet.

Ergänzen Sie bitte:

1 *You must not telephone here!*

Hier . . . . . Sie nicht telefonieren!

4 — I know. But there is no other parking space.
5 — Listen, I am not going to argue with you.
6 — Don't be like that! I just have to go (quickly) to the bank,
7 and it is only open until 4 p.m.
8 — What time is it now?
9 — It is seven minutes to four.
10 — Oh, then you don't have much time [left].
11 Hurry up!
12 — Oh, thank you very much! You are really sweet!
13 I will be back immediately.

NOTES

(2) *Nun 'mal,* is used when the speaker knows that he is wrong, but he can't or doesn't want to act in another way : *Ich darf das Auto meiner Schwester nicht benutzen ; aber ich muß nun 'mal um 4 Uhr in Frankfurt sein :* I must not use my sister's car ; but I have to be in Frankfurt at 4 o'clock. *Der, die, das andere :* the other (m, f, n) is declined like an adjective.

(3) *Hören,* means : to hear and to listen to. *Ich höre Radio :* I listen to the radio. *Er hört nichts :* he does not hear anything.

(4) *Seien Sie...* (from the verb *Sein :* to be) is the imperative (be...) of the formal way of addressing somebody. The imperative of the second person singular is : *sei... :* be.

EXERCISE : 1. You must not smoke here! – **2.** No smoking here (smoking is forbidden here). – **3.** There are many parking spaces here. – **4.** I must hurry up (to make quickly). – **5.** I don't have much time [left]. – **6.** The post-office is open until 6 p.m.

2 *The bank closes in three minutes. Hurry up!*

Die Bank schließt . . . . Minuten. Mach . . . . !

3 *It is ten to eight.*

Es ist . . . . acht.

4 *She is really very nice.*

Sie ist . . . . sehr nett.

5 *My mother will be back immediately.*

Meine Mutter kommt sofort . . . .

****

NEUNZEHNTE (19.) LEKTION

Mögen Sie Würstchen? (1)

1 — Hallo, Mutti! Ich habe einen Bärenhunger. (2)
2 Was essen wir heute mittag?
3 — Es gibt Frankfurter Würstchen und Kartoffelsalat. (3)
4 — Och, schon wieder! Ich mag keinen Kartoffelsalat. (N.2)

Aussprache
Mergen... Vürst-çhen? **1** ... Bairen-hoonger. **2** ... mittak. **3** Kartoffel-zalat. **4** ... mak...

Übung

1. Ich mag keinen Tee. **2.** Was gibt es heute mittag zu essen? **3.** Es gibt Omelett und Salat. **4.** Viele Leute gehen in die Hamburger Oper. **5.** Das kannst du selbst machen.

6 *The supermarket is open from nine a.m. to six p.m.*

Der Supermarkt ist . . . neun Uhr . . . achtzehn Uhr geöffnet.

Fill in the blanks

1 - dürfen -. **2** - in drei - schnell. **3** - zehn vor -. **4** - wirklich -. **5** - zurück. **6** - von - bis -.

****

NINETEENTH LESSON

Do you like little sausages?

1 — Hello, Mummy! I could eat a horse (I have a hunger of a bear).
2 What are we having for lunch today? (What do we eat today noon?)
3 — We are having frankfurters and potato salad (m).
4 — Oh, again! I don't like potato salad.

NOTES

(1) *Die Wurst, die Würste :* the sausage, sausages. *Das Würstchen :* little sausage, *-chen* is a diminutive ending. Nouns ending in *-chen* or *-lein* (another diminutive) are always neuter. That's why we say *das Mädchen :* the girl, *das Fräulein :* Miss, unmarried lady.

(2) *Der Bär, die Bären :* the bear, bears.

(3) Names of towns used as adjectives end in *-er. Die Frankfurter Würstchen ; die Frankfurter Universität :* Frankfurt University, *das Berliner Theater :* the Berlin Theatre.

EXERCISE : 1. I don't like tea. – **2.** What are we having for lunch today? – **3.** We're having omelet and salad. – **4.** Many people go to the Hamburg Opera. – **5.** You can do it by yourself.

5 — Dann ißt du deine Würstchen eben ohne Kartoffelsalat. (4)
6 — Aber mit Senf!
7 — Wie du willst, mit oder ohne Senf.
8 — Kann ich vielleicht Reis haben?
9 — Ja, aber du mußt ihn dir selbst kochen. (5)
10 — Gut, ich mache ihn selbst. Willst du auch Reis?
11 — Ja, gern. Das ist eine gute Idee. (6)
12 Und wir essen den Kartoffelsalat morgen.
13 — Oh nein, nur das nicht!

Aussprache
5 ... isst... **oh**ne. **6** ... Zennf. **8** ... Rice. **9** ... zelpst **ko**cHen.

Ergänzen Sie bitte:

1 *He eats his sausages without mustard.*

Er . . . seine Würstchen ohne Senf.

2 *Do you like your boss?*

. . . . . du deinen Chef gern?

3 *This lunchtime (today at noon) I will go to the canteen.*

Heute . . . . . . gehe ich in die Kantine.

4 *Do you drink coffee with sugar?*

. . . . du den Kaffee . . . Zucker?

5 *That is a good idea.*

Das ist eine . . . . Idee.

****

ZWANZIGSTE (20.) LEKTION

Wo ist der Bahnhof?

1 — Weißt du, wo der Bahnhof ist?

Aussprache
Voh ist der **Bahn**-hohf.

5 — Then you just eat your sausages without potato salad.
6 — But with mustard (m)!
7 — As you like (want to), with or without mustard.
8 — May I'll have some rice, then (perhaps)?
9 — Yes but you must do (cook) it yourself.
10 — Well, I will do it myself. Do you also want [some] rice?
11 — Yes, I'd love some. That is a good idea.
12 And we will eat the potato salad tomorrow.
13 — Oh no, certainly not (only not that)!

NOTES

(4) *Essen :* to eat, is an irregular verb : *ich esse, du ißt, er ißt.*

(5) *Selbst* or *selber :* self, is often used to mean without somebody's help. *Er kann das selbst machen :* he can do it himself. Notice that we do not repeat the personal pronoun in German.

(6) Remember that qualifying adjectives (adjectives which precede a noun) are declined : *Eine Idee ist gut :* an idea is good ; **but :** *Das ist eine gute Idee :* that is an good idea.

6 *Don't you want any potato salad?*

. . . . . . du . . . . . . Kartoffelsalat?

Fill in the blanks

1 - ißt -. **2** Magst -. **3** - mittag -. **4** Trinkst - mit -. **5** - gute -. **6** Willst - keinen -.

****

20TH LESSON

Where is the station (m)?

1 — Do you know where the station is?

2 — Keine Ahnung. Wir müssen fragen. (1)
3 Entschuldigen Sie bitte, wo...
4 — Die Leute haben alle keine Zeit.
5 — Warte, ich habe eine Idee. Dort ist ein Hotel. Ich bin gleich zurück.

6 — Guten Abend! Haben Sie ein Zimmer frei? (2)
7 — Sicherlich, mein Herr. Möchten Sie ein Doppelzimmer oder ein Einzelzimmer?
8 — Ein Zimmer für sechs Personen, bitte.
9 — Wie bitte? Wie viele Personen? Sechs Personen? (3)
10 Dann nehmen Sie doch gleich einen Liegewagen. Dort haben Sie sechs Plätze. (4)
11 — Ah, ja. Das ist eine gute Idee. Können Sie mir bitte sagen, wo der Bahnhof ist?
12 — Sie fahren die erste Straße links und dann die zweite rechts, und Sie sehen den Bahnhof gleich gegenüber. (5)
13 — Danke schön! Auf Wiedersehen!

Aussprache
2 ... Ahnoong. **3** Ennt'shooldigen... **5** gliçhe. **6** ... Tsimmer fry? **7** Ziçherliçh... Ine-tsel'tsimmer? **10** ... Leegevahgen. **12** ... lingkss... reçhts... gegenübeer.

Übung

1. Wollen Sie ein Doppelzimmer oder ein Einzelzimmer? **2.** Ein Zimmer für zwei Personen, bitte. **3.** Ich weiß nicht, wo meine Tante wohnt. **4.** Sie weiß nicht, wo ihre Tante wohnt. **5.** Wie viele Leute wohnen hier? **6.** Wir müssen fragen, wieviel Uhr es ist.

2 — No idea. We must ask.
3 Excuse [me], please, where...
4 — (The) people (all) have no time.
5 — Wait, I have an idea. There is a hotel. I'll be back at once.
6 — Good evening! Do you have a room (n) (free)?
7 — Certainly, sir. Would you like a double room or a single room?
8 — A room for six persons (f), please.
9 — What? How many persons? Six persons?
10 Take a couchette in that case ; there are six places.
11 — Oh, yes. That is a good idea. Can you tell me where the station is, please?
12 — You take (go) the first street [on the] left and the second [on the] right, and you'll see the station just across the street.
13 — Thank you very much! Goodbye!

NOTES

(1) *Die Ahnung :* the idea (remember that nouns ending in *-ung* are always feminine) : *Ich habe keine Ahnung :* I have no idea.
(2) *Das Zimmer :* the room. Plural : *die Zimmer.* Nouns ending in *-er* do not change in the plural.
(3) *Wieviel :* how much, is declined in the plural like *"viele"*-many (see lesson 8) and is written in two words : *wie viele Brüder hast du?* How many brothers do you have?
(4) *Der Wagen :* the car ; *liegen :* to lie. *Der Speisewagen :* dining car.
(5) *Links :* on the left ; *rechts :* on the right. There is no preposition in German : *Das Hotel ist rechts und die Post links :* The hotel is on the right and the post-office on the left.

EXERCISE : 1. Do you want a double room or a single room? – **2.** A room for two persons please. – **3.** I don't know where my aunt lives. – **4.** She doesn't know where her aunt lives. – **5.** How many people live here? – **6.** We must ask what time it is.

Ergänzen Sie bitte:

1 *Excuse [me], do you know what time it is?*

. . . . Sie, wissen Sie, ... Uhr es ist?

2 *I would like a double room for one night, please.*

Ich möchte bitte ein . . . . für eine Nacht.

3 *Can you tell me where there is a hotel?*

. . . . . . Sie mir sagen, . . ein Hotel ist?

****

EINUNDZWANZIGSTE (21.) LEKTION

Wiederholung und Erklärung

1. Little by little we have familiarized you with the **declension.** Remember that the article, the ending of the qualifying adjective and sometimes the ending of the noun itself depend on the case of the noun. Up to now we have seen the **nominative** (subject) and the **accusative** (object) cases of the noun.
Der Mann dort ist mein Bruder : The man over there is my brother.
Der Mann is the **subject**/nominative of the sentence.
Ich trinke den Tee mit Zucker : I drink tea with sugar.
Den Tee is the **object**/accusative of the sentence.
The accusative singular of the masculine article is : *der* ➧ ***den*** *; ein* ➧ ***einen.***
The feminine, the neuter and the plural of all genders do not change in the accusative : **feminine :** *die/eine ;* **neuter :** *das/ein ;* **plural :** *die.*

The accusative of the indefinite negative article "kein" :
Ich habe keinen Hunger (m) : I am not hungry.
Ich habe keine Zeit (f) : I have no time.
Ich habe kein Geld (n) : I have no money.
Ich mag keine Tomaten : I don't like tomatoes.
You will find a complete list of the declension in the next revision section.

4 *The first street on the left and then straight on.*

Die erste Straße . . . . . und dann . . . . . geradeaus.

5 *Good evening! Do you have a room (free)?*

Guten . . . . . ! Haben Sie ein Zimmer . . . . ?

6 *Wait! We will come immediately!*

. . . . . . Sie! Wir kommen . . . . . . !

Fill in the blanks

1 Entschuldigen - wieviel -. **2** - Doppelzimmer -. **3** Können - wo -. **4** - links - immer -. **5** - Abend - frei. **6** Warten - gleich (sofort).

****

21ST LESSON

2. The following verbs are called **auxiliary verbs :** *müssen :* must, to have to ; *sollen :* to be to, shall ; *wollen :* to want ; *können :* can ; *dürfen :* may.
They all belong to the same group and have some features in common : (I.) The third person of the present tense singular does not end in *-t.* (II.) The infinitive following one of these verbs is placed at the end of the sentence.

Here are the conjugations and some examples :

a) *müssen : ich muß, du mußt, er/sie/es muß, wir müssen, ihr müßt, sie/Sie müssen.*
sollen : ich soll, du sollst, er/sie/es soll, wir sollen, ihr sollt, sie/Sie sollen.
Müssen and *sollen* express obligation or necessity ; *sollen* is used when the obligation is imposed by someone else, like "to have to" in English. Incidentally you might recognize our word "shall" in *sollen.*
Er soll um acht Uhr zurückkommen : he has to be back at eight o'clock. Or : he is to be back...
Müssen implies necessity or obligation imposed by circumstances or the person itself, like our "must" (which derives from *müssen*).
Ich muß morgen arbeiten : I must work tomorrow.

b) *können : ich kann, du kannst, er/sie/es kann, wir können, ihr könnt, sie/Sie können.*
dürfen : ich darf, du darfst, er/sie/es darf, wir dürfen, ihr dürft, sie/Sie dürfen.
Whereas *können* depends on our own capacity to do something, *dürfen* depends on the authorization of someone else.
Ich kann heute abend nicht kommen : I cannot come tonight. (i.e. I have something else to do).
Sie darf heute abend nicht kommen : She cannot (is not allowed to) come tonight.

c) *wollen : ich will, du willst, er/sie/es will, wir wollen, ihr wollt, sie/Sie wollen.*
mögen : ich mag, du magst, er/sie/es mag, wir mögen, ihr mögt, sie/Sie mögen.
Willst du nach Deutschland fahren? : Do you want to go to Germany?
Magst du Kartoffelsalat? : Do you like potato salad?
Ich möchte, du möchtest, er/sie/es möchte, wir möchten,... are the forms of the **subjunctive** of *mögen.*
Möchtest du nach Deutschland fahren? : Would you like to go to Germany? When English uses the conditional (would + infinitive), German uses the subjunctive. You are not supposed to know all this by heart, we just try to answer the questions you may ask yourself.

3. Wieviel Uhr ist es? or **Wie spät ist es? :** What time is it?
Example :
Es ist fünf Minuten nach drei :
it is five (minutes) past three.

Es ist zehn Minuten vor acht :
it is ten (minutes) to eight.

Es ist vier (Uhr) or
Es ist sechzehn Uhr.

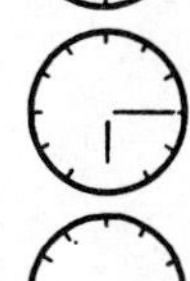

Es ist fünfzehn Minuten nach sechs or
Es ist viertel nach sechs.
(It's not necessary to add *"Uhr")*.

Es ist zwanzig Minuten vor drei (Uhr) or
Es ist zwei Uhr vierzig.

Es ist fünfzehn Minuten vor eins (ein Uhr) or
Es ist viertel vor eins.
(Notice : *eins* with *-s ;* we say *eins,* but *ein Uhr).*

Es ist acht Uhr dreißig or
Es ist halb (half) neun.

Say the following in German (the answers are at the end of the lesson) :
6.30 a.m. ; 9.45 a.m. ; 5.10 p.m. ; 8.50 a.m. ; 1.20 a.m. ; 1.45 p.m. ; 4.30 a.m.

4. Die Zahlen : the numbers

0 null	[nooll]	8 acht	[acHt]
1 eins	[ine-ss]	9 neun	[noyn]
2 zwei	[tsvy]	10 zehn	[tsehn]
3 drei	[dry]	11 elf	[ellf]
4 vier	[feer]	12 zwölf	[tsverlf]
5 fünf	[fünf]	13 dreizehn	
6 sechs	[zeks]	14 vierzehn	
7 sieben	[zeeben]	15 fünfzehn	

16 sechzehn
17 siebzehn
18 achtzehn
19 neunzehn
20 zwanzig [tsvanntsiçh]
21 einundzwanzig
22 zweiundzwanzig
23 dreiundzwanzig
24 vierundzwanzig
25 fünfundzwanzig
26 sechsundzwanzig
27 siebenundzwanzig
28 achtundzwanzig
29 neunundzwanzig
30 dreißig [draïssiçh]
40 vierzig [fîrtsiçh]
50 fünfzig [funnftsiçh]
60 sechzig [zeçh'tsiçh]
70 siebzig
80 achtzig
90 neunzig
100 hundert
101 hunderteins
102 hundertzwei
1000 tausend [taouzënnt]
1001 tausendeins

2244 zweitausendzweihundertvierundvierzig
1,000,000 eine Million

****

ZWEIUNDZWANZIGSTE (22.) LEKTION

Eine schöne Wohnung

1 — Doch, doch ich sage Ihnen, die Wohnung ist sehr schön und groß: vier Zimmer, Küche und Bad.
2 — Und ruhig? Ist sie auch wirklich ruhig?
3 — Ja, außergewöhnlich ruhig. Keine Kinder, keine Hunde... (1)
4 — Gut! Wann können Sie mir die Wohnung zeigen? (2)

Aussprache
I-*ne* sh**er**n*e* V**oh**noong. **1** ... K**ü**çh*e*... Baht. **2** ... r**oo**hiçh. **3** ... **ow**sser-gev**er**nliçh... H**oo**nde. **4** ... ts**y**g*en*.

*****

Answers to paragraph 3

6 h 30	Es ist halb sieben. Es ist sechs Uhr dreißig.
9 h 45	Es ist viertel vor zehn. Es ist neun Uhr fünfundvierzig.
17 h 10	Es ist zehn (Minuten) nach fünf. Es ist siebzehn Uhr zehn.
8 h 50	Es ist zehn (Minuten) vor neun. Es ist acht Uhr fünfzig.
1 h 20	Es ist zwanzig (Minuten) nach eins. Es ist ein Uhr zwanzig.
13 h 45	Es ist viertel vor zwei. Es ist dreizehn Uhr fünfundvierzig.
4 h 30	Es ist halb fünf. Es ist vier Uhr dreißig.

****

22TH LESSON

A nice flat (f)

1 — Of course, I assure you, the flat is very nice and big : four rooms, kitchen (f) and bath[room] (n).
2 — And calm? Is it really calm?
3 — Yes, extraordinarily calm. No children, no dogs...
4 — Fine! When can you show me the flat (to me)?

NOTES

(1) *Das Kind, die Kinder :* the child, children ; *der Hund, die Hunde :* the dog, dogs. Remember that we have different plural endings in German. Learn each noun with its article and its plural.

(2) *mir :* (to) me. This is the indirect object or the dative of the sentence.

5 — Paßt Ihnen morgen um halb elf? (3)
6 — Ja, das paßt mir.

7 — Gefällt Ihnen die Wohnung? (4)
8 — Oh, ja. Sie gefällt mir sehr gut.
9 — Gut! Dann gehen wir in mein Büro und erledigen sofort die Formalitäten.
10 — Warten Sie! Ich muß die Wohnung zuerst meinem Mann zeigen. (5)
11 — Ach so? Sie sind verheiratet?
12 Sagen Sie, haben Sie auch Kinder?
13 — Ja, sieben kleine Kinder. Aber wissen Sie, meine Kinder sind sehr musikalisch und hassen Lärm.

Aussprache
5 Passt... 7 Gefaillt... 9 ... erledig*e*n... Formalitait*e*n. 10 ... tsoo-erst. 11 ... fer-hy-rat*e*t. 13 ... moozikalish... hass*e*n Lairm.

Übung

1. Ihre Wohnung gefällt mir sehr. 2. Zeigen Sie mir bitte Ihre Fotos! 3. Sie gibt dem Mann ihre Telefonnummer. 4. Er ist verheiratet und hat zwei Kinder. 5. Gefallen Ihnen meine Hunde?

Ergänzen Sie bitte:

1 *Do you like my car?*

Gefällt . . . . . mein Wagen?

5 — Does half past ten tomorrow suit you?
6 — Yes, that suits me.
7 — Do you like the flat?
8 — Oh, yes, I like it very much.
9 — Fine! Then let's go to my office to (and) settle the formalities at once.
10 — Wait! I must show the flat to my husband first.
11 — Oh, I see! You are married?
12 Tell me, do you also have children?
13 — Yes, seven little children. But you know, my children have a talent for music and they hate noise.

NOTES

(3) *Ihnen :* (to) you, is the **dative** of the personal pronoun *Sie :* you. Remember that it is only the capital *S* which differs from the third person plural. Therefore *"ihnen"* means "(to) them". *Das paßt ihnen :* that suits them. **But :** *Das paßt Ihnen? :* that suits you?

(4) *Gefallen :* to like, to please. *Gefallen* is always followed by the dative. *Ich gefalle, du gefällst, er/sie/es gefällt...*

(5) *Meinem Mann :* to my husband, is the dative of *"mein Mann"* - "my husband". Whereas the **accusative** of the **masculine** gender ends in *-n* or *-en,* the **dative** ends in *-m* or *-em : Sie zeigt* ***dem*** *Freund ihre Wohnung :* She shows her flat to her friend. *Er zeigt seinem Vater seine Wohnung :* He shows his flat to his father.

EXERCISE : 1. I like your flat very much. – **2.** Show me your photos, please! – **3.** She gives the man her telephone number (... to the man). – **4.** He is married and has two children. – **5.** Do you like my dogs?

2 *He shows his brother his camera (... to his brother).*

Er zeigt . . . . . . Bruder . . . . . . Fotoapparat.

3 *Give me a kilo of tomatoes, please.*

Geben Sie . . . bitte ein Kilo Tomaten!

4 *No, that does not suit me.*

Nein, das . . . . nicht.

5 *I hate noise and dogs.*

Ich . . . . . Lärm und Hunde.

****

DREIUNDZWANZIGSTE (23.) LEKTION

Schwierige Gäste (1)

1 Tante Mathilde und ihr Mann verbringen eine Woche bei ihrer Nichte Anne. (2)
2 Sie sind schon etwas alt und haben ihre Gewohnheiten. (3)
3 — Anne, der Kaffee ist zu stark für mich. (4)
4 — Oh, das tut mir leid. Nimm vielleicht etwas Milch!
5 — Nein, ich trinke Kaffee niemals mit Milch.
6 Was machen wir heute nachmittag?
7 — Wollt ihr die Stadt ansehen? (5)

SIE SIND SCHON ETWAS ALT UND HABEN IHRE GEWOHNHEITEN

Aussprache
Shveerige Gaiste. **1** ... ferbringen... VocHe... Niçhte. **2** ... etvass... Ge-vohn-hy-ten. **3** ... shtark... miçh. **4** ... Milçh. **5** ... nee-mals. **6** nacHmittak. **7** ... ann-zehen.

6 *They like your photos very much.*

Deine Fotos . . . . sehr gut.

Fill in the blanks

1 - Ihnen -. **2** - seinem - seinen -. **3** - mir -. **4** - paßt mir -. **5** - hasse -. **6** - gefallen ihnen -.

****

23RD LESSON

Difficult guests (m)

1 Aunt Mathilde and her husband are spending one week with her niece Anne.
2 They are already quite old and set in their ways (have their habits).
3 — Anne, the coffee is too strong for me.
4 — Oh, I am sorry. Maybe you [should] take some (a bit) milk.
5 — No, I never drink coffee with milk.
6 What are we doing (today) this afternoon?
7 — Do you want to visit (to look at) the town?

NOTES

(1) *Der Gast, die Gäste :* the guest, guests.
(2) The proposition *bei* is always followed by the **dative :** *bei meinem Vater :* at my father's, with my father.
The **dative** of the **feminine** gender ends in *-r* or *-er : ich zeige* ***der*** *Frau das Hotel :* I show the woman the hotel (... to the woman). *Gehört das Buch Ihrer Frau? :* Does the book belong to your wife?
(3) *Die Gewohnheit :* the habit ; nouns ending in *-heit, -keit* or *-ung* are always **feminine**. Plural : *-en.* **But :** *Ich habe meine Gewohnheiten :* I am set in my ways.
(4) The preposition *für :* for, is always followed by the **accusative :** *Das Buch ist für meinen Bruder :* the book is for my brother. *Die Schokolade ist nicht für dich :* the chocolate is not for you.
(5) *Ihr :* you, is the plural of *"du"*, "you". The ending of the verb is *-t : Ihr kommt :* you come ; *ihr habt :* you have ; **exception :** *ihr seid :* you are.

8 Ich kann euch die **A**ltstadt z**ei**gen. (6)
9 — Nein, h**eu**te ist D**o**nnerstag. Wir g**e**hen nur
s**o**nntags in die Stadt. (7)
10 — Ja, **a**ber ihr seid in **U**rlaub.
11 — Das **ä**ndert nichts. Ich g**e**he mit Math**i**lde nur
s**o**nntags in die Stadt, denn s**o**nntags sind
die Gesch**ä**fte geschlossen. (8)

8 ... oyçh. **9** ... D**o**nners-tak... s**o**nntaks. **10** ... zyte... **11** ... Ge-sh**ai**fte...

Übung

1. Anne geht mit ihrer Schwester ins Kino. **2.** Ihr Freund Klaus kommt auch mit. **3.** Sie zeigt ihnen die Altstadt. **4.** Gefällt euch die neue Wohnung? **5.** Habt ihr nur sonntags Zeit? **6.** Warum kommt ihr nicht Donnerstagabend?

Ergänzen Sie bitte:

1 *Anne shows (to) her aunt and her uncle the old part of the town.*

Anne zeigt . . . . . Tante und . . . . . Onkel die Altstadt.

2 *The coffee is for me, and the tea is for you.*

Der Kaffee ist für . . . . , und der Tee ist für . . . .

3 *On Thursday, I will go to (in the) town with them.*

Am . . . . gehe ich mit . . . . . in die Stadt.

4 *Tell me, do you like my new car?*

Sagen Sie, gefällt . . . . . mein neuer Wagen?

****

VIERUNDZWANZIGSTE (24.) LEKTION

Verstehen Sie das?

1 — Wann f**ä**hrt der n**ä**chste Zug nach M**ü**nchen,
b**i**tte?

Aussprache

1 ... Münçhen.

8 I can show you the old part of the town (old town).
9 — No, today is Thursday. We only go to town [on] Sundays.
10 — Yes, but you are on (in) holiday.
11 — That doesn't change anything. With Mathilde I only go to town [on] Sundays, because [on] Sundays the shops are closed.

NOTES

(6) *Euch :* you, is both **dative/accusative** of the personal pronoun *"ihr". Ich sehe euch morgen* (acc.) : I'll see you tomorrow. *Er zeigt euch Paris* (dat.) : He shows you Paris.

(7) *Der Sonntag :* Sunday ; *sonntags :* on Sundays, i.e. every Sunday. *Sonntags gehe ich tanzen :* on Sundays I go dancing. As well : *morgens, abends, mittags... :* every morning, every evening.

(8) *Das Geschäft, die Geschäfte :* the shop, shops or the business : *der Geschäftsmann :* the businessman.

EXERCISE : 1. Anne goes to the cinema with her sister. – **2.** Her friend Klaus also comes (with). – **3.** She shows them the old part of the town. – **4.** Do you like the new flat? – **5.** Are you only free on Sundays? – **6.** Why don't you come on Thursday evening?

5 *Are you free tomorrow (have you time)? I can meet you tomorrow.*

. . . . ihr morgen Zeit? Ich kann . . . . morgen treffen.

6 *The shops are closed on Sundays.*

Die Geschäfte sind . . . .

Fill in the blanks

1 - ihrer - ihrem -. **2** - mich - dich. **3** - Donnerstag - ihnen -. **4** - Ihnen -. **5** Habt - euch -. **6** - sonntags geschlossen.

****

24TH LESSON

Do you understand that?

1 — When is the next train leaving for Munich, please?

2 — In zehn Minuten, Gleis fünfzehn.
3 — Das ist zu früh. Ich muß noch meinem Hündchen Wasser geben. (1)
4 — Das können Sie doch im Zug machen. (2)
5 — Unmöglich! Das ist kein Trinkwasser!
6 — Dann können Sie eine Stunde später abfahren, um 14 Uhr 27; aber da müssen Sie in Stuttgart umsteigen.
7 — Nein, ich will nicht umsteigen. Putzi verträgt das nicht.
8 — Geben Sie dem Hündchen doch eine Schlaftablette!
9 — Was hat Ihnen denn mein Hund getan? (3)
10 — Schon gut, schon gut. Dann nehmen Sie den Intercity...
11 Der fährt um 15 Uhr 20 ab und kommt um 20 Uhr 45 in München an. (4)
12 — Oh nein. Das ist zu spät.
13 — Wissen Sie 'was, ich gehe jetzt mittagessen. Kommen Sie, wenn Sie wollen, in einer Stunde wieder! (5) (6)

Aussprache
2 ... Glise... **3** ... my-*nem* Hünt-*çhen* Vass*er*... **5** ... Oon-merkli*ç*h Shtoott-gart **oo**mm-shty-*gen*. **7** ... fertr**ai**kt. **9** ... ge-t**ah**n.

2 — In ten minutes, platform (n) 15.
3 — That is too early. I must give some water to my little dog (n).
4 — You can do that in the train, can't you?
5 — Impossible! That's not drinking water!
6 — You can leave an hour later, then, at 2.27 p.m. ; but in that case you must change at Stuttgart.
7 — No, I don't want to change. Putzi can't (doesn't) bear that.
8 — Why don't you give a sleeping pill to the little dog? (So, give this little dog a sleeping pill).
9 — What has my dog done to you?
10 — It's all right, it's all right (already well). Take the inter-city then.
11 It leaves at 3.20 p.m. and arrives in Munich at 8.45 p.m.
12 — Oh no. That is too late.
13 — I tell you what (you know something), I'll have lunch now. Come back in an hour, if you want to!

NOTES

(1) The **dative** of the **neuter** is the same as the masculine : *Die Mutter gibt ihrem Kind ein Glas Milch :* the mother gives her child a glass of milk. *Der Ball gehört* **dem** *Kind :* the ball belongs to the child.

(2) *Im,* is the contraction of *in dem.*

(3) *Getan :* is the past participle of *tun :* to do.

(4) *Abfahren :* to leave ; *ankommen :* to arrive. *Ab* and *an* are prefixes which are placed at the end of the sentence when the verb is conjugated : *Ich fahre ab :* I leave. *Er kommt um fünf Uhr an :* he arrives at five o'clock. In the infinitive the stress is on the prefix.

(5) *Was,* stands for *etwas.* When used as an adverb, it means : a bit. *Er ist etwas müde :* he is a bit tired.

(6) *Wiederkommen :* to come back. *Wieder* is another **separable prefix :** *Ich komme sofort wieder :* I come back at once.

14 — Das haben wir gut gemacht, was Putzi? Und der Schaffner weiß nicht einmal, daß wir eigentlich nach Hamburg fahren! (7)

Aussprache
14 ... ge-macHt... Shaffner... **i**-gentliçh.

Übung

1. Mein Zug fährt um sechzehn Uhr ab. **2.** Ich muß in Frankfurt umsteigen. **3.** Der Zug aus Frankfurt kommt um zwölf Uhr sechs an. **4.** Sie sagt, daß sie nach München fährt. **5.** Wohin wollen Sie eigentlich fahren? **6.** Um wieviel Uhr kommen Sie wieder?

Stellen Sie bitte die Fragen :
(ask the questions please).

1 . . . . Berlin . . ?

Der Zug nach Berlin fährt um 15 Uhr 35 ab.

2 . . . . Berlin . . ?

Er kommt um 22 Uhr 15 in Berlin an.

3 . . . . ?

Nein, Sie müssen nicht umsteigen.

4 . . . . ?

Ich will nach Stuttgart fahren.

****

14 — We did a good job, didn't we Putzi? And the conductor doesn't even know that actually we are going to Hamburg!

NOTES

(7) *Daß :* that, is a conjunction. Notice the spelling! In subordinate clauses with *daß* the verb is **always** placed at the **end** of the sentence : *Er sagt, daß er morgen kommt :* he says that he'll come tomorrow. Principal clause and subordinate clause are separated by a comma.

EXERCISE : 1. My train leaves at 4 p.m. – **2.** I must change at Frankfurt. – **3.** The train from Frankfurt arrives at 12.06. – **4.** She says that she is going to Munich. – **5.** Where do you actually want to go? – **6.** What time do you come back?

5 . . . . ?

Ich will morgen früh fahren.

6 . . . . ?

Nein, ich fahre mit meinem Sohn.

7 . . . . Uhr . . . . ?

Ich komme um acht Uhr zurück.

Ask the questions

1 Wann fährt der Zug nach - ab? **2** Wann kommt er in - an? **3** Muß ich umsteigen? **4** Wohin wollen Sie fahren? **5** Wann wollen Sie fahren? **6** Fahren Sie allein? **7** Um wieviel - kommen Sie zurück?

****

FÜNFUNDZWANZIGSTE (25.) LEKTION

Ein wahrer Schatz (1)

1 — Guten Abend, Liebling! Warum bist du noch im Bett?
2 Bist du krank?
3 — Nein! Es geht mir sehr gut. Aber mein Krimi ist so spannend! (2)
4 Hol dir was zum Essen aus dem Kühlschrank, ja? (3)
5 — Sag mal, weißt du, wie spät es ist? (4)
6 — Nein, warum?... Hör 'mal, der Mörder ist nicht der Gärtner, sondern... (5)
7 — Was erzählst du da?
8 — Ja,... und stell dir vor, der Bruder ihres Mannes liebt sie auch... (6)

Aussprache
... v**ah**r*e*r Shats. **1** ... L**ee**bling... imm Bett? **2** ... krang'k? **3** ... shp**a**nn*e*nt. **4** ... Kühl-shrang'k. **5** Zak mal... **6** ... M**e**rd*e*r... G**ai**rtn*e*r, z**o**nnd*e*rn. **7** ... erts**ai**lst. **8** ... **ee**hr*e*s M**a**nn*e*s leebt.

*****

25TH LESSON

A real darling

1 — Good evening, dear! Why are you still in bed (n)?
2 Are you ill?
3 — No! I am very well. But my detective story is so exciting!
4 Fetch yourself something to eat from the refrigerator, will you?
5 — Tell me, do you know what time it is?
6 — No, why? Listen, the killer is not the gardener, but...
7 — What are you telling [me]?
8 — Yes... and imagine (you), the brother of her husband is in love with her, too... (loves her...)

NOTES

(1) You remember : definite article plus qualifying adjective : *der große Mann :* the tall man ; *die große Frau :* the tall woman ; *das kleine Kind :* the little child. When the indefinite article precedes the noun, the endings are : *ein groß**er** Mann ; eine groß**e** Frau ; ein klein**es** Kind.*
(2) See lesson 16 note 2.
(3) *Aus :* from ; this preposition is always followed by the dative : *Ich komme aus der BRD :* I come from West Germany.
(4) *Wie spät ist es? : Wieviel Uhr ist es? :* What time is it?
(5) *Sondern :* but ; it is only used after a negative sentence.
(6) The **genitive,** the fourth case of the declension. It corresponds to the English possessive. In English you say : the child's father or the father of the child. In German : *Der Vater **des** Kind**es**.* The dog of my brother : *der Hund meines Bruders.* The noun which follows "of" is in the genitive. The **masculine** and the **neuter** end in *-es* or *-s* and the **feminine** in *-r* or *-er.* *Die Tasche mein**er** Tante :* My aunt's bag.

9 — Du, es ist halb acht, und wir erwarten 10 Personen zum Abendessen!
10 — Was sagst du da? Um Gotteswillen, ist heute der dreizehnte?
11 — Ja, Freitag, der dreizehnte Januar.
12 — Mein Gott, was sollen wir bloß machen?
13 — Das, was wir immer machen, mein Schatz. Ich reserviere einen Tisch im Restaurant und du ziehst dich inzwischen an, nicht wahr? **(7)**

Aussprache
9 ... tsehn Perzohnen... **10** oomm Gottesvillen. **11** ... Fry-tak... Yanoo-ar. **13** ... ray-zerveere... tseehst diçh in-tsvishen ann...

Übung

1. Stellen Sie sich vor, mein Bruder liebt Ihre Schwester. **2.** Anne bleibt heute im Bett, denn sie ist krank. **3.** Ich hole mir 'was zum Trinken aus dem Kühlschrank. **4.** Heute ist Donnerstag, der elfte September. **5.** Sie erwarten heute abend viele Gäste.

Ergänzen Sie bitte:

1 *Today is Sunday 10th October.*

Heute ist . . . . , der . . . . . . Oktober.

2 *My brother's wife is my sister-in-law.*

Die Frau . . . . . . Bruders ist . . . . . Schwägerin.

3 *My sister's husband is my brother-in-law.*

Der Mann . . . . . . Schwester ist . . . . Schwager.

4 *Your father is a handsome man.*

. . . . Vater ist ein . . . . Mann.

5 *We book a table in the restaurant.*

Wir reservieren . . . . . Tisch . . Restaurant.

9 — You know that it's half past seven and we are expecting 10 persons for dinner (n)!
10 — What are you telling [me]? For Heaven's sake, is it 13th today?
11 — Yes, Friday 13th January.
12 — Good God! What on earth shall we do?
13 — What we always do, my darling. I'll book a table in a restaurant and you'll get dressed in the meantime, won't you?

NOTES

(7) *Sich anziehen :* to dress, is a reflexive verb : *ich ziehe mich an :* I dress ; *du ziehst dich an...*
Notice that the prefix *an* is separable, like *sich vorstellen :* to imagine.

EXERCISE : 1. Imagine (you), my brother loves your sister. – **2.** Today Anne is staying in bed because she is ill. – **3.** I'll fetch something to drink from the refrigerator. – **4.** Today is Thursday 11th September. – **5.** They are expecting many guests tonight.

6 *My dear dress quickly ; I've been waiting for an hour yet.*

Mein . . . . , zieh . . . . schnell an; ich warte schon

eine . . . . !

Fill in the blanks

1 - Sonntag - zehnte -. **2** - meines - meine -. **3** - meiner - mein -. **4** Dein - schöner -. **5** - einen - im -. **6** - Schatz - dich - Stunde.

SECHSUNDZWANZIGSTE (26.) LEKTION

Der Hausmeister

1 — Sieh 'mal! Dort **o**ben sitzt **ei**ne kl**ei**ne K**a**tze auf dem Gar**a**gendach.
2 Die kann all**ei**n nicht mehr r**u**nter. (1) (2)
3 — Komm, wir h**e**lfen ihr! (3)
4 — Hast du sie ?
5 — Ja, sie z**i**ttert am g**a**nzen Leib und ist ganz mager.
6 — Wem kann die wohl geh**ö**ren? (4)
7 — Wahrsch**ei**nlich n**ie**mandem.
8 — Weißt du was, wir n**e**hmen sie mit nach H**au**se !
9 — W**a**rte! Paß auf! Dort steht der H**au**smeister vor der Tür; der mag k**ei**ne Katzen. (5)

Aussprache
... **How**ss-my-st*e*r. **1** zitst... Gara**shen**dacH. **3** ... **hel**f*e*n eehr. **5** ... **tsit**t*e*rt **gannts***e*n Lipe. **7** Vahr**shine**-liçh. **9** ... shteht.

*****

26TH LESSON

The caretaker

1 — Look! There is a little cat sitting on the garage roof. (Up there sits a little cat).
2 She cannot get down on her own (alone).
3 — Come on, let's help her!
4 — Have you got her?
5 — Yes, she is trembling all over and she is all skinny.
6 — Whom can she possibly belong to?
7 — Probably to nobody.
8 — You know what? We'll take her home!
9 — Wait! Be careful! (There) the caretaker is standing in front of the door ; he doesn't like cats.

NOTES

(1) *Allein :* alone, here it has the meaning without anybody's help.
(2) *Runter = herunter :* down, it implies a verb of movement like to go.
(3) *Ihr :* is the **dative** of *sie :* she. The verb *helfen :* to help, is always followed by the dative.
(4) The interrogative pronouns are declined like the masculine article : *wem* (to whom) = dative ; *Wem zeigst du die Wohnung? :* (to) Whom do you show the flat? – *Wen* (whom/who) = accusative ; *Wen liebt sie? :* Who does she love?
(5) In German we specify the position of objects and persons : *stehen :* to stand ; *liegen :* to lie ; *sitzen :* to sit. *Das Glas steht auf dem Tisch :* The glass is (stands) on the table. *Die Zeitung liegt auf dem Stuhl :* The newspaper is (lies) on the chair.

10 — Ach, der sieht uns nicht. Der ist mit den Mülleimern beschäftigt. (6)

11 — Warte lieber! Ich gehe zu ihm und frage ihn etwas,und du gehst inzwischen schnell rein. (7)

12 — Zu spät! Er hat uns schon gesehen...

13 — Jungens, denkt bloß nicht, daß das Vieh ins Haus kommt... (8) (9)

Aussprache
10 ... besh**ai**ftikt. **11** ... inn-tsv**i**shen. **13** Y**oo**ngens... deng'kt bloss... Feeh...

Übung

1. Er geht zu ihm und fragt ihn, wie er heißt. **2.** Wo ist dein Schlüssel? - Ich habe ihn in meiner Tasche. **3.** Der Hausmeister mag keine Katzen. **4.** Die kleine Katze sitzt auf dem Mülleimer. **5.** Gehört die Tasche Frau Meier? - Ja, sie gehört ihr.

Ergänzen Sie bitte:

1 *Whom do these books belong to? - They belong to the children.*

. . . gehören diese Bücher? - Sie gehören . . . .

2 *There is (stands) the caretaker. We'll ask him.*

Dort . . . . . der Hausmeister. Wir fragen . . .

3 *My mother has a lot of work. We'll help her.*

Meine Mutter hat . . . . Arbeit. Wir helfen . . .

4 *The old man sits on the bench and sleeps.*

Der alte Mann . . . . . auf der Bank und . . . .

5 *Where are the bottles of wine? - In the kitchen.*

. . . . die Weinflaschen? - In . . . Küche.

10 — Oh, he [won't] see us. He is busy with the dustbins.
11 — You'd better wait! I'll go and see him (I go to him) and ask him something, and you go in there quickly in the meantime.
12 — Too late! He's already seen us.
13 — Boys, don't imagine (believe) that this beast is going to enter the house (comes in the house)...

NOTES

(6) *Den Mülleimern,* is the dative plural. The definite article is *den* and the nouns end in *-n* or *-en,* this is true for all genders!

(7) *Ihm :* (to) him, is the **dative** of the pronoun *er :* he ; *ihn :* him is the **accusative :** *Ich gebe* ***ihm*** *meine Telefonnummer :* I give him my phone number. *Sie liebt* ***ihn*** *:* she loves him.

(8) *Der Junge, die Jungen :* the boy, boys. *Jungens* is a colloquial way of addressing several boys.

(9) *Das Vieh :* the cattle ; but it is also a pejorative word for "animal".

EXERCISE : 1. He goes towards him and asks his name. – **2.** Where is your key? It's in my bag (I have it in my bag). – **3.** The caretaker does not like cats. – **4.** The little cat is sitting on the dustbin. – **5.** This bag belongs to Mrs. Miller. - Yes, it belongs to her.

6 *Where are the newspapers? - On the table.*

. . . . die Zeitungen? - Auf . . . Tisch.

Fill in the blanks

1 Wem - den Kindern. **2** - steht - ihn. **3** - viel - ihr. **4** - sitzt - schläft. **5** Wo stehen - der -. **6** Wo liegen - dem -.

SIEBENUNDZWANZIGSTE (27.) LEKTION

Wer soll das bezahlen? (1)

1 — Trink dein Glas aus! Wir müssen gehen! (2)
2 — Du, Peter, ich habe immer noch Hunger...
3 — Das gibt's doch nicht! Gemüsesuppe, Wiener Schnitzel mit Pommes Frites und Salat und, als Nachtisch, Eis mit Schlagsahne, und du bist immer noch nicht satt? (3)
4 Sag 'mal, hast du vielleicht einen Bandwurm?
5 — Rede keinen Unsinn! Bestell für mich noch ein Stück Apfelkuchen, ja?
6 Ich gehe inzwischen auf die Toilette.

7 — Fräulein, bringen Sie uns bitte noch ein Stück Apfelkuchen (4)
8 und die Rechnung!
9 — Zahlen Sie zusammen oder getrennt? (1)(5)
10 — Zusammen, bitte!
11 — Das macht 63,10 DM.
12 — Hier bitte 65 DM. Stimmt so, danke!

Aussprache
... betsahlen. **3** ... Gemüze-zooppe, Veener Shnitsel Ice... Shlakzahne... zatt. **4** ... Banntvoorm. **5** ... Oonnzinn... Shtükk Apfel-koocHen. **9** ... tsoo-zammen... getrennt.

27TH LESSON

Who will pay for that?

1 — Drink up (your glass)! We must leave (go)!
2 — You know, Peter, I'm still hungry (I have hunger)...
3 — That's not possible! Vegetable soup, breaded veal cutlet with French fries and salad, and, for dessert, ice-cream with whipped cream [on top], and you are not full up yet?
4 Tell me, maybe you have a tapeworm?
5 — Stop (don't) talk nonsense! Order me a piece of apple pie, won't you?
6 I'll go to the toilet in the meantime.
7 — Waitress (Miss) bring us a piece of apple pie, please
8 and the bill!
9 — Are you paying together or separately?
10 — Together please!
11 — That's 63.10 DM.
12 — Here you are, 65 DM. That's all right, keep the change, thank you!

NOTES

(1) *Bezahlen* or *zahlen :* to pay. We use *bezahlen* with a direct object : *ich bezahle das Eis :* I pay for the ice-cream.
(2) *Austrinken :* to drink up ; *aus* as an adverb means : finished or over.
(3) *Es gibt,* generally means : there is. Here it is used idiomatically : *das gibt's nicht :* that does not exist, that's impossible.
(4) *Uns :* us, dative and accusative of *wir :* we. *Sie bringt uns die Rechnung :* She brings us the bill. *Ihr trefft uns :* You meet us.
(5) *Getrennt,* is the past participle of the verb *trennen :* to separate. *Getrennt :* separated or the adverb : separately.

13 Mein Gott, ist das **teuer**. Ich glaube, ich suche mir **eine** Freundin, die auf Kalorien achtet! **(6)**

Aussprache
13 ... Kalori-en **acHtet**.

Übung

1. Er bestellt einen Apfelkuchen mit Schlagsahne. **2.** Redet nicht soviel Unsinn ! **3.** Wo sind bitte die Toiletten? - Die erste Tür rechts. **4.** Der Ober bringt ihnen ein Schnitzel und einen Salat. **5.** Achten Sie auf Ihre Aussprache?

Ergänzen Sie bitte:

1 *Bring me the bill, please.*

Bringen Sie . . . bitte die . . . . !

2 *He has no car? But that's impossible!*

Er hat . . . . Auto? Das . . . . . doch nicht!

3 *I would like champagne! - Impossible! Who will pay [for] that?*

Ich . . . . . . Champagner! . . . . !

Wer . . . . denn das . . . . ?

4 *That is 18.60 DM. - Here are 20 DM. That's all right, keep the change, thank you!*

Das . . . . . 18,60 DM. - Hier 20 DM. . . . . . . so, danke!

5 *Are you paying together?*

. . . . . . Sie alles . . . . ?

13 Oh my God, that's expensive! I think I'll look for a girl friend who minds her weight! (calories)

NOTES
(6) *Achten auf :* to mind, to pay attention to.

EXERCISE : 1. He orders a piece of apple pie with whipped cream. – **2.** Don't talk such (so much) nonsense! – **3.** Where are the toilets, please? - The first door on the right. – **4.** The waiter brings them a breaded veal cutlet and a salad. – **5.** Are you paying attention to your pronunciation?

6 *May I eat another (still one) piece [of] pie?*

. . . . ich noch ein . . . . . Kuchen essen?

Fill in the blanks

1 - mir - Rechnung. **2** - kein - gibt's -. **3** - möchte - Unmöglich - soll - bezahlen. **4** - macht - Stimmt -. **5** Zahlen - zusammen. **6** Darf - Stück -.

*****

Time for another revision section. Don't spend too much time on it if you have assimilated the previous lessons. This lesson gives you a list of the personal pronouns, the declensions and some explanations of the verbs with prefix.

*****

ACHTUNDZWANZIGSTE (28.) LEKTION

Wiederholung und Erklärungen

1. Here is a complete list of all the different cases we have seen :

SINGULAR

	masculine	**feminine**	**neuter**
Nominative :	der/ein Mann	die/eine Frau	das/ein Kind
Accusative :	den/einen Mann	die/eine Frau	das/ein Kind
Dative :	dem/einem Mann	der/einer Frau	dem/einem Kind
Genitive :	des/eines Mannes	der/einer Frau	des/eines Kindes

Read the following story to practise your newly acquired knowledge : *Die Reise :* the journey.

Das Kind gibt der Mutter den Koffer. Aber die Mutter gibt dem Vater den Koffer, denn der Koffer ist schwer. Der Vater trägt aber schon die kleine Tochter. Er gibt also die kleine Tochter der Mutter, und die Mutter gibt der kleinen Tochter einen Kuß.

Now answer the following questions :

a) *Was gibt das Kind der Mutter?* *Wem gibt die Mutter einen Kuß?*

. . . .

Wer gibt der Mutter den Koffer? *Wem gibt die Mutter den Koffer?*

. . . .

Wen gibt der Vater der Mutter?

. . . .

(The solutions are at the end of the lesson).

28TH LESSON

PLURAL

Nominative : die Männer/Frauen/Kinder
Accusative : die Männer/Frauen/Kinder
Dative : den Männern/Frauen/Kindern
Genitive : der Männer/Frauen/Kinder

b) *Die Bücher gehören . . . . :*

The books belong to the children.

Aber die Mütter . . . . mögen sie nicht.

But the children's mothers don't like them.

Die Kinder erzählen . . . . die Geschichte.

The children tell the fathers the story.

Aber die Geschichte interessiert . . . . nicht.

But the story does not interest the fathers.

2. The personal pronouns :

Nominative :

ich du er/sie/es wir ihr sie/Sie

Accusative :

mich dich ihn/sie/es uns euch sie/Sie

Dative :

mir dir ihm/ihr/ihm uns euch ihnen/Ihnen

Ich zeige dir mein Haus.
I show you my house.
Wir zeigen euch unser Haus.
We show you our house.
Zeigt ihr uns euer Haus?
Do you show us your house?
Der Ober bringt ihnen das Bier.
The waiter brings them the beer.

Ich bringe Ihnen sofort den Wein.
I bring you the wine at once.
Sie sagt ihm "gute Nacht".
She says "Goodnight" [to] him.
Er antwortet ihr nicht.
He does not answer her.
Magst du mich, dann mag ich dich.
[If] you like me, I like you.
Einfach, nicht wahr?
Easy, isn't it?

3. Verbs with separable prefixes :
When these verbs are conjugated the prefixes are placed at the end of the sentence :
example : *ausgehen :* to go out ; **but :** *ich gehe aus :* I go out. *aufmachen :* to open ; *machen Sie bitte die Tür auf :* open the door please!
weggehen : to go away/to leave ; *er geht am Morgen weg und kommt am Abend zurück :* he leaves in the morning and comes back in the evening. (to come back : *zurückkommen).*
There are, however, also prefixes which are never separated from the verb : example : *bezahlen :* to pay : *ich bezahle... ; erzählen :* to tell : *ich erzähle... verbringen :* to spend : *ich verbringe...*

The stress is only on the separable prefix!

4. Prepositions followed by the dative :
bei : at ; *zu :* to (+ movement) ; *nach :* after ; *mit :* with... : *Ich bleibe heute abend bei meinem Freund :* Tonight I'm staying at my friend's. *Ich gehe zu ihm :* I go [to see] him. *Nach dem Essen gehe ich ins Bett :* After the meal I go to bed.

Prepositions followed by the accusative :
für : for ; *ohne :* without ; *gegen :* against... :
Das Buch ist für meinen Bruder : the book is for my brother.
- *Ohne dich kann ich nicht leben :* I can't live without you.

But there are also prepositions which are followed by the **dative** when there is **no movement** (question : *wo?)* and by the **accusative** when there is **movement** (question : *wohin?)* *Er liegt **im** (in **dem**) Bett :* He is in bed. **But :** *Er geht **ins** (in **das**) Bett :* He goes to bed. - *Wir essen in **der** Küche :* We eat in the kitchen. **But :** *Ich gehe in **die** Küche :* I go into the kitchen. - *Sie wohnen **im** Wald (m) :* They live in the wood. **But :** *Sie fahren in **den** Wald :* They go into the wood.

Enough for today!

Solutions :
1.a) - den Koffer ; - das Kind ; - die Tochter ; - der kleinen Tochter ; - dem Vater.
b) - den Kindern ; - der Kinder ; - den Vätern ; - die Väter.

*****

NEUNUNDZWANZIGSTE (29.) LEKTION

Ein Brief

Berlin, den 23. Januar

Sehr geehrte Damen und Herren! (1)

1 Ihre Anzeige in der "Berliner Morgenpost" vom 18. Januar interessiert mich sehr. (2)
2 Ich glaube, ich bin genau das, was Sie suchen: ein Zirkusprofi!
3 Ich bin 30 Jahre alt, groß und sportlich.
4 Ich bin ledig und habe keine Kinder.
5 Ich bin also frei und unabhängig und kann soviel reisen wie es nötig ist.
6 Ich kann eine Stunde lang auf dem Kopf stehen und Goethes "Faust" auswendig aufsagen.
7 (Man kann mich dabei sogar an den Fußsohlen kitzeln.) (3)
8 Das ist meine beste Nummer.
9 Noch einige kleine Fragen:
10 Was für ein Gehalt bieten Sie? (Ich verdiene zur Zeit 1 780 DM monatlich.)

Aussprache
Berlinn, dehn dry-oont-tsvanntsiçhstenn Yanoo-ar. Zehr ge-ehrt*e*... **1** ... Anntsy-g*e*... innteresseert. **3** ... Yahr*e*. **5** ... **oo**nn-ap'haingiçh **6** ... Gerthess "Fowst"... **7** ... kits*e*ln. **10** ... ferdeen*e*... towss*e*nt-zeeb*e*n-hoond*e*rt-achtsiçh Mark...

29TH LESSON

A letter (m)

Berlin, 23rd January

Dear Sirs, (very honoured ladies and gentlemen)

1 I am very interested in your advertisement in the "Berliner Morgenpost" of 18th January. (Your advertisement... interests me very much).
2 I think I am exactly what you are looking for : a professional of the circus!
3 I am thirty years old, tall and athletic.
4 I am single and have no children.
5 So, I am free and independent and can travel as much as necessary.
6 I can stand upside down (on the head) [for] an hour (long) and can recite Goethe's "Faust" by heart.
7 (Doing that, you can even tickle the soles of my feet.)
8 That is my best number.
9 Some more (little) questions :
10 What salary (n) are you offering. (At the moment I earn 1,780 DM a month).

NOTES

(1) This is the expression we use when we don't know whether we are writing to a man or a woman. When we address a woman we write : *Sehr geehrte Frau X :* when we address a man : *sehr geehrter Herr X.*

(2) *Von :* of, with dative. *Vom* is the contraction of *von dem.*

(3) *Die Sohle :* the sole ; *der Fuß :* the foot : *die Fußsohle.* Feminine nouns ending in *-e.* often take *-n* in the plural : *Die Dame, die Damen :* the lady, the ladies ; *die Frage, die Fragen :* the question, the questions.

11 Und ab wann ist die Stelle frei? (4)
12 Ich hoffe auf eine baldige Antwort und verbleibe

mit freundlichen Grüßen
Peter Frisch

Übung

1. Sie glauben*, ich bin genau das, was sie brauchen. **2.** Meine Tochter ist drei Jahre alt. **3.** Deine Arbeit interessiert mich sehr. **4.** Er kann soviel reden, wie er will. Ich glaube ihm nicht. **5.** In dieser Firma hat sie ein sehr gutes Gehalt. **6.** Mein Bruder kann essen und dabei sprechen.

Ergänzen Sie bitte:

1 *He is very interested in the newspaper advertisement.*

Die Anzeigen in . . . Zeitung interessieren . . . sehr.

2 *She is single and independent.*

Sie ist . . . . . und . . . .

3 *He earns 1 500 Marks a month.*

Er . . . . 1 500 DM . . . .

4 *You can eat as much as you want!*

Sie können . . . . . . essen . . . Sie wollen!

****

*****

11 And from when is the job vacant?
12 I hope to hear from you soon (for an answer soon) and remain

Yours faithfully (with kind regards)
Peter Frisch.

NOTES
(4) *Ab* : from... onwards. *Ab Montag* : from Monday on (wards).

EXERCISE : 1. They think (that) I am exactly what they need. – **2.** My daughter is three years old. – **3.** I am very interested in your work. – **4.** He can talk as much as he wants. I don't believe him. – **5.** She earns (has) a very good salary in this company. – **6.** My brother can eat and (doing that) speak at the same time.

5 *My brother is 18 years old and I am 14.*

Mein Bruder ist 18 . . . . und ich . . . 14.

6 *I hope that I will receive an (quick) answer soon.*

Ich . . . . .,* daß ich . . . .

bekomme.

Fill in the blanks

1 - der - ihn/sie -. **2** - ledig - unabhängig. **3** - verdient - monatlich. **4** - soviel - wie -. **5** - Jahre alt - bin -. **6** - hoffe - eine schnelle Antwort -.

* *Daß* may be left out, but the main clause and subordinate clause must be separated by a comma.

****

*****

Lektion 29

DREISSIGSTE (30.) LEKTION

Ein ruhiger Nachmittag im Hotel

1 — Ich habe keine Lust, länger im Hotel zu bleiben. (1)
2 Es gibt hier soviel zu sehen, und wir bleiben nur drei Tage.
3 Warum siehst du den ganzen Nachmittag fern? (2)
4 — Erstens ist es gut für mein Deutsch, und zweitens bezahle ich nicht umsonst ein Zimmer mit Fernsehapparat. (3)
5 — Wir können das Zimmer wechseln.
6 — Kommt nicht in Frage! Ich ziehe nicht alle fünf Minuten um! (4)
7 — Laß uns nur ein Stündchen in die Stadt gehen! Wir können an der **Alster*** spazierengehen. (5) (6)

Aussprache
1 ... lainger. **4** Erstens... tsvytenns... oomm-zonnst. **5** ... vekseln **6** ... tseehe... **7** ... Shtüntçhen... shpatseerengehen.

* *Die Alster*, an affluent of the *Elbe*, flows through Hamburg.

30TH LESSON

A quiet afternoon at the hotel

1 — I don't feel like staying at the hotel [any] longer.
2 There is so much to be seen (to see) here and we are only staying 3 days.
3 Why are you watching the TV all afternoon?
4 — Firstly, it is good for my German, and secondly, I'm not paying for a room with a TV for nothing.
5 — We can change the room.
6 — That's out of the question (does not come in...)! I'm not moving every 5 minutes!
7 — Let's go to town just for an (little) hour! We can go for a walk along (at) the Alster.

NOTES

(1) *Lust haben zu :* to feel like. *Sie hat Lust zu gehen :* She feels like going. The verb in the infinitive sentence is placed at the end ; a comma is put before the infinitive sentence if it consists of more than *zu +* infinitive.

(2) Dates expressing the duration are in the accusative : *er arbeitet den ganzen Abend :* he works all evening.

(3) Remember to pay attention to the inversion! *Erstens ist es, zweitens bezahle ich...* After *und :* and ; *aber :* but ; *denn :* for, because, the word order is regular : *Ich gehe nicht spazieren, denn es regnet :* I'm not going for a walk, because it is raining.

(4) *Umziehen :* to move ; *um* is a separable prefix : *ich ziehe um :* I move.

(5) The imperative forms of the first person plural are : *gehen wir!* or *wir wollen gehen!* or *laßt uns gehen!* (it is the same as in English).

(6) *-chen* and *-lein* are diminutive endings : *die Stunde : das Stündchen.* Notice that : **1.** *-e* of *Stunde* is left out **2.** When there is *a, o, u,* or *au* you have to add the *"Umlaut" = Der Hut : das Hütchen ; das Haus : das Häuschen* diminutives are always neuter.

8 — Bei dem Wetter? Es regnet in Strömen.
9 — Dann laß uns in ein Café am Hafen gehen und die Schiffe beobachten! (7)
10 — Schiffe kann ich zu Hause jeden Tag sehen. (8)
11 — Fernsehen auch! Warum hast du die Reise nach Hamburg bezahlt, wenn du die ganze Zeit im Hotelzimmer sitzt?
12 — Das weißt du doch genau..., um dir eine Freude zu machen! (9)

Übung

1. Haben Sie Lust, mit mir zu essen? **2.** Er arbeitet den ganzen Tag und die ganze Nacht. **3.** Ich möchte gern länger bleiben. **4.** Bei dem Wetter gehe ich nicht auf die Straße. **5.** Er sitzt die ganze Zeit zu Hause in seinem Zimmer und sieht fern. **6.** Laß uns ein wenig spazierengehen!

Ergänzen Sie bitte:

1 *Would you like to go (do you feel like...) to Germany with me?*

. . . . du Lust, mit . . . nach Deutschland . . fahren?

2 *Come on! The weather is so fine. We go to the Alster.*

. . . . ! Das . . . . . . ist so schön. Wir gehen . . die Alster.

3 *That is out of the question! Firstly, I don't have the time, and secondly, I don't feel like it!*

Kommt nicht in . . . . . ! . . . . habe ich keine . . . . und . . . . keine . . . . !

8 — In this weather? It is pouring.
9 — Then, let's go to a café at the port and watch the ships!
10 — I can see ships every day at home.
11 — Watch the TV also! Why did you pay for the trip to Hamburg if you sit in the hotel room all the time?
12 — You know exactly why... to please you!

NOTES

(7) *Am,* is the contraction of *an dem. An* means : to, at, along. *Wir verbringen unsere Ferien* ***am*** *Meer :* we spend our holidays at the seaside. *Wir fahren* ***ans*** *Meer :* we go to the seaside.

(8) *Jeder/jede/jedes :* every, is declined like the definite article.

(9) (in order) to + verb is translated by : *um...zu ; zu* is always placed before the infinitive and *um* at the beginning of the subordinate clause : *Wir lernen Deutsch, um in Deutschland zu arbeiten :* we learn German (in order) to work in Germany. *Er kommt, um mit dir zu sprechen :* he comes to speak with you.

EXERCISE : 1. Would you like to eat with me? – **2.** He works all day and all night. – **3.** I would like to stay (I feel like...) longer. – **4.** In this weather I don't go out into the street. – **5.** He sits at home all the time and watches the TV. – **6.** Let's go for a walk (walk a bit)!

4 *He is a musician. He often moves.*

Er ist Musiker. Er . . . . . oft . .

5 *I would like to please you. What can I do for you?*

Ich möchte . . . eine . . . . . . machen. . . . kann ich für . . . . tun?

6 *We need a lot of money to live well.*

Wir brauchen . . . . Geld, . . gut . . leben.

****

EINUNDDREISSIGSTE (31.) LEKTION

Ein Gespräch mit dem Chef

1 — Entschuldigen Sie, Herr Direktor, darf ich Sie einen Augenblick stören?

2 — Aber natürlich, mein lieber Schmitt, was gibt's? (1)

3 — Also, da ist zuerst das Problem mit meinem Gehalt. Ich hatte seit zwei Jahren keine Erhöhung.

4 — Damit gehen Sie besser zum Personalchef!

5 — Beim Personalchef war ich schon. (2)

6 — Dann gehen Sie noch einmal zu ihm und sagen ihm, ich wünsche, daß man Ihren Fall überprüft. (3)

7 — Ja, und dann sind da die neuen Computer und die beiden Kollegen, die man entlassen will!...

8 — Mit diesen Fragen wenden Sie sich an den Betriebsrat. (4)

Aussprache
... Geshpraiçh... 1 ... shter-ren. 8 Betreeps-rat.

*****

Fill in the blanks

1 Hast - mir - zu -. **2** Komm - Wetter - an -. **3** - Frage - Erstens - Zeit - zweitens - Lust. **4** - zieht - um. **5** - dir - Freude - Was - dich -. **6** - viel - um - zu -.

****

31ST LESSON

A conversation with the boss

1 — Excuse [me], sir (Mr. director), may I disturb you for a moment?
2 — But certainly, (my) dear Schmitt, what is the matter?
3 — Well, firstly, there is the problem of my salary. I haven't had an increase for two years (I had no).
4 — You'd better see the personnel manager about that (with that you better go to the...).
5 — I've already seen the personnel manager.
6 — Then go and see him again (go once more to him) and tell him that I wish him to examine your case (that one examines your case).
7 — Yes, and secondly, there are the new computers and the two colleagues who are to be dismissed (one wants to dismiss)...
8 — Consult the works committee about these questions.

NOTES

(1) *Was gibt's :* what is the matter.
(2) *Ich war :* I was, the simple past of *ich bin. Ich hatte :* I had, the simple past of *ich habe.*
(3) *In subordinate clauses introduced by "daß",* the verb is at the end of the sentence. *Ich weiß, daß er morgen kommt :* I know that he is coming tomorrow.
(4) *Sich wenden an :* to consult, to apply to, to address ; **with accusative.**

9 — Mmm, und dann war ich krank und soll eine Kur machen...

10 — Für diese Fragen ist Fräulein Dickmann zuständig. Noch etwas? (5)

11 — Ja, und außerdem möchte ich einen Baum vor meinem Fenster. An wen soll ich mich damit wenden? Haben Sie vielleicht eine Idee?

Aussprache
10 tsoo-sht**ai**ndiçh.

Übung

1. Er will, daß man seinen Fall überprüft. **2.** Für die Fragen der Sicherheit ist Herr Dünne zuständig. **3.** Er soll sich an den Betriebsrat wenden. **4.** Darf ich Sie einen Augenblick stören, Frau Kröger? **5.** Sie war drei Jahre lang in Deutschland und hatte dort eine gute Stelle. **6.** Außerdem ist sie mit einem Deutschen verheiratet.

Beantworten Sie bitte die folgenden Fragen:

1 *Warum hat Herr Schmitt Probleme mit seinem Gehalt?*

Er hatte . . . . zwei . . . . . . keine . . . .

2 *Zu wem soll er gehen?*

. . . .

3 *War er schon beim Personalchef?*

Ja, er war . . . . . bei . . .

4 *Wie viele Kollegen will man entlassen?*

. . . . Kollegen.

5 *Wer ist für diese Frage zuständig?*

Der . . . .

9 — Mm, and then, I was ill and had to take a cure.
10 — [It's] Miss Dickmann [who] is responsible for these questions. Something else?
11 — Yes, and moreover, I would like a tree in front of my window. Who am I to consult about that? Maybe you have an idea?

NOTES
(5) *Zuständig* : responsible : *Herr Schmitt ist zuständig für Fragen der Sicherheit :* Mr. Schmitt is responsible for security matters -Mr. Schmitt is responsible for that :
Herr Schmitt ist dafür zuständig. Dafür, damit... see lesson 35 paragraph 4.

EXERCISE : 1. He wants his case to be examined (he wants that one...). – **2.** Mr. Dünne is responsible for security matters. – **3.** He is to consult the works committee. – **4.** May I disturb you for a moment, Mrs. Kröger? – **5.** She was in Germany for three years and had a good job there. – **6.** Moreover, she is married to a German.

6 *An wen soll sich Herr Schmitt für seine Kur wenden?*

. . Frl. . . . .

****

ZWEIUNDDREISSIGSTE (32.) LEKTION

Ein Interview

1 — Guten Tag! Wir machen **e**ine **U**mfrage für das Institut "Zivilisati**o**n".

2 Die **U**mfrage steht **u**nter dem M**o**tto: "In Z**u**kunft b**e**sser und intensiver l**e**ben". **(1)**

3 — Würden Sie mir bitte d**a**zu **e**inige Fr**a**gen beantworten? **(2)**

4 — Ja, gern, wenn es nicht zu l**a**nge d**au**ert...

5 — Nein, nur ein paar Min**u**ten! Gut, die **e**rste Fr**a**ge ist: **(3)**

6 L**e**ben Sie l**ie**ber in der Stadt in **ei**ner Etagenwohnung **o**der auf dem Land in **ei**nem Haus mit Garten? **(4)**

Aussprache
... Interview. **1** ... Tsivilisatsi**o**hn... **2** ... inntennz**ee**ver. **4** d**ow**-ert...
6 ... Et**a**shen-v**o**hnoong.

Answer

1 - seit - Jahren - Erhöhung. **2** Zum Personalchef. **3** - schon - ihm. **4** Zwei -. **5** - Betriebsrat. **6** An - Dickmann.

****

32ND LESSON

An interview (n)

1 — Hello! We are making an inquiry for the "Civilization" institute.
2 The inquiry is on the subject (under the motto) : "living better and more intensely in the future".
3 — Would you answer (me) some questions [on this subject] please?
4 — Yes, with pleasure, if it doesn't last too long...
5 — No, only a few minutes! Fine, the first question is :
6 Do you prefer living in a flat in the town or in a house with garden in the country?

NOTES

(1) *Intensiver :* is the comparative of *intensiv.* In German, the comparative is formed by adding *-er* to the adjective (this is the way we form the comparative of short adjectives in English) : *schnell - schneller :* faster. Irregular forms : *gut - besser :* better ; *viel - mehr :* more.

(2) *Dazu,* replaces *zu diesem Thema :* on this subject. We say : *ich habe eine Frage zu diesem Thema :* I have a question on this subject.

(3) *Ein paar* (with a small *p*) or *einige :* a few, some ; *ein Paar* (with capital *P*) : a pair, a couple.

(4) *Lieber ;* to prefer, is the comparative of *gern :* I like... *Ich trinke gern Limonade, aber ich trinke lieber Bier :* I like to drink lemonade, but I prefer beer.

7 — Natürlich lieber auf dem Land, aber... (5)
8 — Gut, "auf dem Land". Die zweite Frage: Essen Sie lieber Schweinefleisch oder Rindfleisch? (6)
9 — Natürlich lieber Rindfleisch, aber...
10 — Gut, "Rindfleisch". Die dritte Frage: Arbeiten Sie schneller als Ihre Kollegen? (7)
11 — Äh... ich glaube, genauso schnell wie sie! (8)
12 — Das ist keine Antwort, dafür gibt es kein Kästchen. Schneller oder langsamer?
13 — Ich weiß nicht! Ich muß jetzt übrigens nach Hause. Meine fünf Kinder warten in der sechsten Etage auf ihre Schweinekoteletts... (9)

Übung

1. Lesen Sie lieber Krimis oder Liebesromane? **2.** Ich esse lieber Salzkartoffeln als Pommes Frites. Und Sie? **3.** Mein Freund wohnt in der dritten Etage. **4.** Würden Sie mir bitte sagen, wo der Bahnhof ist? **5.** Meine Freundin spricht so gut Deutsch wie du. **6.** Aber sie spricht besser als ich.

Ergänzen Sie bitte:

1 *I can watch the film if it does not last too long.*

Ich kann den Film ansehen, ... er nicht zu lange . . . . . .

2 *Is your father older than my father?*

Ist Ihr Vater . . . . mein Vater?

3 *I think he is as old as me.*

Ich glaube, er ist . . . . ich.

7 — I prefer (in) the country of course, but...
8 — Good, "in the country". The second question : Do you prefer (eating) pork or beef?
9 — Beef of course, but...
10 — Good, "beef". The third question : Do you work faster than your colleagues?
11 — Eh... I think as fast as them.
12 — That's no answer, there is no blank for that. Faster or more slowly.
13 — I don't know! By the way, I have to go home now. My five children are waiting on the sixth floor for their pork chops...

NOTES

(5) *Das Land :* the country. *Ich wohne auf dem Land :* I live in the country. *Wir fahren auf das Land :* we go into the country. *Auf* is followed by the **accusative** when the preceding verb indicates movement (in a direction). Otherwise it is followed by the dative! Remember lesson 28, paragraph 4.

(6) *Das Fleisch :* the meat ; *das Schweinefleisch :* pork ; *das Rindfleisch :* beef ; *das Kalbfleisch :* veal.

(7) *Als :* than ; *Er ist kleiner als ich :* he is smaller than me. *Ihr seid älter als wir :* you are older than us. Monosyllabic adjectives take the *Umlaut* in the comparative : *alt - älter ; groß - größer.*

(8) *So... wie :* as... as. *Er ist so klein wie sie :* he is as small as her.

(9) *Warten :* to wait, is always followed by the preposition *auf : Ich warte auf meinen Bruder :* I am waiting for my brother.

EXERCISE : 1. Do you prefer reading detective stories or love stories? – **2.** I prefer (eating) (salt) potatoes to French fries. And you? – **3.** My friend lives on the third floor. – **4.** Could (would) you tell me where the station is? – **5.** My friend speaks German as well as you. – **6.** But she speaks better than me.

4 *Do you prefer sausages or pork chops?*

Mögen Sie . . . . . . Würstchen oder Schweinekoteletts?

5 *My new car goes more slowly than my old one, but it brakes as well as the old one.*

Mein neues Auto fährt . . . . mein altes;

aber es bremst genau . . . . mein altes.

6 *Do you prefer living in the country or on the 28th floor in the town centre?*

Wohnen Sie . . . . . . auf . . . Land oder in . . .

. . . . Etage im Stadtzentrum?

****

DREIUNDDREISSIGSTE (33.) LEKTION

Ein sympathischer Besuch

1 — Es klingelt. Das sind bestimmt schon die Fischers.
2 Die sind immer überpünktlich. (1)
3 — Geh bitte an die Tür, Werner! Ich bin noch nicht ganz fertig. (2)
4 — Ah, guten Tag! Wir freuen uns sehr, daß Sie gekommen sind! (3)
5 — Wir auch! Vielen Dank für Ihre Einladung!
6 — Aber ich bitte Sie... Kommen Sie doch bitte herein! (4)

Aussprache
... zümmpatisher BesoocH. **2** ... überpüng'ktliçh.

*****

Fill in the blanks

1 - wenn - dauert. **2** - älter als -. **3** - so alt wie -. **4** - lieber -. **5** - langsamer als - so gut wie -. **6** - lieber - dem - der achtundzwanzigsten

*****

****

33RD LESSON

A nice visit (m)

1 — Someone's at the door (it rings). That must be the Fischers already (are certainly...).
2 They are always too early.
3 — Go and open the door please, Werner! I am not ready yet (not quite...).
4 — Oh, hello! We are pleased that you [have managed] to come!
5 — So are we (we, too)! Thank you for your invitation!
6 — You are welcome... Come in, please!

NOTES

(1) *Pünktlich :* punctual ; *über :* over, but when added to an adjective or adverb it means more than, over : *übergroß :* oversized.

(2) *fertig :* ready ; finished. *Das Essen ist fertig :* the meal is ready. *Ich bin mit meiner Arbeit fertig :* I have finished my work.

(3) *Sich freuen :* to be pleased ; *ich freue mich, du freust dich, er freut sich...*

(4) *Ich bitte Sie :* you are welcome, don't mention it. *Hereinkommen* or *eintreten :* to come in ; to enter. *Ein* and *herein* are separable prefixes : *Er kommt herein :* he comes in : - *Tritt ein! :* enter! *eintreten* is irregular : *ich trete ein, du trittst ein, er tritt ein.*

7 — Oh, was für eine schöne, helle Wohnung!
8 — Ja, es ist die hellste Wohnung, die ich kenne! (5)
9 — Oh, und was für eine herrliche Aussicht über die Stadt und die Wälder! (6)
10 — Ja, es ist die schönste Aussicht, die wir jemals hatten. (7)
11 Wollen wir jetzt vielleicht Kaffee trinken?
12 Meine Frau macht übrigens den besten Kaffee, den ich jemals getrunken habe. (8)

Übung

1. Sie freuen sich sehr, uns zu sehen. **2.** Bist du mit deiner Arbeit fertig? **3.** Das ist die schönste Stadt, die ich kenne. **4.** Wer macht die besten Kuchen in der Stadt? **5.** Mein Bruder ist der stärkste Mann, den es gibt. **6.** Freust du dich, nach Deutschland zu fahren? **7.** Fischers haben die teuerste Wohnung von allen.

Ergänzen Sie bitte:

1 *The most handsome man (who) I know is my father.*

Der . . . . Mann, . . . ich kenne, ist . . . . Vater.

7 — Oh, what a nice (and) bright flat!
8 — Yes, it's the brightest flat I know!
9 — Oh, and what a splendid view of (over) the town and the woods!
10 — Yes, it's the nicest view we've ever had.
11 Let's have coffee now (perhaps)?
12 By the way, my wife makes the best coffee I've ever had.

NOTES

(5) The superlative is formed by adding *-ste* to the adjective : *der Tisch ist teuer - das ist der teuerste Tisch :* This is the most expensive table.
(6) *Der Wald :* the wood ; *die Wälder :* the woods.
(7) The relative pronoun refers to *Aussicht,* a feminine noun ; that's why you must say : *die.* It is declined like the definite article, and always agrees with the noun it refers to.
(8) *Beste :* best ; the superlative of *gut.* Accusative masculine : *den besten Kaffee ;* do you remember lesson 21, note 1.?

EXERCISE : 1. They are very pleased to see us. – **2.** Have you finished your work? – **3.** That is the nicest town (that) I know. – **4.** Who makes the best cake in (the) town? – **5.** My brother is the strongest man there is (that exists). – **6.** Are you pleased to go to Germany? – **7.** The Fischers have the most expensive flat of all.

2 *The cakes at the Müllers' are the best.*

Die . . . . . . bei Müllers sind die . . . . . .

3 *The most intelligent woman in town is my friend.*

Die . . . . Frau in der Stadt ist . . . . .

Freundin.

4 *I am very pleased to see you. Come in please!*

Ich . . . . sehr, Sie zu sehen. Kommen Sie doch bitte

. . . . !

5 *What is your most beautiful memory?*

Was ist Ihr . . . . Souvenir?

****

VIERUNDDREISSIGSTE (34.) LEKTION

Beim "Fondue"-Essen (1)

1 — Mm, am b**e**sten schmeckt die S**o**ße mit dem gr**ü**nen Pf**e**ffer! **(2)**
2 — Die P**a**prikasoße schmeckt auch **au**sgezeichnet! Prob**ie**r' sie mal!
3 — Oh, ja, w**i**rklich gut! Die ist noch sch**ä**rfer als die Pf**e**ffers**o**ße! **(3)**
4 — Ich **e**sse am l**ie**bsten die S**e**nfsoße. Die ist **e**twas ganz Bes**o**nderes! **(4)**
5 — Und wie schmeckt euch der Wein?

Aussprache
... **1** ... Z*o*sse **3** ... sh*ai*rfer **4** ... Z*e*nnf'zosse.

6 *Are you always punctual or are you often (too) late?*

tard) ?

Sind Sie immer . . . . oder kommen Sie oft

zu . . . . ?

Fill in the blanks

1 - schönste - den - mein -. **2** - Kuchen - besten. **3** - intelligenteste - meine -. **4** - freue mich - herein. **5** - schönstes -. **6** - pünktlich - spät.

****

34TH LESSON

Having (at) a "Fondue" (n)

1 — Mmm, the sauce with the green pepper tastes best.
2 — The red pepper sauce tastes very good too! Try it!
3 — Oh, yes, really good! It is even (still) hotter than the pepper sauce!
4 — It's mustard sauce I like best. It's something special!
5 — And how do you like the wine? (how tastes the wine to you).

NOTES

(1) *Beim,* is the contraction of *bei dem.* Each verb can be used as a noun, you simply put the neuter article before it and a capital letter : *essen : das Essen :* the meal ; *leben : das Leben :* the life ; *lesen :* to read - *das Lesen :* the reading.

(2) The superlative with adverbs : *am* + adjective + the ending *-sten : am schönsten, am kleinsten, am besten...*

(3) *scharf :* hot ; sharp. *Schärfer, am schärfsten.* - Notice the *"Umlaut"!*

(4) *Am liebsten,* is the superlative of *gern : ich esse gern Brot :* I like to eat bread. *Ich esse lieber Brot mit Butter :* I prefer eating bread with butter. *Am liebsten esse ich Brot mit Wurst und Käse :* I like (to eat) bread with sausage and cheese best.

6 — Auch ausgezeichnet! Das ist der beste Wein, den ich seit zwei Tagen getrunken habe.
7 — Was willst du denn damit sagen?
8 — Ach, das war ein Scherz! Das ist wirklich ein sehr guter Wein, und er paßt prima zum Fondue (neutre). **(5)**
9 — Achtung, es riecht angebrannt! Paßt auf euer Fleisch auf!
10 — Wessen Gabel ist das denn? Was? Das wißt ihr nicht mehr? **(6)**
11 Ich glaube, ihr seid schon alle leicht betrunken! **(7)**
12 — Das macht nichts! Kinder, was für ein herrliches Essen! Reicht mir noch 'mal die Soßen und schenkt mir etwas Wein nach, und ich bin der glücklichste Mensch auf der Erde! **(8)**

Übung

1. Dieser Rotwein schmeckt mir am besten. **2.** Er trinkt am liebsten Whisky mit Eis. **3.** Das ist der größte Mann, den ich jemals gesehen habe. **4.** Wessen Mantel ist das? **5.** Reichen Sie mir bitte den Zucker! **6.** Es riecht nicht gut hier! Ist vielleicht etwas angebrannt?

Ergänzen Sie bitte:

1 *What do you like (to eat) best?*

Was essen Sie am . . . . ?

2 *I find the article in the "Süddeutschen Zeitung" best. It is the most interesting.*

Ich finde den Artikel in der Süddeutschen Zeitung . . . .

Er ist . . . .

6 — Excellent, too! That is the best wine I have had for 2 days.
7 — What do you mean by that (What do you want to say with that)?
8 — Oh, it was [only] a joke! That really is a very good wine, and it goes excellently with the fondue.
9 — Be careful! It smells burnt! Pay attention to your meat!
10 — Whose fork is this? What? You don't remember (you don't know it any more)?
11 I think you are already (all) slightly drunk!
12 — That doesn't matter! Oh boys, what a delicious meal! Pass me the sauces again (still once) and help me to some more wine (and pour me a bit wine after), and I am the happiest man on (the) earth (f)!

NOTES

(5) *Zum,* is the contraction of *zu dem :* it is always followed by the dative.

(6) *Wessen :* whose, is the interrogative pronoun of the genitive : *Wessen Buch ist das? :* Whose book is it?

(7) *Ihr seid :* you are, the plural of *du bist.*

(8) *Einschenken :* to pour, to help a person to... *nachschenken :* to help a person to some more... *Darf ich Ihnen Wein nachschenken? :* May I help you to some more wine? *Schenken* without a prefix means to give (as a present).

EXERCISE : 1. I like this red wine best. – **2.** He likes whisky on the rocks best (with ice). – **3.** He (that) is the tallest man I have ever seen. – **4.** Whose coat is it? – **5.** Pass me the sugar please! – **6.** It does not smell nice here! Perhaps something has burnt?

3 *During the meal you (one) must not speak.*

. . . . Essen soll . . . nicht . . . .

4 *Do you need spectacles to read?*

Brauchen Sie eine Brille . . . . ?

5 *Which (what kind of books) books do you like (to read) best?*

. . . . liest du . . . . ?

****

FÜNFUNDDREISSIGSTE (35.) LEKTION

Wiederholung und Erklärungen

1. You know that you have to decline the qualifying adjective. Another slight complication is that there are three different declensions according to the article which precedes it :

a) The adjective preceded by the definite article :

	masculine	feminine
nom.:	der grüne Tisch	die kleine Tasse
acc.:	den grünen Tisch	die kleine Tasse
dat.:	dem grünen Tisch	der kleinen Tasse
gen.:	des grünen Tischs	der kleinen Tasse

	neuter	plural
nom.:	das liebe Kind	die alten Freunde
acc.:	das liebe Kind	die alten Freunde
dat.:	dem lieben Kind	den alten Freunden
gen.:	des lieben Kinds	der alten Freunde

b) The adjective preceded by the indefinite article :

	masculine	feminine
nom.:	ein neuer Hut	eine blaue Tasche
acc.:	einen neuen Hut	eine blaue Tasche
dat.:	einem neuen Hut	einer blauen Tasche
gen.:	eines neuen Huts	einer blauen Tasche

6 *Help me to some more wine please!*

. . . . Sie mir bitte . . . . . etwas Wein . . . . !

Fill in the blanks

1 - liebsten. **2** - am besten - am interessantesten. **3** Beim - man - sprechen. **4** - zum Lesen. **5** Was für Bücher - am liebsten. **6** Schenken - noch - nach.

****

35TH LESSON

neuter
nom: ein großes Haus
acc.: ein großes Haus
dat.: einem großen Haus
gen.: eines großen Hauses

There is no indefinite article in the plural. After the possessive pronoun and the negative article *(kein)* the endings of the adjective are the same as after the indefinite article. In the plural the adjective always ends in *-en* when preceded by an article.

c) The adjective without article :

	masculine	feminine
nom.:	guter Wein	deutsche Küche
acc.:	guten Wein	deutsche Küche
dat.:	gutem Wein	deutscher Küche
gen.:	guten Weins	deutscher Küche

	neuter	plural
nom.:	kaltes Wasser	schöne Ferien
acc.:	kaltes Wasser	schöne Ferien
dat.:	kaltem Wasser	schönen Ferien
gen.:	kalten Wassers	schöner Ferien

We don't want you to learn this list by heart. Just have a look at it whenever you want to check something.

2. The comparative and the superlative :

The comparative : *-er* is added to the adjective : *schön - schöner.* When the adjective is monosyllabic with the vowels *a, o,* or *u* you must add the *"Umlaut" : alt - älter ; groß - größer.*
The superlative : *-ste* is added to the adjective : *schöne - schönste : ; groß - größte ; jung - jüngste.* The superlative of the adverb : *am +* adjective with the ending : *-sten : am kleinsten ; am größten ; am dicksten.*

The comparison - *(Vergleich) :*
Mein Bruder ist kleiner als ich : My brother is smaller than me. *Als* = than.
Mein Bruder ist so groß wie ich : My brother is as tall as me. *So... wie* = as... as.
The qualifying adjective is declined (see paragraph 1) :
Ich möchte gern einen größeren und schnelleren Wagen : I'd like a bigger and faster car.
Ich gehe mit meinem schönsten Kleid ins Theater : I go to the theatre in my most beautiful dress.

3. The months and the days of the week :
Januar, Februar, März, April, Mai, Juni, Juli, August, September, Oktober, November, Dezember.
Montag, Dienstag, Mittwoch, Donnerstag, Freitag, Samstag, Sonntag.

*****

****

Heute ist Montag, der dritte März : Today is Monday 3rd March.
*Welches Datum haben wir morgen?**
* Solution at the end of the lesson!

4. Verbs followed by prepositions : *Er interessiert sich für Sport :* he is interested in sports (he interests himself in...) *Für den Sport* can be replaced by *"dafür" ;* when you wish to avoid repetition : *Ich interessiere mich auch dafür :* I am also interested in that. - *Sie denkt an ihre Ferien :* She thinks of her holidays. - *Ich denke auch daran :* I think of them too. This adverbial pronoun is formed by *da* + the corresponding preposition.
When the preposition begins with a vowel we add *"r" : da + r* + preposition.
Sie sprechen über ihre Arbeit : Sie sprechen darüber - They speak about their work : they speak about it.
Er beschäftigt sich mit seinen Briefmarken - Er beschäftigt sich damit : He is busy with his stamps - he is busy with them. *Was machst du mit deinem Assimil-Buch? :* What are you doing with your Assimil book? - *Was soll ich damit machen? Ich lese es natürlich :* (What do you want me to do with it?) What do you think I'm doing with it? I read it, of course! *Sehr gut! Machen Sie so weiter! :* Very Good : Go on (like that!).

* Answer to paragraph 3 : *Morgen haben wir Dienstag den vierten März :* Tomorrow it will be Tuesday 4th March.
Und morgen erwartet uns eine neue Lektion : And tomorrow another lesson will be waiting for us.

****

SECHSUNDDREISSIGSTE (36.) LEKTION

Das liebe Geld!

1 — Der Wievielte ist heute?
2 — Der fünfzehnte.
3 — Was? Erst der fünfzehnte und schon wieder kein Geld mehr auf dem Konto! (1)
4 — Das ist nicht meine Schuld! Ich habe nichts Besonderes gekauft. (2)
5 — Ich auch nicht! Die haben sicher bei der Bank einen Fehler gemacht!
6 — Das glaube ich auch! Laß uns 'mal nachrechnen:
7 Also da war die Telefonrechnung; die war ziemlich hoch, weil wir so oft mit Mutti in Hamburg telefoniert haben. (3) (4)
8 — Ja, und dann die Stromrechnung; die war auch ziemlich hoch, weil es in den letzten Monaten so kalt war.

36TH LESSON

This dear money!

1 — What is today's date?
2 — The 15th.
3 — What? Only the 15th and again there is no money [left] in the bank (account)!
4 — That is not my fault! I haven't bought anything special.
5 — Neither have I! They've certainly made a mistake at the bank!
6 — I think so, too! Let's check it :
7 Well, there was the telephone bill ; it was rather high, because we made so many phone calls with Mummy (we phoned) to Hamburg.
8 — Yes, and then there was the electricity bill, it was rather high too because it has been so cold during the last months.

NOTES

(1) *Erst :* only, is used when it refers to time : *er arbeitet erst seit drei Stunden :* he has only been working for three hours*. Otherwise we use *nur : er arbeitet nur drei Stunden pro Tag :* he only works three hours a day.

(2) *Gekauft,* is the past participle of *kaufen :* to buy. The past participle of regular verbs is formed with the prefix *ge-* and *-t* at the end of the stem : *machen - gemacht* (done) ; *suchen - gesucht ; tanzen - getanzt.* Generally the perfect is formed with the **present tense** of ***haben*** **+ the past participle** (exceptions see lesson 42). *Sie hat gekauft :* she (has) bought ; *du hast gesagt :* you (have) said.

(3) Verbs ending in *-ieren* do not have the prefix *ge-* in the past participle : *wir haben diskutiert :* we discussed.

(4) *Weil :* because, introduces a subordinate clause. The **conjugated verb** is placed **at the end of the sentence :** *ich bin traurig, weil ich einen Fehler gemacht habe :* I am sad because I have made a mistake.

* We don't know yet how long he'll be working.

9 — Und dann haben wir dreimal in Restaurants gegessen, die nicht gerade billig waren. Erinnerst du dich daran? **(5) (6)**

10 — Ja, ich erinnere mich an die Essen. Die waren wirklich ausgezeichnet. Etwas teuer... aber trotzdem gut!

11 — Wir haben immer mit Scheck gezahlt, nicht wahr?

12 — Ja, das ist richtig... vielleicht hat die Bank doch recht, und wir haben uns geirrt. **(7) (8)**

Aussprache
9 ... Er'innerst.

Übung

1. Wir sind erst eine halbe Stunde hier und du möchtest schon wieder gehen? **2.** Laß uns doch noch etwas hierbleiben! **3.** Ich habe heute noch nichts gegessen. Ich habe den ganzen Tag gearbeitet. **4.** Er hat gestern ein neues Auto gekauft. **5.** Müssen Sie denn immer recht haben?

Ergänzen Sie bitte:

1 *She bought butter, bread and cheese.*

Sie . . . Butter, Brot und Käse . . . .

2 *Do you remember those good times (the good time) in Berlin?*

. . . . Sie sich . . die schöne Zeit in Berlin?

3 *We always paid by travellers cheques in Germany.*

Wir . . . . . in . . . . immer mit Reiseschecks . . . .

9 — And then we had 3 meals at restaurants which weren't exactly inexpensive (we ate thrice in restaurants which...). Do you remember?
10 — Yes, I remember the meals. They were really excellent. A little bit expensive... but nevertheless very good!
11 — We always paid by cheque, didn't we?
12 — Yes, that's right... maybe the bank is right after all, and we are wrong (mistaken).

NOTES
(5) *Essen - gegessen* (eaten). Notice : the past participle of *essen* is irregular.
(6) *Sich erinnern an :* to remember. *Ich erinnere mich an meine Ferien :* I remember my holidays. - *Erinnern Sie sich auch daran? :* Do you remember? [them] too?
(7) *Recht haben :* to be right ; *er hat recht :* he is right ; *unrecht haben :* to be wrong ; *du hast unrecht :* you are wrong.
(8) *Sich irren :* to be mistaken.

EXERCISE : 1. We have only been here for half an hour and you want to leave already? – **2.** Let's stay a little bit longer! – **3.** I haven't eaten anything today. I've been working all day (the whole day). – **4.** He bought a new car yesterday. – **5.** Do you always have to be right?

4 *The telephone bill was very high (in) this month.*

Die Telefonrechnung . . . in diesem Monat sehr . . . .

5 *What did you do during the week-end?*

Was . . . . du am Wochenende . . . . ?

6 *I phoned my girlfriend.*

Ich . . . . mit meiner Freundin . . . .

Fill in the blanks

1 - hat - gekauft. **2** Erinnern - an -. **3** - haben - Deutschland - gezahlt. **4** - war - hoch. **5** - hast - gemacht. **6** - habe - telefoniert.

SIEBENUNDDREISSIGSTE (37.) LEKTION

Ein guter Tip

1 — Mensch, Sie sehen ja toll aus... so braungebrannt! Wo kommen Sie denn her? (1)

2 — Direkt von den Kanarischen Inseln. Dort ist das schönste Wetter, das man sich denken kann! (2)

3 — Herrlich! Ich beneide Sie wirklich! Waren Sie schon oft dort?

4 — Ja, schon fünfmal. Seit fünf Jahren verbringen wir dort unseren "Winterurlaub". (3)

5 — Meine Frau und ich, wir wollen auch schon seit langem dorthin; aber immer kommt irgend etwas dazwischen. (4)

6 — Wenn Sie eines Tages doch fahren, kann ich Ihnen einige gute Tips geben.

7 — Diesen Sommer leider nicht, aber vielleicht klappt's im nächsten Frühling.

8 — Sie müssen dann unbedingt ins Hotel "Meeresstrand" gehen. (5)

Aussprache
3 ... beny-de. **4** ... ferbringen. **5** ... datsvishen.

37TH LESSON

A helpful (good) clue

1 — Oh boy, you really look terrific... so tanned! Where have you been (where do you come from?)
2 — Straight from the Canaries. They have (there's) the finest weather you can imagine (you think)!
3 — Marvellous! I really envy you! Have you been there often?
4 — Yes, five times. We've spent our winter holidays there for the last five years. (since 5 years we spend...).
5 — My wife and I have wanted to go there for a long time, but something is always coming up.
6 — But if you go there one day, I can give you some helpful (good) tips.
7 — Unfortunately not this summer, but maybe it'll work out all right next spring.
8 — Then you really must go to the "Seabeach" hotel.

NOTES

(1) In spoken language you often say : *wo kommst du her?* instead of : *woher kommst du? :* where do you come from? Here with the meaning of : where have you just arrived from? Also : *wo gehst du hin?* instead of *wohin gehst du? :* where do you go? *Hin* and *her* are adverbs ; they denote a change in position : *her :* towards the speakers ; *hin :* removal : *Komm hierher :* Come here! - *Geh dorthin! :* Go there! (see note 4).
(2) *Das,* the relative pronoun of a neuter noun (here : *das Wetter). Das Buch, das ich lese ist interessant :* the book that I am reading is interesting. *Man,* is the impersonal pronoun. In English it is generally translated with a passive form or "you".
(3) *Einmal :* once ; *zweimal :* twice...
(4) *Wir fahren dorthin :* we go there. *Wir kommen dorther :* we come from there. *Ich muß dorthin :* I must go there ; it's not necessary to use the verb.
(5) Remember that the article of a compound noun depends on the gender of the last word.

9 Der Besitzer ist ein guter Freund von mir. Sie fragen nur nach Wolfgang Hansen. Und im Strandrestaurant fragen Sie nach Peter Schmitt und im Casino nach Werner... (6)

10 — Sind dort denn so viele Deutsche?

11 — Oh ja, das ist eines ihrer beliebtesten Ferienziele. (7)

Übung

1. Sie sieht sehr gut aus. **2.** Das ist das beste Essen, das man sich denken kann. **3.** Wir fahren jedes Jahr dorthin. **4.** Deine Schwester hat nach dir gefragt. **5.** Sie hat erst ein Kind und möchte gern ein zweites. **6.** Sein Bruder ist ein guter Freund von mir.

Ergänzen Sie bitte:

1 *Where are you going this summer? - We are going to Majorca.*

. . . . . fahren Sie in diesem Sommer? -

Wir fahren . . . . Mallorca.

2 *We are going there, too.*

Wir fahren auch . . . .

3 *Where does your wife come from?*

. . . . . kommt . . . . Frau? - . . . München.

4 *I come from there, too.*

Ich komme auch . . . .

9 The owner is a good friend of mine. You just ask for (after) Wolfgang Hansen. And in the beach restaurant you ask for Peter Schmitt and in the casino for Werner...
10 — Are there so many Germans?
11 — Oh yes, that's one of their most favourite holiday resorts (destinations).

NOTES
(6) *Fragen :* to ask, is followed by the preposition *nach* + dative : *Ich frage nach dem Weg :* I ask the way. *Er fragt nach Herrn Schmitt :* he asks for Mr. Schmitt.
(7) *Das Ziel, die Ziele :* the destination(s), goal, aim.

EXERCISE : 1. She is very good-looking. – **2.** It is the best meal you can imagine. – **3.** We go there every year. – **4.** Your sister asked for you. – **5.** She has only one child and would like another one (a second). – **6.** His brother is a good friend of mine.

5 *You really must see this film. It is marvellous.*

Sie müssen . . . . diesen Film sehen. Er ist

. . . .

6 *Ask for Mr. Hansen. He is a good friend of mine.*

Fragen Sie . . . . Herrn Hansen. Er ist

. . . . Freund . . . mir.

Fill in the blanks

1 Wohin - nach -. **2** - dorthin. **3** Woher - Ihre - Aus -. **4** - dorther. **5** - unbedingt - herrlich. **6** - nach - ein guter - von -.

ACHTUNDDREISSIGSTE (38.) LEKTION

Ein Ausweg?

1 — Warum hältst du an? Was ist los?
2 — Ich weiß nicht mehr, wo wir sind. Ich glaube, wir haben uns verirrt. **(1)**
3 — Du kennst doch den Weg! Das hast du mir jedenfalls gesagt!
4 — Ja, das habe ich auch gedacht. **(2)**
5 Aber in dieser Schneelandschaft sieht alles ganz anders aus. **(3)**
6 — Gibt es denn keine Wegweiser?
7 — Nein, nicht einen einzigen!
8 — Und weit und breit kein Mensch, den wir fragen können!
9 — Sollen wir vielleicht besser umkehren?
10 — Es wird schon dunkel. **(4)**
11 — Dort kommt ein Auto! Fahren wir doch einfach hinterher!
12 Es wird uns schon irgendwohin führen. **(5)**

(Fortsetzung folgt)

Aussprache
... **Owssvayk.** 1 ... **hailst.** 5 ... **Shnaylanntshaft.** 6 ... **Vaykvizer.**

38TH LESSON

A way out (m)?

1 — Why have you stopped (to you stop?) What is the matter?
2 — I don't know (any more) where we are. I think we've got lost.
3 — But you know the way! At least that's what you told me!
4 — Yes, that's what I thought, too.
5 But in this snow [covered] landscape everything looks completely different.
6 — Are there no road signs?
7 — No, not a single [one]!
8 — And no-one in sight (far and wide) whom we can ask!
9 — Hadn't we better go back? (shall we...).
10 — It's already getting dark.
11 — There's a car coming! Let's follow it (drive after)!
12 It'll lead us somewhere.

(To be continued)

NOTES

(1) *Sich verirren :* to get lost. The past participle of verbs with separable prefixes : *er hat sich verirrt :* he got lost - you do not add *ge-*.
(2) *Denken :* to think, the past participle is irregular : *gedacht :* thought.
(3) *Aussehen :* to look ; *Sie sehen müde aus :* you look tired.
(4) *Werden :* to become, to get. *Arzt werden :* to become a doctor ; *es wird dunkel :* it's getting dark.
(5) *Werden,* is also used to form the future : *ich schlafe :* I sleep ; *ich werde schlafen :* I will sleep (see lesson 42, paragraph 2).

Übung

1. Können Sie mir den Weg zum Bahnhof sagen? **2**. Sie sehen heute so müde aus! **3**. Es wird endlich Sommer. **4**. Ich sehe weit und breit keinen Wegweiser. **5**. Die Landschaft sieht heute ganz anders aus. **6**. Das haben wir alle gedacht; aber es war nicht so.

Ergänzen Sie bitte:

1 *We must stop here. I don't know where we are (any more).*

Wir müssen hier . . . . Ich . . . . nicht mehr, . .

wir sind.

2 *I can't see a road-sign. We must ask the way.*

Ich sehe keinen . . . . Wir müssen nach . . . .

fragen.

3 *What is the matter? Why is it getting so dark?*

Was ist . . . ? Warum . . . . es so dunkel?

****

NEUNUNDDREISSIGSTE (39.) LEKTION

Ein Ausweg? (Fortsetzung)

1 — Du, der fährt immer schneller! Ich kann ihm kaum noch folgen. (1) (2)

2 — Er scheint den Weg gut zu kennen. (3)

Aussprache
2 ... shaynnt.

*****

4 *But you know this town! At least, that's what you told me!*

Sie . . . . . . doch diese Stadt! Das haben Sie mir

. . . . gesagt!

5 *Today everything looks completely different.*

Heute . . . . . alles ganz anders . . .

6 *He thinks that he has got lost.*

Er . . . . , er . . . sich . . . .

EXERCISE : 1. Can you tell me the way to the station? – **2.** You look so tired today. – **3.** Summer's coming after all. (It's getting summer...). – **4.** There's no road sign in sight. – **5.** The landscape looks completely different today. – **6.** That's what we all thought ; but it wasn't so.

Fill in the blanks

1 - anhalten - weiß - wo -. **2** - Wegweiser - dem Weg -. **3** - los - wird -. **4** - kennen - jedenfalls -. **5** - sieht - aus. **6** - glaubt - hat - verirrt.

****

39TH LESSON

A way out? (cont.)

1 — Look, he is driving faster and faster! I can hardly follow him.
2 — He seems to know his (the) way well.

NOTES

(1) *Immer :* always, before an adjective means more and more : *immer größer :* bigger and bigger ; *immer besser :* better and better.
(2) *Folgen :* to follow + **dative** (indirect object) : *Wem folgen Sie?* whom are you following?
(3) *Scheinen :* to seem. *Sie scheint viel Geld zu haben :* She seems to have a lot of money.

3 — Wo ist er denn jetzt? Keine Lichter mehr! Das ist doch nicht möglich! (4)
4 — Ja, das ist unheimlich. Da stimmt etwas nicht! (5)
5 — Vorsicht, ich glaube, da ist jemand! Mein Gott, bin ich erschrocken! (6)
6 — Guten Tag, Hände hoch! Warum verfolgen Sie mich? (7)
7 — Warten Sie, machen Sie bitte keinen Quatsch! Wir sind keine Verbrecher! (8)
8 Wir haben uns nur verirrt und gedacht...
9 — Ha, ha, haben Sie keine Angst! Das ist nur eine Schreckschußpistole...
10 Sehen Sie, wir fahren seit zehn Minuten im Kreis auf meinem Privatgrundstück,
11 und heutzutage kann man nie wissen...

Aussprache
4 ... **oo**nnhime-liçh. **7** ... kvatsh... **9** ... Shre**kk**shoosspist**ohl**e.

Übung

1. Zeigen Sie uns bitte den Weg! Wir folgen Ihnen! **2.** Es wird immer dunkler. Ich kann kaum noch die Straße sehen. **3.** Er fährt seit einer Stunde im Kreis. **4.** Sie haben sich verirrt, und sie wissen nicht mehr, wo sie sind. **5.** Sie scheint diese Person gut zu kennen.

3 — But where is he now? No more lights! That's impossible!
4 — Yes, that's frightening. Something is wrong here!
5 — Be careful! I think there is somebody there! My God! I was so frightened!
6 — Good evening (day), hands up! Why do you keep following me?
7 — Wait, don't do anything silly! We are not criminals!
8 We only got lost and thought...
9 — Ha, ha don't be afraid! This is only an alarm pistol...
10 You see, we have been driving around in circles (a circle) on my property for ten minutes,
11 and these days you can never tell (know)...

NOTES

(4) *Das Licht, die Lichter :* the light(s).

(5) Do you remember *das stimmt* (lesson 11) : that's right. Notice the expression : *Es stimmt etwas nicht :* there is something wrong here.

(6) *Erschrecken :* to frighten, has two past participles : *Der Hund hat mich erschreckt :* the dog frightened me (transitive). **But :** *Ich **bin erschrocken** :* I was frightened (intransitive).

(7) *Verfolgen :* to follow, to pursue + accusative / direct object in German. *Die Polizei verfolgt den Verbrecher :* the police pursue the criminal.

(8) *Der Quatsch :* a familiar expression for *die Dummheit :* foolishness, silliness. *Er erzählt viel Quatsch :* he talks a lot of nonsense.

EXERCISE : 1. Show us the way please! We will follow you! – **2.** It's getting darker and darker. I can hardly see the road. – **3.** He has been driving around in circles (a circle) for an hour. – **4.** They've got lost and they don't know where they are any more. – **5.** She seems to know this person well.

Ergänzen Sie bitte:

1 *I'll show you the way. Follow me please!*

Ich . . . . . Ihnen den Weg. Folgen Sie . . . bitte!

2 *He is walking more and more slowly. He seems to be tired.*

Er geht . . . . . langsamer. Er . . . . müde

. . sein.

3 *She was frightened but he was not afraid.*

Sie ist . . . . ; aber er hat . . . .

gehabt.

****

VIERZIGSTE (40.) LEKTION

Endstation

1 — Endstation! Alles aussteigen bitte! (1)
2 Alle Leute steigen aus - bis auf einen kleinen, alten Mann, (2)
3 der eingeschlafen zu sein scheint. (3) [N.1c.]

Aussprache
Enntshtatsiohn. 1 ... ows'shty-gen.

*****

4 *They got lost. They have been driving around in circles.*

Sie . . . . . sich . . . . Sie sind im Kreis

. . . .

5 *Don't do anything silly please! I can't understand you.*

Mach bitte . . . . . . Quatsch! Ich . . . . dich nicht.

6 *There is something wrong here. I can't see any lights any more.*

Da . . . . etwas nicht. Ich sehe . . . . .

. . . . mehr.

Fill in the blanks

1 - zeige - mir -. **2** - immer - scheint - zu -. **3** - erschrocken - keine Angst -. **4** - haben - verirrt - gefahren. **5** - keinen - verstehe -. **6** - stimmt - keine Lichter -.

****

40TH LESSON

Terminus (f) (end station)

1 — Terminus! Everybody [gets] off please!
2 Everybody gets off - but (except) a little old man
3 who seems to have fallen asleep.

NOTES

(1) *Aussteigen :* to get off ; *einsteigen :* to get in. *Aus* and *ein* are separable prefixes.

(2) *Bis :* until ; *Er hat bis 12 Uhr gewartet :* he waited until 12 o'clock. **But :** *bis auf* + accusative : except, but. *Alle bis auf einen :* all but one.

(3) *Einschlafen :* to fall asleep : *ich schlafe ein :* I fall asleep. *Ich bin eingeschlafen :* I fell (have fallen asleep). Notice the word order in the **subordinate clause - the verb is at the end!**

4 Der Busfahrer geht zu ihm und spricht ihn an: (4)
5 — Hören Sie, Sie müssen aussteigen!
6 — Warum? Fahren Sie nicht weiter? (5)
7 — Doch, ich fahre weiter.
8 — Das ist gut. Ich will auch weiterfahren.
9 — Das geht nicht. Hier ist Endstation.
10 — Ja, aber Sie haben gerade gesagt, daß Sie weiterfahren. (6) (7)
11 — Ja... nein... gut! Ich fahre nicht weiter; ich fahre zurück.
12 — Oh, das macht nichts. Dann werde ich mit Ihnen zurückfahren...

Übung

1. Steigen Sie bitte alle aus! **2.** Du mußt schnell einsteigen! Der Zug fährt sofort ab. **3.** Ich bin gestern angekommen und werde morgen zurückfahren. **4.** Wir bleiben heute nacht in diesem Hotel und fahren morgen früh weiter. **5.** Ich bin heute nachmittag im Büro eingeschlafen.

Ergänzen Sie bitte:

1 *Where do we have to get off?*

Wo müssen wir . . . . ?

4 The bus driver goes towards him and talks to him :
5 — Listen. You have to get off!
6 — Why? Aren't you driving on?
7 — I am going on.
8 — That's fine. I want to go on too.
9 — That's impossible (that does not go). This (here) is the terminus.
10 — Yes, but you just said that you drove on.
11 — Yes... no... well! I am not driving on. I am returning (driving back).
12 — Oh, that does not matter. Then I will go back with you...

NOTES

(4) *Sprechen :* to speak ; *jemanden ansprechen :* to speak/talk to someone. *Er hat mich ohne zu zögern angesprochen :* he spoke to me without hesitation *(zögern :* to hesitate).

(5) *Weiter :* added to a verb as a prefix means : to continue, to go on... *Sprechen Sie! :* Speak! - *Sprechen Sie weiter! :* Go on speaking!

(6) *Gerade* (adverb) with a verb in the past : *sie ist gerade eingeschlafen :* she has just fallen asleep.

(7) In a subordinate clause introduced by *daß* the prefix is not separated from the verb : *Fahren Sie heute zurück? :* Are you returning today? But : *Er hat gesagt,* ***daß*** *er heute* ***zurückfährt.***

EXERCISE : 1. Everybody [gets] off, please! – **2.** You have to get in quickly! The train is leaving immediately. – **3.** I arrived yesterday and I will return tomorrow. – **4.** We will stay in this hotel tonight and go on tomorrow morning. – **5.** I fell asleep in the office this afternoon.

2 *Why are you stopping? Drive on please!*

. . . . . halten Sie an? . . . . . . Sie doch bitte . . . . . . !

3 *He is returning home tomorrow.*

Er . . . . . morgen . . . . . . nach Hause.

4 *That does not matter. We have a lot of time left.*

Das macht . . . . . . Wir haben noch viel . . . .

5 *Where did you get on?*

Wo sind Sie . . . . ?

****

EINUNDVIERZIGSTE (41.) LEKTION

Beim Arzt

1 — Sie **se**hen **a**ber schlecht aus, Frau **Mei**er!
2 — Deshalb bin ich zu **Ih**nen ge**kom**men, Herr **Dok**tor. (1)
3 — Was fehlt **Ih**nen denn? (2)
4 — Mir war **ges**tern **a**bend sehr schlecht. (3)
5 Ich **ha**be mich den **gan**zen **A**bend über**ge**ben.
6 — Und **heu**te, wie geht es **Ih**nen **heu**te?
7 — **Bes**ser, **a**ber ich **füh**le mich noch **et**was schwach auf den **Bei**nen. (4)
8 — **Ha**ben Sie noch **Ma**genschmerzen?

6 *You have eaten everything but this little piece of cheese?*

Du . . . . alles . . . . dieses kleine Stück Käse

. . . . ?

Fill in the blanks

1 - aussteigen. **2** Warum - Fahren - weiter. **3** - fährt - zurück -. **4** - nichts - Zeit. **5** - eingestiegen. **6** - hast - bis auf - gegessen.

****

41ST LESSON

At the doctor's

1 — You look really ill Mrs. Meier!
2 — That's why I've come to see you, (Mister) doctor!
3 — What's wrong with you?
4 — I felt very sick last night.
5 I was sick all evening.
6 — And today, how do you feel today?
7 — Better, but I still feel a little bit shaky (weak on my legs).
8 — Have you still got a stomach-ache?

NOTES

(1) Remember that we say : *Ich bin bei dem (beim) Arzt :* I am at the doctor's. **But :** *Ich gehe zu dem (zum) Arzt :* I go to the doctor's.

(2) *Was fehlt Ihnen denn?/Was haben Sie denn? :* What's wrong with you?/what's the matter with you? If you feel well you answer : *Es fehlt mir nichts* or *Ich habe nichts.*

(3) *Es geht mir gut :* I am fine ; (it goes me well). - *Es ist mir heiß/kalt ;* I am hot/cold. - *Es ist mir schlecht :* I feel/am sick. We can leave out *es* and say : *Mir ist schlecht.*

(4) *Das Bein, die Beine :* the leg(s). *Den Beinen* is the **dative plural**!

9 — Nein, mir ist nur etwas schwindlig. (5)
10 — Tja, vielleicht haben Sie gestern etwas Komisches gegessen? (6)
11 — Nein, ich habe das gegessen, was alle gegessen haben.
12 — Mm, so. Wann ist Ihnen denn schlecht geworden? (7)
13 — Ich habe ferngesehen... Wissen Sie, die Sendung über "Chemie in Lebensmitteln" und dann plötzlich... (8)

Aussprache
9 ... shvinndliçh. **13** ... Shemee ... plertsliçh.

Übung

1. Du siehst schlecht aus! Was hast du? **2.** Ich habe Magenschmerzen und mir ist schwindlig. **3.** Wir haben den ganzen Samstagabend ferngesehen. **4.** Ich fühle mich plötzlich ganz schwach. **5.** Ich will das essen, was du ißt. **6.** Wann sind Sie denn krank geworden?

Ergänzen Sie bitte:

1 *Maybe you had something bad to eat?*

Hast du vielleicht . . . . gegessen?

2 *What's the matter with you?*

Was . . . . . Ihnen denn?

3 *Did you watch the programme on German universities yesterday?*

Haben Sie gestern . . . . über deutsche

Universitäten . . . . ?

4 *When did you begin to feel dizzy?*

Wann . . . Ihnen schwindlig . . . . ?

9 — No, I only feel a little bit dizzy.
10 — Mm, maybe you had something funny to eat?
11 — No, I ate what everybody [else] ate [too].
12 — Well, [so]. When did you begin to feel sick?
13 — I watched the TV. You know, the programme on "chemicals in food" and then all of a sudden...

NOTES
(5) *Es ist mir schwindlig* : I feel dizzy.
(6) *Etwas Schönes* : something nice ; in this expression *"Schönes"* is a neuter noun.
(7) *Geworden* ; the past participle of *werden* : to become, get.
(8) *Das Mittel, die Mittel* : the stuff ; nouns ending in *-el* or *-er* do not change in the plural : *das Zimmer, die Zimmer.*

EXERCISE : 1. You look ill! What's the matter with you? – **2.** I have a stomach-ache and I feel dizzy. – **3.** We watched the TV all Saturday evening. – **4.** I feel all dizzy suddenly. – **5.** I want to eat what you eat. – **6.** When did you begin to feel ill?

5 *Do you feel very weak?*

. . . . Sie sich sehr . . . . ?

6 *He cannot work today. He feels very sick.*

Er . . . . heute nicht . . . . Ihm ist sehr

. . . .

Fill in the blanks

1 - etwas Schlechtes -. 2 - fehlt -. 3 - die Sendung - gesehen. 4 - ist - geworden. 5 Fühlen - schwach. 6 - kann - arbeiten - schlecht.

ZWEIUNDVIERZIGSTE (42.) LEKTION

Wiederholung und Erklärungen

1. a) The **perfect** is formed with the **present tense** of **haben** or **sein** + the **past participle** of the verb. For the past participle of regular verbs you add the prefix *ge-* and *-t* at the end of the stem.

machen ➧ *gemacht* (done/made)
sagen ➧ *gesagt* (said)
fragen ➧ *gefragt* (asked)

The past participle is placed at the end of the phrase : *Er hat viel* ***gearbeitet*** *:* he (has) worked a lot.

b) **Verbs denoting a change in position,** form the perfect with the present tense of ***sein*** + the past participle : *Ich* ***bin*** *letzte Woche nach Berlin gefahren :* I went to Berlin last week.
Sie sind *zu spät gekommen :* They were late (came late).
At the end of the book you will find a list of the irregular verbs and participles.

c) **Verbs with separable prefixes :** *ge-* is put between the prefix and the stem : *Aufpassen :* to pay attention. *Er hat nicht aufgepaßt :* he did not pay attention *Zurückfahren :* to return. *Wir sind sofort zurückgefahren :* we returned immediately.
Fernsehen : to watch the TV. *Hast du gestern abend ferngesehen? :* Did you watch the TV yesterday evening?

Verbs with inseparable prefixes : the past participle is formed **without** the prefix *ge- :*
Bezahlen : to pay. *Sie haben Ihre Rechnung noch nicht* ***bezahlt :*** you have not paid your bill yet.
Erzählen : to tell. *Er hat mir viele Geschichten* ***erzählt :*** he told me a lot of stories.
Vergessen : to forget. *Ich habe seine Telefonnummer* ***vergessen :*** I forgot his telephone number.

An exception : *Sein* forms the perfect by itself : *Ich bin gewesen :* I have been ; *du bist gewesen :* you have been ; *er ist gewesen...*

In spoken language the perfect is generally used for the simple past (the imperfect) and the present perfect. (See examples above and on page 143).

2. The **future** is formed with ***werden*** **+ the infinitive** of the verb :

ich werde		I will work
du wirst		you will work
er, sie, es wird	*arbeiten*	he, she, it will work
wir werden		we will work
ihr werdet		you will work
sie werden		they will work

The infinitive is placed at the end of the sentence and *werden* takes the position of the verb : the second position.
Ich ***werde*** *nach Hause* ***gehen :*** I will go home.
Sie ***werden*** *um 1 Uhr zu Mittag* ***essen :*** They will have lunch at 1 o'clock.
Was ***wirst*** *du heute nachmittag* ***machen? :*** What will you do this afternoon?

Jetz sind Sie dran! Übersetzen Sie bitte! : Now it's your turn! Translate please!
Tomorrow Mr. Schmitt will go (by car) to his office at nine o'clock. But he will return (already) at eleven o'clock because he will be too tired to work. He will drink another (a second) cup of coffee and half an hour later he will go back *(again)* to his office (Translation at the end of the lesson).

3. Let's talk once more about *hin* and *her* :
Her : indicates direction towards the speakers ; *hin :* indicates direction away from the speaker. They are **adverbs** or **separable prefixes** and can only be used with a verb denoting a change in position. They can be added to another adverb of place. Ex. : *dahin, dorther.*
Woher kommt Ihre Mutter? : Where has your mother just arrived from? *Aus Frankreich? :* From France? *Mein Vater kommt auch dorther :* My father has just arrived from there too.
Wohin fahren Sie in Ferien? - Nach Italien? Wir fahren auch dorthin.

****

DREIUNDVIERZIGSTE (43.) LEKTION

Die guten, alten Zeiten

1 Gegen sieben Uhr ist Herr Kleinemann von der Arbeit nach Hause gekommen.
2 Er hat seiner Frau, die an der Tür auf ihn gewartet hat, (1)
3 seinen Mantel und seine Aktentasche gegeben und gefragt:
4 — Ist das Abendessen fertig?

*****

Where are you going on holiday? - To Italy? We are going there too.
Komm hierhier! : Come here!
Geh dorthin! : Go there!

4. The impersonal pronoun *man* is generally translated by : you, they or a passive form :
Wo kann man Briefmarken kaufen? : where can you buy stamps?
Man sieht sie immer zusammen : they are always seen together.

Translation (paragraph 2)
Herr Schmitt wird morgen um neun Uhr ins Büro fahren. Aber er wird schon um elf Uhr zurückfahren, denn er wird zum Arbeiten zu müde sein. Er wird mit seiner Frau eine zweite Tasse Kaffee trinken und eine halbe Stunde später wieder ins Büro fahren.

****

43RD LESSON

Good, old times

1 Mr. Kleinemann came home from work at around seven o'clock. (Around...).
2 He gave his coat and his briefcase to his wife who was waiting
3 for him at the door and asked her :
4 — Is dinner ready?

NOTES
(1) *Warten* : to wait ; *gewartet* : waited. When the stem of a word already ends in *-t*, we add *-et*. E.g. : *antworten* : to answer ; *ich habe geantwortet. Arbeiten* : to work ; *gearbeitet.* Notice that *warten* is followed by the preposition *auf* + accusative : *Ich habe auf meinen Freund gewartet* : I have been waiting for my friend.
(2) *Gerade* : just. When added to a verb in the present tense it is translated by : "to be about to" or "just" : *Sie schreibt gerade einen Brief* : she is about to write a letter.

5 — In fünf Minuten! Ich bin gerade beim Tischdecken. (2) (3)
6 — Wohin hast du das Fernsehprogramm gelegt? (4)
7 — Es liegt auf dem Tisch neben dem Fenster. Ich hole es dir sofort. (5)
8 Dann hat sich Herr Kleinemann in den Sessel vor den Fernsehapparat gesetzt, (6)
9 seine Beine von sich gestreckt und gerufen: ???

10 — Na? Was hat Herr Kleinemann gerufen?
11 Falls Ihnen die richtige Antwort nicht auf der Zunge liegt,
12 drehen Sie das Buch herum und Sie finden die Lösung:
13 — Wohin hast du meine Pantoffeln gestellt? — (7)

Aussprache
7 ... leekt... h**oh**l*e*. **8** ... ge-zetst. **9** ... geshtrekt. **11** ... Ts**oo**ng*e*.

Übung

1. Wann bist du nach Hause gekommen? - Gegen Mitternacht. **2.** Er hat eine Stunde auf seine Frau gewartet. **3.** Ich kann jetzt nicht kommen. Ich bin gerade beim Kochen. **4.** Falls Sie die richtige Antwort nicht finden, rufen Sie mich. **5.** Ich werde Ihnen helfen.

5 — In five minutes! I am about to lay the table.
6 — Where did you put the TV schedule?
7 — It is (lies) on the table next [to] the window. I will fetch it for you immediately.
8 Then, Mr. Kleinemann sat down in the armchair in front of the TV,
9 stretched out his legs (of him) and shouted : ???

10 — So, and what did Mr. Kleinemann shout?
11 If you don't have the right answer on the tip of your tongue,
12 turn your book upside down and you will find the solution :
13 —

NOTES

(3) *Den Tisch decken :* to lay the table *(decken :* to cover).

(4) *legen :* to lay, to put. *Ich lege das Messer auf den Tisch :* I put the knife on the table.
The preposition *auf* is followed by the **accusative** because *legen* is a verb denoting a change in position. The corresponding question is : *wohin legst du das Messer :* where do you put the knife?
But : *liegen :* to lie, denotes no change in position therefore the respective preposition is followed by the **dative** and the question is : *Wo?*

(5) *Holen :* to fetch, to get. *Abholen :* to go to get/fetch, to call for someone. *Er holt die Kinder von der Schule ab :* he goes to fetch the children from school. *Er hat Paul abgeholt :* He called for Paul. *Er holt das Paket ab :* He goes to get the parcel.

(6) *Sich setzen :* to sit down, is also a verb denoting a change in position. Thus, the corresponding question is : *Wohin setzt er sich? :* Where does he sit down? The answer is : *In den* (acc.). *Sessel :* In the armchair.

(7) *Stellen :* to put, for something that "stands" : *Ich stelle die Blumenvase auf den Tisch :* I put the (flower) vase on the table. **But :** *stehen :* to stand, *die Blumenvase steht auf dem Tisch :* the vase stands/is on the table (see lesson 26).

EXERCISE : 1. When did you come home? - At around midnight. – **2.** He has been waiting for his wife for an hour. – **3.** I can't come now, I'm (just) cooking. – **4.** Call me, if you don't find the right answer. – **5.** I will help you.

Ergänzen Sie bitte mit den Verben : *setzen, stellen, legen :*
Complete using the verb to put :

1 *Where did Mr. Huber put his bicycle? In the cellar.*

Wohin . . . Herr Huber sein Fahrrad . . . . ? -

In . . . Keller.

2 *Where did you put the newspaper? On the table.*

Wohin . . . . . Sie die Zeitung . . . . . . ? -

Auf . . . Tisch.

3 *Where did you put the little cat? - In the basket.*

Wohin . . . . du die kleine Katze . . . . ? -

In . . . . . . Korb.

****

VIERUNDVIERZIGSTE (44.) LEKTION

Lieber Christian!

1 Seit fast einem Monat hast Du nichts mehr von mir gehört. (1)
2 Inzwischen ist viel geschehen. Ich war sehr beschäftigt. (2)

Aussprache
Leeber Kristyahn.

*****

4 *Where shall I sit down? - On my right.*

Wohin soll ich mich . . . . . . ? - Rechts neben . . . .

Ergänzen Sie bitte mit den Verben : *sitzen, stehen, liegen :*
Complete using the verbs : to sit, to stand, to lie :

5 *Where is (stands) your car? - In front of the garage.*

Wo . . . . . dein Wagen? - Vor . . . Garage.

6 *Where are (lie) my letters? - On your desk.*

Wo . . . . meine Briefe? - Auf . . . . . . Schreibtisch.

7 *Where are you sitting? - In the fifth row.*

Wo . . . . . du? - In . . . fünften Reihe.

Fill in the blanks

1 - hat - gestellt - den -. **2** - haben - gelegt - den -. **3** - hast - gesetzt - ihren -. **4** - setzen - mich. **5** - steht - der -. **6** - liegen - deinem -. **7** - sitzt - der -.

****

44TH LESSON

Dear Christian!

1 You haven't heard anything from me for about a month.

2 In the meantime many things have happened. I was very busy.

NOTES

(1) Try to remember the expression : *Hast du schon etwas von ihm gehört? :* Have you heard (anything) from him? *Ich habe noch nichts von ihm gehört :* I haven't heard anything from him.

(2) *Geschehen, passieren :* to happen. *Was geschieht, passiert hier? :* What is happening here? The past participle of *geschehen* = the infinitive.

3 Vor gut zwei Wochen habe ich mich bei einem Zirkus beworben. (3) (4)
4 Ich habe die Stelle bekommen und sofort begonnen zu arbeiten. (5)
5 Was war ich froh!
6 Meine beste Nummer (du weißt schon: "der Kopfstand") hat den Zuschauern sehr gut gefallen.
7 Sie haben viel geklatscht, und ich bin schnell berühmt geworden.
8 Aber vor drei Tagen ist etwas Schreckliches passiert.
9 Ich bin mit dem Kopf in einen rostigen Nagel gefallen, (6)
10 und die Wunde hat sich so stark entzündet,
11 daß ich mindestens eine Woche nicht arbeiten kann.
12 Man hat mich fristlos entlassen. (7)
13 Kann ich ein Weilchen zu Dir kommen? (8)

Bis bald! Viele liebe Grüße
Dein Peter

Übung

1. Haben Sie schon etwas von Ihrem Mann gehört? 2. Seit ein paar Wochen ist nichts Besonderes geschehen. 3. Der Abend gestern hat allen sehr gut gefallen. 4. Dieses Haus kostet mindestens dreihunderttausend Mark. 5. Ich habe mich vor drei Wochen um diese Stelle beworben, und ich habe immer noch keine Antwort.

3 About a fortnight ago I applied for a job at a circus.
4 I got the job and started (to) work immediately.
5 I was very happy!
6 The audience liked my best number very much (you know what I mean : "the head-stand").
7 They applauded a lot, I became famous very quickly.
8 But three days ago something awful happened.
9 I fell on to a rusty nail with my head,
10 and the wound got so badly (strong) infected,
11 that I won't be able to work for at least one week.
12 I was fired (without notice).
13 May I come and stay with you for a little while? (... I come to you...).

See you soon! (Many kind regards)
Love Peter

NOTES

(3) *Vor* (time) : ago ; *vor einem Jahr :* one year ago *(vor* is followed by the dative) ; *vor zehn Minuten :* ten minutes ago.

(4) *Sich bewerden um :* to apply for. *Er bewirbt sich um diese Stelle :* he applies for this job. *Er hat sich um diese Stelle beworben:* he applied for this job.

(5) *Beginnen :* to begin, to start ; is followed by the infinitive, with *zu : Es beginnt zu regnen :* it begins to rain. *Er hat vor drei Wochen begonnen Deutsch zu lernen :* He started to learn German three weeks ago.

(6) *Fallen :* to fall and *gefallen :* to like, to be pleased, have the same past participle : *das Kind ist ins Wasser gefallen :* the child fell into the water ; *der Film hat mir gut gefallen :* I liked the film very much.

(7) *Entlassen :* to fire, to dismiss. The past participle is the same as the infinitive : *Der Direktor hat fünf Angestellte entlassen :* The manager dismissed five employees.

(8) *Eine Weile :* a while ; die Langeweile : boredom (long while).

EXERCISE : 1. Have you heard anything from your husband? – **2.** Nothing special has been happening over the [last] few weeks. – **3.** Everybody liked the party (evening) last night very much. – **4.** This house costs at least three hundred thousand Marks. – **5.** I applied for this job three weeks ago and I have not received an answer, yet.

Ergänzen Sie bitte:

1 *I received your letter and answered [it] immediately.*

Ich . . . . Ihren Brief gestern . . . . und . . . .

sofort . . . .

2 *The audience liked the play very much. They applauded a lot (for a long time).*

Das Theaterstück . . . den Zuschauern gut . . . .

Sie . . . . . lange . . . .

3 *The company went bankrupt. All the employees were dismissed.*

Die Firma . . . Bankrott . . . . Man . . . alle

Angestellten . . . .

****

FÜNFUNDVIERZIGSTE (45.) LEKTION

Neues Leben
(nach Kurt Tucholsky)

Berlin, den 31. Dezember 1920
Berlin, den 31. Dezember 1921
Berlin, den 31. Dezember 1922
(abends im Bett)

1 Von morgen ab fängt ein neues Leben an. (1)
2 Gestern habe ich zufällig Doktor Bergmann auf der Straße getroffen. (2)

Aussprache
... Koort ToocHolsky. ... **i**ne-oont.dryssiçhstenn Dets**e**mmber noyn-tsehn-hoondert-tsv**a**nntsiçh. **2** ... tsoofailliçh...

4 *They have been living (they live) in France for one year.*

Sie wohnen . . . . in Frankfurt.

5 *He went (drove) to France two months ago.*

Er . . . . nach Frankreich gefahren.

6 *Last week we were very busy.*

Die letzte Woche waren wir sehr . . . .

Fill in the blanks

1 - habe - bekommen - habe - geantwortet. **2** - hat - gefallen - haben - geklatscht. **3** - hat - gemacht - hat - entlassen. **4** - seit einem Jahr -. **5** - ist vor zwei Monaten -. **6** - beschäftigt.

****

45TH LESSON

New life
(adapted from Kurt Tucholsky)

Berlin, 31st December 1920
Berlin, 21st December 1921
Berlin, 21st December 1922
(in bed at night)

1 From tomorrow on a new life will begin.
2 Last night in the street I came across (met accidentally) Doctor Bergmann.

NOTES

(1) *Anfangen :* to begin, to start ; past participle : *angefangen. Er hat um neun Uhr angefangen zu arbeiten :* he began to work at 9 o'clock. The infinitive following *anfangen* is preceded by *zu* (= *beginnen*).

(2) *Treffen ; getroffen :* to meet, met. *Er trifft seine Freundin im Café :* he meets his girlfriend in the café.

3 Er hat einen ordentlichen Schreck bekommen und leise gefragt:
4 "Was machen Sie denn, lieber Freund? Haben Sie etwas mit der Leber?"
5 Ich soll in den nächsten Tagen zu ihm kommen. (3)
6 Natürlich gehe ich hin.
7 Ich weiß schon, was er mir sagen will, und er hat auch ganz recht.
8 So geht das nicht mehr weiter.
9 Also von morgen ab hört mir das mit dem Bier bei Tisch auf. (4)
10 Emmy darf nicht mehr so fett kochen. (5)
11 Ich stehe früh um sechs auf und fange wieder an, regelmäßig zu turnen. (6)
12 ("Wieder" - denke ich deshalb, weil ich es mir schon so oft vorgenommen habe.) (7)

Aussprache
11 ... ray*g*elmai'ssiçh.

3 He was considerably frightened (he got a considerable fright) and asked in a low voice (quietly) :
4 "But what is the matter with you (do you do) dear friend? Is something wrong with your liver?"
5 I have to see him within the next few days.
6 I will go there, of course.
7 I already know what he is going to tell me, and he is right after all.
8 It can't go on like this (so).
9 Well, from tomorrow on, there will be no more beer at table.
10 Emmy mustn't cook such fatty food any more.
11 I will get up at six o'clock in the morning and start to exercise again.
12 (I think "again", because I have made up my mind to do it ever so often).

NOTES

(3) *Sollen :* to have to ; an obligation imposed by a third person : *Der Doktor sagt, er soll weniger trinken und rauchen :* the doctor says that he has to drink and smoke less.

(4) *Aufhören :* to stop ; *es hat aufgehört zu regnen :* it stopped raining.

(5) Remember that *dürfen* means : to have the permission - may : *Er darf keinen Kaffee trinken :* he mustn't drink coffee. *Sie darf heute abend mit Freunden ausgehen :* she may go out with friends tonight.

(6) *Aufstehen :* to get up and *aufwachen :* to wake up, form their perfect with *sein* because there is a change in position or state : *Ich bin um 6 Uhr aufgewacht, aber ich bin erst um 10 Uhr aufgestanden :* I woke up at six o'clock, but I only got up at ten o'clock.

(7) *Sich etwas vornehmen :* to make up one's mind to do something ; *Ich nehme mir vor, ab morgen nicht mehr zu arbeiten :* I have made up my mind to stop working from tomorrow onwards.

13 In drei Monaten bin ich ein anderer Kerl. Schlank, elegant, gesund: **(8) (9)**

(Fortsetzung folgt)

Übung

1. Wir haben gestern zufällig unseren Lehrer auf der Straße getroffen. 2. Von morgen ab werde ich nicht mehr rauchen. 3. Sie steht morgens um sieben Uhr auf und geht abends um elf Uhr ins Bett. 4. Er hat sich vorgenommen, morgen früh aufzustehen. 5. Hast du wieder angefangen, regelmäßig zu turnen?

Ergänzen Sie bitte:

1 *The film begins at eight o'clock and it ends at half past eleven.*

Der Film . . . . . um acht Uhr . . und er . . . . um halb elf . . .

2 *From tomorrow onwards I will get up earlier.*

. . . morgen . . werde ich früher . . . .

3 *He asked in a low voice : "What is the matter with you?"*

Er . . . leise . . . . : "Was . . . . ?"

****

13 In three months I will be another man. Slim, elegant, in good health!

(to be continued)

NOTES

(8) In German you need not use the future tense if there is an adverb of time as : *morgen, übermorgen, nächste Woche...* E. g. : *Ich fliege übermorgen nach Paris :* I will go (by plane) to Paris the day after tomorrow.

(9) *Der Kerl : er ist ein netter Kerl :* he is a nice guy.

EXERCISE : 1. Yesterday we bumped into our teacher in the street (we met accidentally). – **2.** From tomorrow onwards I won't smoke any more. – **3.** She gets up at seven o'clock in the morning and [she] goes to bed at eleven o'clock in the evening. – **4.** He has made up his mind to get up early tomorrow. – **5.** Did you start exercising regularly again?

4 *I already know what you want to tell me.*

Ich . . . . schon, . . . Sie mir sagen . . . . . .

5 *We made up our minds not to smoke today.*

Wir . . . . . uns . . . . , heute nicht zu

. . . .

6 *They mustn't go there.*

Sie . . . . . . nicht dorthin gehen.

Fill in the blanks

1 - fängt - an - hört - auf. **2** Von - ab - aufstehen. **3** - hat - gefragt - machen Sie denn. **4** - weiß - was - wollen. **5** - haben - vorgenommen - rauchen. **6** - dürfen -.

****

SECHSUNDVIERZIGSTE (46.) LEKTION

Neues Leben (Fortsetzung)

1 Von übermorgen ab wird alles ganz anders. (1)
2 Also erst mal werde ich die Bibliothek aufräumen.
3 Dann mache ich nicht mehr überall diese kleinen Schulden, (2)
4 und die alten bezahle ich alle ab.
5 Ich will wieder jeden Sonntag ins Museum gehen,
6 das kann mir ja nichts schaden.
7 Oder lieber jeden zweiten Sonntag - den anderen Sonntag werden wir Ausflüge machen. (3)
8 Man kennt ja sein eigenes Land nicht mehr.
9 Man kommt eben zu nichts. Das hört jetzt auf.
10 Denn die Hauptsache ist bei alledem: (4)
11 Man muß sich den Tag richtig einteilen.
12 Energie! Hopla! Das wird ein Leben!
13 Anmerkung einer Fledermaus: "Wir werden ja sehen! Ich werde nächstes Jahr wieder vorbeifliegen!" (5)

Aussprache

2 ... **owf**'roym*e*n. **5** ... Mooz**ay**'oom. **7** ... **Ows**flüg*e*. **8** ... **i**-g*e*n*e*s. **10** ... **How**pt'zacH*e*. **12** ... Enner**gee**. **13** ... forb**y**fleeg*e*n.

46TH LESSON

New life (continued)

1 From the day after tomorrow onwards everything will be completely different.
2 Well, firstly I will tidy up the bookshelves.
3 Then I won't continue to run up (won't make any longer) these small debts everywhere,
4 and I will pay back all the old ones.
5 I want to go to the museum again every Sunday,
6 it can't do me any harm.
7 Or rather every other Sunday - (every second Sunday) - on the remaining (other) Sunday we will go on an excursion.
8 You don't even know your own country any more.
9 You don't have time to do anything. That will stop now.
10 For the main thing in all this is :
11 You have to organize (divide) your day correctly.
12 Energy! Whoops! That'll be a life!
13 Remark of a bat : "Wait and see! I'll fly past next year!"

NOTES

(1) *Anders, verschieden :* different. *Der, die, das Andere* (m., f., n.).

(2) *Die Schulden* (pl.) : debts. Singular : guilt, fault.

(3) *Ich fahre jedes Wochenende auf das Land :* Every weekend I go into the country. *Sie besuchen jedes vierte Wochenende ihre Eltern :* they go to see her parents every fourth weekend. *Jeder zweite :* every other ; *jeder dritte :* one out of three, every third. *Jedes zehnte Kind :* one child out of ten.

(4) *Das Haupt :* (fig.) the head. *Das Haupt dieser Bewegung ist Herr X :* The head of this movement is Mr. X. *Haupt* in a compound word means principal, main, central. *Der Hauptbahnhof :* the main/central station ; *der Haupteingang :* the main entrance.

(5) *Vorbei,* added to a verb as separable prefix means : past. *Den ganzen Tag fahren Züge an meinem Fenster vorbei :* all day long trains are coming past my window. **But :** *Ich bin gestern bei dir vorbeigekommen :* I dropped in on you yesterday.

Übung

1. In einem Jahr wird alles ganz anders. **2**. Wir werden keine Schulden mehr haben und jeden Sonntag einen Ausflug machen. **3**. Die Hauptsache ist, daß wir gesund sind. **4**. Kommen Sie doch morgen nachmittag bei mir vorbei! **5**. Wir können ins Museum gehen oder einen Spaziergang machen. **6**. Habt ihr endlich euer Zimmer aufgeräumt? **7**. Ihr könnt ja eure eigenen Sachen nicht mehr finden!

Ergänzen Sie bitte:

1 ***I will go to the swimming pool again every Monday.***

Ich . . . . wieder . . . . ins Schwimmbad gehen.

2 ***This morning we went past your house but we didn't see you.***

Wir . . . . heute morgen an Ihrem Haus

. . . . , aber wir . . . . . Sie nicht

. . . .

****

SIEBENUNDVIERZIGSTE (47.) LEKTION

Drei Szenen einer Ehe (1)

1 — Jetzt sind wir erst eine Woche verheiratet, und du kommst schon so spät nach Hause!

Aussprache
... S'ts**ay**nen.

*****

EXERCISE : 1. Everything will be completely different in a year. – **2.** We won't have any more debts and we will go on an excursion every Sunday. – **3.** The most important (main) thing is that we are healthy. – **4.** Come round to my house tomorrow afternoon! – **5.** We can go to the museum or go for a walk. – **6.** Have you tidied up your room after all? – **7.** You can't find your own things any more.

3 *It can't do any harm!*

Das kann nichts . . . . !

4 *He has to go to Kassel every other (every second) month.*

Er muß . . . . nach Kassel fahren.

5 *Do you organize your day correctly?*

. . . . . . Sie sich Ihren Tag richtig . . . ?

6 *Next month I will pay back all my small debts.*

Nächsten Monat . . . . ich alle meine kleinen

. . . .

Fill in the blanks

1 - werde - jeden Montag -. 2 - sind - vorbeigegangen - haben - gesehen. 3 - schaden. 4 - jeden zweiten Monat -. 5 Teilen - ein. 6 - bezahle - Schulden - ab.

****

47TH LESSON

Three domestic scenes (scenes of a marriage)

1 — Now we have only been married for one week and you already come home too late!

NOTES

(1) *Die Ehe :* marriage. *Die Hochzeit :* the wedding. Some compound words : *das Ehepaar :* the married couple ; *Die Ehefrau :* the spouse, the wife ; *der Ehemann :* the spouse, the husband.

2 — Sei nicht böse! Ich habe nur den Leuten in der Kneipe erzählt, wie glücklich ich mit dir bin. (2) (3)

3 — Ich halte das nicht mehr länger aus! Ich gehe zu meiner Mutter zurück! (4)

4 — Zu spät! Deine Mutter hat eben angerufen. Sie hat sich mit deinem Vater gezankt und ist zu deiner Großmutter zurückgegangen. (5)

5 — Warum erzählst du überall, daß du mich geheiratet hast, weil ich so gut koche? Ich weiß doch nicht mal, wie man Spiegeleier brät! (6) (7)

6 — Weißt du 'was Besseres? Irgendeinen Grund muß ich doch angeben! (8)

Aussprache
4 ... getsang'kt. **5** ... Shpeegel'i-er brait. **6** ... Irgennt-i-nen.

2 — Don't be angry! I just told the people in the pub how happy I am with you.
3 — I can't bear it any longer! I'll go back to my mother.
4 — Too late! Your mother has just phoned. She quarrelled with your father and returned to your grandmother.

5 — Why are you saying everywhere that you married me because I am a good cook (I cook so well)? I don't even know how to make fried eggs !
6 — Do you know a better reason (anything better)? I have to give [them] some reason!

NOTES

(2) *Böse :* angry, cross ; bad, naughty. *Er ist sehr böse :* He is very angry. *Das ist ein böser Junge :* He is a bad boy. When the noun is qualified by an adjective we say *das ist/sind :* he, she, it, is, they are, ex. : *Das ist eine schöne Frau :* She is a beautiful woman.

(3) Pay attention to the position of the verb! It is at the end of the subordinate clause.

(4) *Aushalten :* to bear, is an irregular verb. *Sie hält das nicht aus :* She can't bear it. *Sie hat ihn nicht mehr ausgehalten :* She couldn't bear him any longer.

(5) *Eben = gerade :* just.

(6) *Heiraten :* to marry ; *sich verheiraten :* to get married ; *verheiratet sein :* to be married. *Sie haben sich vor zwei Wochen verheiratet :* They got married two weeks ago ; or : *Sie haben vor zwei Wochen geheiratet.*

(7) *Braten :* to roast ; to fry ; to grill. *Der Braten :* roast meat ; the past participle : *gebraten. Kochen :* to cook, to boil. *Das Wasser kocht :* The water is boiling. *Kochst du uns einen Kaffee? :* Wiil you make us a coffee? Don't confuse *Kochen* with *der Kuchen :* the cake ; *die Küche :* the kitchen... *die Kirche :* the church.

(8) We already know *irgendwer/irgendwo/irgendwas :* any-, someone/any-, somewhere/any-, something. *Irgend* added to the indefinite article *ein* means : any.

Übung

1. Sie sind erst einen Tag hier und kennen schon fast die ganze Stadt. 2. Warum kommst du immer so spät? 3. Seien Sie bitte nicht böse, aber ich habe in der Kneipe erzählt, daß Sie viele Schulden haben. 4. Hunde und Katzen zanken sich mit Vergnügen. 5. Er ist seit zwanzig Jahren mit ihr verheiratet. 6. Sie ist seit zwanzig Jahren mit ihm verheiratet.

Ergänzen Sie bitte:

1 *How long have you been married? Only (for) three months.*

Wie lange sind Sie schon . . . . ? - . . . . . drei Monate.

2 *Turn the radio down (quieter) please! I can't bear it any longer.*

. . . . Sie bitte das Radio leiser! Ich . . . . es nicht mehr . . . .

3 *We have just eaten. You came too late.*

Wir haben . . . . gegessen. Du kommst . . . .

****

ACHTUNDVIERZIGSTE (48.) LEKTION

Wer ist schuld daran? (1)

1 Anne und Ralf überlegen lange, was sie

Aussprache

... choult.

EXERCISE : 1. They have only been here for one day and they almost know the whole town already. – **2.** Why do you always come so late? – **3.** Please don't be cross, but I said in the pub that you had a lot of debts. – **4.** Cats and dogs quarrel happily (with delight). – **5.** He has been married to her for 20 years. – **6.** She has been married to him for 20 years.

4 *Why do you say everywhere that your wife is a good cook (cooks well)?*

Warum . . . . Sie . . . . , daß Ihre Frau gut . . . . . ?

5 *Do you have any reason or are you always like that?*

Haben Sie . . . . Grund oder sind Sie immer so?

6 *Your husband has just called and asked how to make fried eggs (how you fry).*

. . . Mann hat eben . . . . und . . . . ,
. . . man . . . . brät.

Fill in the blanks

1 - verheiratet - erst -. **2** Stellen - kann - aushalten. **3** - eben - zu spät. **4** - erzählen - überall - kocht. **5** - irgendeinen -. **6** Ihr - angerufen - gefragt - wie - Spiegeleier -.

****

48TH LESSON

Whose fault is it?

1 Anne and Ralf have been wondering (thinking) for quite a while.

NOTES

(1) *An etwas schuld sein :* it's... fault ; to be blamed for... *Das ist meine Schuld, ich bin schuld daran :* That's my fault.

ihrem Onkel Arthur zum Geburtstag schenken können. (2)

2 Er lebt seit dem Tod seiner Frau allein und zurückgezogen (3)

3 und sieht keinen Menschen mehr.

4 Schließlich kaufen sie ihm einen Papagei und lassen ihn an seine Adresse schicken. (4)

5 Das Wochenende darauf fahren sie zu Besuch zu ihm. (5)

6 Der Vogel ist nirgends zu sehen. (6)

7 Zuerst wagen sie nicht zu fragen; aber nach einiger Zeit können sie ihre Frage nicht mehr zurückhalten: (7)

8 — Wo ist der Papagei, den wir dir geschickt haben? (8)

9 — Welcher Papagei? Ach, der dicke, grüne Vogel? Den habe ich zum Mittagessen gebraten. (9)

10 — Gebraten? Bist du verrückt? Das war ein Vogel, der sprechen konnte!

11 — So? Warum hat er dann nichts gesagt?

Aussprache
1 ... Geboorts'tak... sheng'ken. **2** ... tsoorük'getsohgen. **4** shleessliçh. **6** ... nirgents.

what they could give their uncle for his birthday.
2 Since the death of his wife he has been leading a lonely and retired life (he lives)
3 and he doesn't see anybody any more.
4 They finally buy a parrot and have it sent to his address.
5 The following weekend (the weekend after) they go to see him (on visit to him).
6 The bird can't be seen anywhere (is nowhere to see).
7 At first they daren't ask ; but after some time they can't help asking (keep back their question) :
8 — Where is the parrot (that) we sent you?
9 — Which parrot? Ah, the fat, green bird? I roasted it for lunch.
10 — Roasted? Are you crazy? That was a bird which could speak!
11 — Was it (so)? Then, why didn't it say anything?

NOTES

(2) *Überlegen, nachdenken :* to think about. *Er hat lange über dieses Problem nachgedacht :* he has been thinking about this problem for a long time. Notice 1. : *überlegen* has a prefix which can't be separated from the verb, therefore the past participle is formed without *ge- ;* **but :** *nachdenken* has a separable prefix. 2. *Nachdenken* needs another preposition : *über : ich denke über etwas nach :* I think about something.

(3) *Zurückgezogen ;* is the past participle of *zurückziehen :* to retire ; *ziehen* means "to pull".

(4) *Lassen* means to let, to leave, and to have something done : *Sie läßt sich ein Kleid machen :* She has a dress made. *Lassen Sie bitte die Türe offen! :* Leave the door open, please! *Lassen Sie mich Ihnen helfen :* Let me help you.

(5) *Der Besuch :* the visit.

(6) *Nirgends, nirgendwo :* nowhere ; *anderswo :* elsewhere.

(7) *Zurückhalten :* to keep/hold back ; *halten :* to hold ; *gehalten :* held.

(8) *Den,* the relative pronoun refers to *Papagei* a masculine noun, *die* is the feminine pronoun and *das* the neuter pronoun (= the article) *Wo ist die Katze, die ich dir geschenkt habe? :* Where is the cat that I have sent you? - *Wo ist das Buch, das ich dir geliehen habe? :* Where is the book that I lent you?.

(9) *Welcher, welche, welches :* which.

Übung

1 Die Karte, die Sie uns geschickt haben, ist sehr schön. **2.** Wo ist das Bier, das ich mir gerade geholt habe? **3.** Der Brief, den ich heute bekommen habe, ist von meinem Vater. **4.** Warum überlegen Sie so lange? Das ist doch ganz einfach! **5.** Die Kinder sind nirgends zu sehen; und sie waren vor zwei Minuten noch im Garten. **6.** Welchen Vogel möchtest du? Den grünen oder den gelbblauen?

Ergänzen Sie bitte:

1 *First he sent her twenty roses and then he came personally (himself).*

. . . . . . hat er ihr zwanzig Rosen . . . . und

. . . . ist er . . . .

2 *Did you really think hard (well)?*

. . . . . Sie wirklich gut . . . . ?

3 *What will you give me for my birthday?*

Was . . . . . du mir zum . . . . ?

****

NEUNUNDVIERZIGSTE (49.) LEKTION

Wiederholung und Erklärungen

1. Let's have a look at the verbs and their conjugations.

a) Some verbs change the vowel of the stem in the **second** and **third person** of the **singular :**
Examples :
nehmen (to take) : *ich nehme ; du nimmst, er nimmt...*
geben (to give) : *ich gebe, du gibst, er gibt...*
essen (to eat) : *ich esse, du ißt, er ißt...*

e ➔ i

sehen (to see) : *ich sehe, du siehst, er sieht...*

EXERCISE : 1. The card (which) you sent us is very nice. – **2.** Where is the beer (which) I have just fetched (me)? – **3.** The letter (which) I received today is from my father. – **4.** Why are you thinking for such a long time? It's very easy! – **5.** The children can't be seen anywhere (are nowhere to see) ; and two minutes ago they were still in the garden. – **6.** Which bird would you like? The green [one] or the yellow-blue [one]?

4 *He has been living abroad since the death of his parents.*

Seit . . . . seiner Eltern . . . . er im Ausland.

5 *Which coat is yours (belongs to you)? Have it brought!*

. . . . Mantel gehört Ihnen? . . . . . . Sie ihn bringen!

6 *Why didn't you ask me? I didn't dare.*

Warum haben Sie . . . . nicht . . . . ? Ich . . . .

es nicht . . . . . .

Fill in the blanks

1 Zuerst - geschickt - dann - selbst gekommen. **2** Haben - überlegt. **3** - wirst - Geburtstag schenken. **4** - dem Tod - lebt -. **5** Welcher - Lassen -. **6** - mich - gefragt - habe - gewagt.

****

49TH LESSON

lesen (to read) : *ich lese, du liest, er liest...*
befehlen (to order) : *ich befehle, du befiehlst, er befiehlt...*

e ➧ ie

halten (to hold) : *ich halte, du hältst, er hält...*
gefallen (to like) : *ich gefalle, du gefällst, er gefällt...*
anfangen (to begin) : *ich fange an, du fängst an, er fängt an...*

a ➧ ä

laufen (to run) : *ich laufe, du läufst, er läuft...*

All these verbs also have an irregular past participle : *genommen* (taken) : *gegeben* (given) ; *befohlen* (ordered)...
There are, however, verbs that have a regular present tense, but whose past participles are irregular : *denken* (to think) ➧ *gedacht ; gehen* (to go) ➧ *gegangen ; bringen* (to bring) ➧ *gebracht ; bleiben* (to stay) ➧ *geblieben...*

Don't worry! Don't learn anything by heart! Only practice makes perfect!

b) We have already seen several verbs with prefixes ; you know that a verb like *halten,* for example can have a lot of different prefixes which each time change the meaning of the word? Let's have a look at some of them :
halten (to hold) :
anhalten : to stop ; *zurückhalten :* to hold back ; *aushalten :* to bear ; *behalten :* to keep ; *erhalten :* to get...
The past participle of *halten* is *gehalten.* What are the past participles of *anhalten, zurückhalten...?* You will find the answer at the end of the lesson. Don't forget that *an, zurück, aus* are separable prefixes, but that *be-* and *er-* are not!

2. Prepositions of place either require the dative or the accusative :

a) The **dative** is used when the verb denotes a **state of rest ;** the corresponding question is *wo?*
Die Wolke hängt über dem Haus :
The cloud is (hangs) above the house.
Die Katze sitzt auf dem Dach.
The cat is sitting on the roof.
Das Mädchen steht am (an dem) Fenster.
The girl stands at the window.
Das Auto steht hinter dem Haus.
The car is (stands) behind the house.

b) The **accusative** is used when the verb denotes a **change in position :** the corresponding question is *wohin?*
Der Junge geht ins (in das) Bett.
The boy goes to bed.
Die Maus läuft unter das Bett.
The mouse runs under the bed.
Some other prepositions : *hinter :* behind ; *vor :* in front of ; *zwischen :* between ; *neben :* beside, next to...

3. The infinitive, *zu* preceding the infinitive is translated by to :
Wir versuchen, pünktlich zu kommen : We try to be on time.
Er beginnt um acht Uhr zu arbeiten : He starts to work at eight o'clock.
Es scheint zu regnen : It seems to be raining.
Ich hoffe, dich bald wiederzusehen : I hope to see you again soon.

When the infinitive is preceded by a separable prefix, *zu* is put between the prefix and the stem : *wiederzusehen.*

Solution to paragraph 1 c) :
The five past participles are : *angehalten, zurückgehalten, ausgehalten, behalten, erhalten.*

The second wave
Die zweite Welle

Here we are at the end of the passive phase. Up to now, all we have asked you to do is to read and to understand the texts.
Tomorrow the active phase starts, it will require about five or ten minutes more a day.

It's very simple. Finish Lesson 50 in the usual way, then go back to Lesson 1. From now on, each time you finish a new lesson, go back to the earlier one indicated in our Second Wave.
Listen to the Second Wave Lesson again, then read it aloud. Cover up the German text and translate back from the English.
This is the best way to progress and revise at the same time.

****

FÜNFZIGSTE (50.) LEKTION

Verkäufer sein ist nicht leicht (1)

1 — Was wünschen Sie? Kann ich Ihnen vielleicht helfen?
2 — Ja, ich hätte gern ein Taschentuch.
3 — Ein einziges Taschentuch? Sie meinen wohl eine Geschenkpackung Taschentücher? (2)
4 — Nein, nein, ich möchte ein schönes, großes Taschentuch für meine Mutter.
5 — Na, gut, wenn Sie wollen... An welche Farbe haben Sie denn gedacht? (3)
6 — Mm, an nichts Bestimmtes. Können Sie mich nicht beraten? (4)
7 — Sie beraten? Selbstverständlich! Hier habe ich zum Beispiel ein rotes aus reiner Seide und hier... (5)
8 — Rot? Ja rot, das ist hübsch. Rot steht meiner Mutter sehr gut. (6)
9 — Steht ihr gut?? Na denn, um so besser! Nehmen Sie es?

Aussprache
Ferk**oy**f*er*... **2** ... h**ai**tt*e*. **3** ... **ine**-tsig*e*s... Gesh**eng**'kpakoong. **6** ... Besht**i**mmt*e*s. **7** ... Z**e**lpstfersht**ai**ntliçh.

*****

You have now moved from the passive to the creative stage, and you will be speaking and thinking in German every day. You will be suprised how easy these first lessons seem!

****

50TH LESSON

Being (to be) a shop assistant is not easy

1 — What would you like? May I possibly help you?
2 — Yes, I would like a handkerchief.
3 — Only one (single) handkerchief? You certainly mean a gift-box [of] handkerchiefs?
4 — No, no, I would like one beautiful [and] big handkerchief for my mother.
5 — So, well, if you want... which colour were you thinking of?
6 — Ehm, nothing specific. Can't you recommend me [something]?
7 — Recommend you [something]? Certainly! Here, for example, I have a red one made of pure silk, and here...
8 — Red? Yes, red, that is pretty. Red suits my mother very well.
9 — Does it suit her? Well, then all the better! Will you take it?

NOTES

(1) *Der Verkäufer :* the shop assistant (m), *die Verkäuferin :* the shop assistant (f). *Verkaufen :* to sell. *Der Käufer :* the buyer, *kaufen :* to buy.

(2) *Meinen :* to mean, to think, to believe ; *die Meinung :* the opinion.

(3) *Denken :* to think, is followed by the preposition *an* + accusative : *Ich denke nur an dich :* I am only thinking of you.

(4) *Raten* or *beraten :* to recommend ; to advise. *Ich rate Ihnen, früh loszufahren :* I advise you to leave early. - *Was suchen Sie? Kann ich Sie beraten?* What are you looking for? May I recommend you [something]?

(5) *Aus,* is followed by the dative ; *die Seide :* the silk ; the adjective *rein* ends in *-er* (dat. fem.) because there is no preceding article.

(6) *Stehen :* to stand ; but : *das Kleid steht Ihnen gut :* The dress suits you well.

10 — Ich denke ja. Welches Waschmittel können Sie mir dafür empfehlen?
11 — Das Waschmittel ist egal; aber Sie dürfen es nur in lauwarmem oder kaltem Wasser waschen. (7) (8)
12 — Ach so! Man kann es nicht in der Waschmaschine waschen? Das ist zu unpraktisch. Vielen Dank, aber ich nehme es doch nicht! Auf Wiedersehen! (9)

13 So, endlich mal Deutsch gesprochen, und ich habe mich verständlich gemacht!

Übung

1. Können Sie mir bitte helfen? - Selbstverständlich. **2**. Soll ich den blauen oder den roten Pullover nehmen? Was raten Sie mir? **3**. Das ist ganz egal. Beide sind sehr schön. **4**. Wer hat Ihnen diesen Arzt empfohlen? **5**. Haben Sie daran gedacht, die erste Lektion zu wiederholen? **6**. Ich hätte gern ein großes Stück Kuchen und eine Tasse Kaffee.

Ergänzen Sie bitte:

1 *Are you looking for anything special? May I help you?*

Suchen Sie etwas . . . . ? Kann ich . . . . . helfen?

2 *Did you think of your tooth-brush?*

Haben Sie . . . . . . Zahnbürste . . . . ?

3 *I really can recommend [you] this restaurant.*

Ich kann . . . dieses Restaurant wirklich . . . .

10 — I think so. Which detergent can you recommend me for it?
11 — The detergent does not matter ; but you must only wash it in lukewarm or cold water.
12 — Oh, I see! You cannot wash it in the washing machine? That is not very practical. Thank you very much, but I won't take it after all. Goodbye!

13 So, I have finally spoken some German, and I have made myself understood!

NOTES
(7) *Egal :* equal ; *das ist egal :* That does not matter, that makes no difference. *Das ist mir egal :* It's all the same to me.
(8) *In* must be followed by the dative here ; there is no article, so you have to decline the adjective. *Lauwarm :* lukewarm, *kalt :* cold, both end in *-en* (dative neuter).
(9) *Praktisch :* practical ; *unpraktisch :* unpractical. *Glücklich :* happy, *unglücklich :* unhappy. *Un-* is a negative prefix.

EXERCISE : 1. Can you help me please? - Certainly. – **2.** Shall I take the blue or the red pullover? What do you recommend me? – **3.** It does not matter. Both are very pretty. – **4.** Who recommended you this doctor? – **5.** Did you think of repeating your first lesson? – **6.** I'd like a big piece of cake and a cup of coffee.

4 *Green suits my brother. I prefer (to wear) blue.*

Grün . . . . Bruder sehr gut. Ich trage

. . . . . . blau.

5 *He would like a small white handkerchief.*

Er möchte ein . . . . , ... Taschentuch.

****

EINUNDFÜNFZIGSTE (51.) LEKTION

Erinnern Sie sich auch daran?

1 — Erinnerst du dich an die Fußballweltmeisterschaft?
2 — Und ob ich mich daran erinnere! **(1)**
3 — Algerien hat uns geschlagen, und ich hab' 'nen Kasten Bier verloren. **(2) (3)**
4 — Mit wem hast du denn gewettet? **(4)**

Aussprache
Er'innern... **1** ... Foossballveltmy-stershaft **2** ... Algayri'enn,

(the *a* of *ball* is open like in bar).

6 *You have spoken a lot of German and you have made yourself understood.*

Sie . . . . . heute viel Deutsch . . . . und Sie haben sich gut . . . . gemacht.

Fill in the blanks

1 - Bestimmtes - Ihnen -. **2** - an Ihre - gedacht. **3** - dir - empfehlen. **4** - steht meinem - lieber -. **5** - kleines weißes -. **6** - haben - gesprochen - verständlich -.

Second wave : Erste Lektion

****

51ST LESSON

Do you remember it, too?

1 — Do you remember the first world cup in football?
2 — Do I remember it? You bet!
3 — Algeria beat us and I lost a crate of beer.
4 — Who did you bet with?

NOTES

(1) Generally, the conjunction *ob* denotes doubt or an indirect question. It means : whether. *Ich frage mich, ob er krank ist :* I wonder whether he is ill. *Wir wissen nicht, ob sie kommen.* - We don't know whether they are coming. Subordinate clauses introduced by *ob* are separated from the main clause by a comma.

(2) *Schlagen :* to beat, to hit ; *verlieren :* to lose.

(3) In spoken language we often leave out the *e* of *es,* the *ei* of the indefinite article or final *e* of the first person singular : *ich hab' 'nen Kasten Bier verloren :* I lost a crate of beer. *(Ich hab einen...).*

(4) *Mit :* with, is followed by the dative, so, after *mit* the interrogative pronoun *wer :* who, is *wem :* who... with, with whom. Ex. : ***Mit wem*** *spielt Peter? :* **Who** is Peter playing **with?**

5 — Mit einem Franzosen. Am Anfang war er ganz zufrieden, und dann hat er sich fürchterlich über das Spiel Frankreich-BRD aufgeregt. **(5)**

6 — Ich kann's verstehen. Ich habe mich auch darüber geärgert. **(6)**

7 — Weißt du noch, wie sie mit dem Torwart geschimpft haben:

8 — "Sie sind kein *Monsieur*...". Das war trotz allem komisch! **(7)**

9 — Er hat sich offiziell entschuldigen müssen. **(8)**

10 — Was hat er eigentlich gemacht? Ich hab's vergessen.

11 — Ich weiß es auch nicht mehr. Auf alle Fälle war's ein Skandal!

12 Beim Endspiel war ich schon klüger. Ich habe um zwei Kästen Bier gewettet, daß wir verlieren; **(9)**

13 und so hab' ich dann hinterher wenigstens in Ruhe trinken können!

Übung

1. Ich bin sicher, daß wir gewinnen werden. Wir können ja wetten. **2.** Ich habe gestern mein Portemonnaie verloren. **3.** Kannst du dich noch an die letzten Ausflüge im Schwarzwald erinnern? **4.** Die Leute haben sich alle fürchterlich aufgeregt. **5.** Am Anfang ist alles sehr gut gegangen, und wir waren ganz zufrieden, aber dann hatten wir kein Glück mehr.

Ergänzen Sie bitte:

1 *At least he apologized.*

Er hat sich . . . .

5 — With a Frenchman. In the beginning he was rather satisfied, and then he got terribly excited about the match France-West Germany.
6 — I can understand it. I was annoyed about it too.
7 — Do you remember (still know) how they scolded the goal-keeper :
8 — "You are no Monsieur...". That was funny nevertheless!
9 — He had to apologize in public.
10 — What did he actually do? I have forgotten (it).
11 — I don't remember [it] either. In any case, it was a scandal!
12 At the final I was even more cautious (clever). I bet two crates of beer that we would lose ;
13 and so, I was able to drink at my leisure (quietly) afterwards.

NOTES

(5) *Fürchterlich :* terrible, awful ; *die Furcht :* the fear ; the verb is *fürchten :* to be afraid. *Ich fürchte, wir verpassen den Zug :* I am afraid we will miss the train.

(6) *Sich aufregen* or *sich ärgern :* to get excited about ; to be annoyed about, are followed by the preposition *über*. The part of the sentence introduced by the preposition can be replaced by *da* + **preposition** (or *dar* - when the preposition begins with a vowel) ; *Er erinnert sich an das Spiel :* He remembers the match. - *Er erinnert sich daran :* He remembers it. *Sie sprechen über den Film :* They are talking about the film. *Sie sprechen davon :* They are talking about it.

(7) *Monsieur* is French and means Mister ou Sir. Here : gentleman.

(8) Notice that : *müssen, sollen, dürfen, können* and *wollen* form their compound tenses with the infinitive instead of the past participle : *Wir haben arbeiten müssen :* We had to work. *Er hat kommen wollen, aber er hat nicht* ***gekonnt :*** He wanted to come but he **couldn't.** The *Perfekt* of the auxiliary verbs themselves is formed with the past participle : *gedurft, gesollt, gemußt, gekonnt, gewollt.*

(9) *Mit jemandem um etwas wetten :* to bet someone something. *Die Wette :* the bet ; *der Wettbewerb :* the competition. Ex. : *Ich wette mit meinem Bruder um eine Flasche Champagner.*

2 *We couldn't sleep quietly.*

Wir haben nicht . . . .

3 *They bet a bottle of whisky.*

Sie haben . . . . Whisky . . . .

4 *Were you annoyed about it, too?*

Haben Sie sich auch . . . . ?

5 *Do you remember the second lesson?*

. . . . Sie sich . . die zweite Lektion?

****

ZWEIUNDFÜNFZIGSTE (52.) LEKTION

Das neue Rotkäppchen

1 Eines Tages, als Rotkäppchen schon fast erwachsen war, ist es wieder einmal zu seiner Großmutter gegangen. (1)

2 Unterwegs hat es ein großes Stück Sahnetorte gekauft,

3 denn es gab keinen Wald mehr, in dem man Beeren sammeln konnte. (2) (3)

Aussprache
... **noy***e* Rotkaippçhen **1** ... er**vax***en*. **2** Oonterveks. **3** ... **Bay***ren*.

*****

EXERCISE : I am sure that we will win. We can bet. – **2.** I lost my purse yesterday. – **3.** Do (can) you remember the last excursions to the Black Forest? – **4.** People got very excited about it – **5.** In the beginning everything was (went) alright, and we were quite satisfied ; but then we weren't lucky any more.

6 *Or have you already forgotten everything?*

Oder haben Sie schon . . . . ?

Fill in the blanks

1 - wenigstens entschuldigt. **2** - in Ruhe schlafen können. **3** - um eine Flasche - gewettet. **4** - darüber geärgert. **5** Erinnern - an -. **6** - alles vergessen.

Second wave : Zweite Lektion

****

52ND LESSON

(The) new Little Red Riding Hood (n)

1 One day when Little Red Riding Hood was nearly grown-up, she went to [see] her grandmother once again.

2 On the way, she bought a big piece (n) of cream-tart,

3 because there was no more forest to pick berries in (where you could pick berries).

NOTES

(1) The conjunction *als :* when, is used when expressing a past action : *Als ich jung war, hatte ich Angst vor Hunden :* When I was young, I was afraid of dogs. Notice the inversion of subject and verb in the main clause.

(2) *Es gab :* is the simple past *(Imperfekt)* of : there is.

(3) *In* is followed by the dative here, because the corresponding question is : *Wo konnte man Beeren sammeln? :* Where could you pick berries? - *In dem Wald :* In the wood. *Konnte* is the imperfect of *kann : Er konnte nicht kommen :* He couldn't come.

4 In der Wohnung der Großmutter war alles in Unordnung.

5 Dem Rotkäppchen war etwas komisch zumute. Irgend etwas stimmte nicht. **(4)**

6 Die Großmutter war immer eine ordentliche und saubere Frau gewesen.

7 Hoffentlich ist ihr nichts passiert, dachte Rotkäppchen und rief: **(5) (6)**

8 — Großmutter, wo bist du denn?

9 Aus dem Schlafzimmer antwortete eine tiefe Stimme: **(7)**

10 — Ich bin hier im Bett, Rotkäppchen. Schön, daß du gekommen bist!

11 Ich habe schon so lange auf dich gewartet.

(Fortsetzung folgt)

Übung

1. Eines Tages ist er wieder einmal zu seinem Großvater gefahren. **2.** Ihm war komisch zumute, denn er konnte das Haus des Großvaters nicht mehr finden. **3.** Es gab viele neue Straßen. **4.** Als er jung war, war er ordentlich und sauber. **5.** Später hatte er keine Zeit mehr, und alles war in Unordnung. **6.** Dann hat er geheiratet.

Ergänzen Sie bitte:

1 *On the way, we met a lot of friends.*

. . . . haben wir . . . . getroffen.

4 In her grandmother's flat everything was in a mess (disorder).
5 Little Red Riding Hood felt a bit funny. Something was wrong.
6 (The) grandmother had always been a clean and tidy woman.
7 I hope that nothing has happened to her, Little Red Riding Hood thought and shouted :
8 — Grandmother where are you?
9 A deep voice replied from the bedroom :
10 — I am (here) in bed Little Red Riding Hood. Nice of you to come (that you have come).
11 I have been waiting for you [for] [a] long [time] (already).

(to be continued)

NOTES

(4) *Es ist mir traurig zumute :* I feel sad. *Mir ist komisch zumute :* I feel funny. *Mein Bruder kennt viele komische Geschichten :* My brother knows lots of funny stories.

(5) *Hoffentlich,* is the adverb of *hoffen :* to hope. You can say : *Hoffentlich kommt er pünktlich* or *Ich hoffe, daß er pünktlich kommt :* I hope that he will be on time. We prefer the first expression. It sounds heavy less.

(6) *Denken :* to think, is an irregular verb. You already know the past participle : *gedacht.* Here is the third person singular of the simple past *(Imperfekt) : dachte.* In German it is used in narratives or in the description of historical events. It is used less frequently in spoken language.

(7) *Antworten :* to answer, to reply. *Er antwortete :* he replied. We will look at the complete conjugation of the *Imperfect* shortly.

EXERCISE : 1. One day he once again went to [see] his grandfather. – **2.** He felt funny because he could not find his (the) grandfather's house any more. – **3.** There were a lot of new streets. – **4.** When he was young, he was orderly and clean. – **5.** Later he didn't have any time any more, and everything was in a mess. – **6.** Then he got married.

2 *Did you pick berries when you were young?*

Haben Sie . . . . . . gesammelt, . . . Sie . . . . waren?

3 *Last night the moon was full (full moon) ; he couldn't sleep.*

Heute . . . . . war Vollmond ; er . . . . nicht schlafen.

4 *How did you feel when you heard that?*

. . . war Ihnen . . . . , als Sie das . . . .

. . . . . . ?

5 *A low voice answered and she thought : "There is something wrong!"*

Eine . . . . . Stimme . . . . , und sie

. . . . : "Da . . . . etwas nicht!"

****

DREIUNDFÜNFZIGSTE (53.) LEKTION

Das neue Rotkäppchen (Fortsetzung)

1 — Was ist los, Großmutter? Warum hast du so eine tiefe Stimme?

2 — Ich habe eine Grippe und Halsweh. Ich bin ein wenig heiser. Aber komm doch herein! (1)

3 Rotkäppchen ging in das dunkle Schlafzimmer. Die Großmutter sah ganz anders aus als gewöhnlich. (2)

4 — Großmutter, warum hast du so große Ohren? fragte Rotkäppchen ängstlich. (3)

5 — Damit ich dich besser hören kann! (4)

Aussprache
2 ... Hallsvay... hi-zer. **4** ... aingstliçh.

*****

6 *Nice of you to come! I have been waiting for you for such a long time!*

Schön, . . . Sie . . . . ! Ich warte schon so lange . . . Sie!

Fill in the blanks

1 Unterwegs - viele Freunde -. **2** - Beeren - als - jung -. **3** - nacht - konnte -. **4** Wie - zumute - gesehen haben. **5** - tiefe - antwortete - dachte - stimmt -. **6** - daß - gekommen sind - auf -.

Second wave : Dritte Lektion

****

53RD LESSON

Little Red Riding Hood (cont.)

1 — What's the matter grandmother? Why do you have such a deep voice?

2 — I have got flu and a sore throat. I am a bit hoarse. But do come in!

3 Little Red Riding Hood went into the bedroom. Grandmother looked different than usual.

4 — Grandmother, why do you have such big ears? Little Red Riding Hood asked fearfully.

5 — So that I can hear you better!

NOTES

(1) Do you remember the imperative? *Hereinkommen :* to come in, to enter ; *komm herein! :* Come in! - *Kommen Sie herein! :* Come in! - *Kommt herein!* Come in!

(2) You already know that *gehen :* to go, and *sehen :* to see, are irregular verbs. The past participles are : *gegangen ; gesehen.* The third person singular of the *Imperfekt : er sah :* he saw ; *er ging :* he went.

(3) *Das Ohr, die Ohren :* the ear(s).

(4) *Damit :* so that, in order to, is a conjunction introducing a subordinate clause. The word order is : 1. conjunction, 2. subject and the verb at the end : *damit ich... kann.*

6 — Und Großmutter, warum hast du so große Augen?
7 — Damit ich dich besser sehen kann!
8 — Ja, aber Großmutter, warum hast du einen so großen Mund?
9 — Damit ich dich besser küssen kann, sagte der Prinz lachend, **(5)**
10 sprang aus dem Bett und küßte Rotkäppchen. **(6)**
11 Und wenn sie nicht gestorben sind,
12 dann leben sie noch heute. **(7)**

Aussprache
9 ... Prinnts **10** ... shprang.

Übung

1. Er sprang schreiend aus der Badewanne ; das Wasser war zu heiß. **2.** Gib mir bitte meine Brille, damit ich dich besser sehe. **3.** Mein Großvater ist vor drei Jahren gestorben. **4.** Haben Sie heute mehr Arbeit als gewöhnlich? **5.** Sie ging in die Küche und sah nach dem Essen. **6.** Er fragte sie ängstlich: "Darf ich Sie küssen?".

Ergänzen Sie bitte:

1 *She can hardly speak (she nearly cannot speak) ; she is hoarse.*

Sie . . . . fast nicht . . . . ; sie ist . . . . . .

2 *She has nice big blue eyes.*

Sie hat schöne . . . . . , ...

3 *I can't hear you (understand). I have got ear-ache.*

Ich . . . . dich nicht. Ich habe . . . .

4 *He sits down in the first row in order to see better.*

Er setzt sich in die erste Reihe, ... besser

sehen . . . .

6 — And grandmother, why do you have such big eyes?
7 — So that I can see you better!
8 — Yes, but grandmother, why do you have such a big mouth?
9 — So that I can kiss you better, the prince said laughing
10 [he] jumped out of the bed and kissed Little Red Riding Hood.
11 And if they did not die,
12 then they still live today.

NOTES

(5) *Lachen :* to laugh ; *lachend* is the present participle. It is formed by adding *-d* to the infinitive.

(6) *Springen :* to jump ; past participle : *gesprungen.*

(7) *Gestorben,* is the past participle of *sterben :* to die. In the present tense *e* ➧ *i* in the second and third person singular : *du stirbst, er, sie, es stirbt. Und wenn sie nicht gestorben sind...* German fairy-tales frequently end with this sentence.

EXERCISE : 1. He jumped out of the bathtub screaming : the water was too hot. – **2.** Give me my glasses, please, so that I [can] see you better. – **3.** My grandfather died three years ago. – **4.** Do you have more work today than usual? – **5.** She went into the kitchen to see to the meal (and saw to). – **6.** He nervously asked her : "May I kiss you?"

5 *When did Mozart die? Do you know [it]?*

Wann ist Mozart . . . . ? . . . . Sie das?

6 *He has a ready tongue [He's not fallen on the mouth].*

Er ist . . . . nicht auf . . . . gefallen!

****

VIERUNDFÜNFZIGSTE (54.) LEKTION

Ist Ihnen so was schon mal passiert?

1 — Worüber lachen Sie, bitte schön? **(1)**
2 — Über Sie! - Über mich? - Ja, über wen denn sonst? **(2)**
3 — Und warum, wenn ich fragen darf?
4 — Sie machen immer so ein langes Gesicht! - Ein langes Gesicht, ich?
5 — Ja, Sie sind immer schlechter Laune. Sie sind ein richtiger Miesepeter! **(3)**
6 — Also das! Das hat mir noch niemand gesagt.
7 — Nein? Wirklich nicht? Na, dann wird's ja höchste Zeit! **(4)**

Aussprache
4 ... Geziçht. **5** ... **Low**n*e*... **Mee**zepet*e*r.

Fill in the blanks

1 - kann - sprechen - heiser. **2** - große, blaue Augen. **3** - verstehe - Ohrenweh. **4** - damit er - kann. **5**. - gestorben - Wissen -. **6** - wirklich - den Mund -.

Second wave : Vierte Lektion

****

54TH LESSON

Has anything like that ever happened to you?

1 — [Excuse me] What are you laughing at (please)?
2 — At you! - At me? - Yes, what did you think? (At who else?)
3 — And why, if I may ask?
4 — You always make such a long face! - A long face, me?
5 — Yes, you are always in a bad mood. You are a real crab!
6 — Is that so! Nobody has told me that before.
7 — No? Really (not)? Then it's high (highest) time somebody did (does)!

NOTES

(1) The interrogative pronoun *wo* + preposition *(wor-* when the preposition begins with a vowel) refers to things : *Ich lache über den Film :* I laugh at the film ➧ *Worüber lachst du? :* What are you laughing at? *Sie sprechen von ihrer Arbeit :* They are talking about their work. ➧ *Wovon sprechen sie? :* What are they talking about?

(2) *Über,* is followed by the accusative when preceded by the verb *lachen.*

(3) *Guter* or *schlechter Laune sein :* to be in a good, or bad, mood. *Schlecht* and *gut* have the ending *-er,* because they are in the **genitive.**

(4) *Hoch :* high ; its comparative is irregular : *höher :* higher ; *am höchsten* : highest. *Der Feldberg ist der höchste Berg vom Schwarzwald :* The Feldberg is the highest mountain in the Black Forest.

8 Lächeln Sie doch mal ein bißchen!... Ja, so! So ist es schon besser.

9 — Meinen Sie das ernst? Sie machen sich nicht über mich lustig? **(5) (6)**

10 — Aber nein, versuchen Sie's nochmal! Sehen Sie dort in den Spiegel!

11 — Ja, das ist ja wirklich besser!

12 Auf der rechten Seite noch etwas mehr... ja, gut, und jetzt links...

13 — Halt! Ich kann nicht mehr aufhören... - Gut! Prima! Machen Sie weiter! Ha! Ha! Ha! Ha! **(7)**

Aussprache
10 Shpeegel.

Übung

1. Woran denken Sie? - An die Mittagspause. **2**. Er kann nicht mehr aufhören zu lachen. **3**. Warum kommen Sie so spät, wenn ich fragen darf? **4**. Auf der rechten Seite sehen Sie den Rhein und auf der linken das neue Industriegebiet. **5**. Meine Mutter ist eine phantastische Frau. Sie ist immer guter Laune !

Ergänzen Sie bitte:

1 *He has lost his wallet. He is in a bad mood!*

Er . . . sein Portemonnaie . . . . Er ist

. . . . Laune!

2 *What did you laugh at, if we (one) may ask (you?)*

. . . . hast du gelacht, ... man fragen darf?

3 *Smile a little piease! You always look so serious (make such a serious face).*

. . . . Sie bitte ein bißchen! Sie machen immer ein so

ernstes . . . .

8 Come on, smile a little! Yes , like that! Like that, that's even (already) better.
9 — Are you serious (do you mean that seriously)? You are not making fun of me?
10 — Certainly (But) not, try it again! Look in the mirror over there!
11 — Yes, that really is better!
12 Slightly more to your right (side)... yes, good, and now to your (the) left...
13 — Stop! I can't stop any more. Fine! Super! Go on! Ha! Ha! Ha! Ha!

NOTES

(5) *Ernst :* serious, grave, severe ; there is also the first name *Ernst!*

(6) *Sich über jemanden oder etwas lustig machen :* to make fun of someone / something. *Machen Sich sich nicht über meinen Akzent lustig :* Don't make fun of my accent. - *Aber nein! Versuchen sie's noch mal! :* Oh no! Try it again!

(7) *Weiter :* (lit. : further) added to a verb means : to carry on, to continue : *Sprechen Sie weiter :* Carry on speaking. *Mach weiter :* Carry on.

EXERCISE : 1. What are you thinking? - My (the) lunch-break. – **2.** He can't stop laughing. – **3.** Why do you come so late, if I may ask? – **4.** On your right you can see the Rhine and on your left the new industrial area. – **5.** My mother is a fantastic woman. She is always in a good mood!

4 *The train is leaving in two minutes. It is high (highest) time to get on board.*

Der Zug fährt . . . . Minuten. Es wird . . . .

. . . . einzusteigen.

5 *Who have you been talking to just now? You were so serious.*

. . . . . . haben Sie gerade . . . . ? Sie waren so

. . . . .

6 *Are you making fun of me or are you serious?*

Machst du dich .... lustig oder ...... du das ernst?

****

FÜNFUNDFÜNFZIGSTE (55.) LEKTION

Der Engel mit Schuhen (1)

1 Ein Priester bestellte einmal bei einem bekannten Maler ein großes Bild für seine Kirche. (2)

2 Nach einigen Wochen war das Bild fertig. Es war ein Meisterwerk. (3)

3 Der Priester war begeistert und lobte den Maler in den Himmel. (4)

4 Plötzlich stutzte er jedoch, trat ungläubig näher an das Bild heran und murmelte: (5)

5 — Ich traue meinen Augen nicht! (6)

6 Das ist doch nicht möglich! Der Engel hat Schuhe!

7 — Aber ja, sagte der Maler. Warum denn nicht?

8 — Was haben Sie sich denn dabei gedacht?

Aussprache
... **Eng**el... Sh**oo**hen. **1** ... Pr**ee**ster... besht**e**llte... K**i**r'çhe. **2** ... My-sterverk. **3** ... beg**uy**-stert. **4** ... sht**oo**tste... **oo**ngloybiçh n**ai**her... m**oo**rmelte.

*****

Fill in the blanks

1 - hat - verloren - schlechter -. **2** Worüber - wenn -. **3** Lächeln - Gesicht. **4** - in zwei - höchste Zeit -. **5** Mit wem - gesprochen - ernst. **6** - über mich - meinst -.

Second wave : Fünfte Lektion

****

55TH LESSON

The angel with shoes

1 Once, a priest ordered a big painting for his church from a famous painter.
2 Some weeks later the painting was finished. It was a masterpiece.
3 The priest was enthusiastic and praised the painter to the skies.
4 Suddenly, however, he started, got closer to the painting incredulously and murmured :
5 — I can't (don't) believe my eyes!
6 That's impossible! The angel has got shoes on!
7 — Certainly! the painter said, Why not?
8 — What did you mean by that?

NOTES

(1) *Der Schuh ; die Schuhe :* the shoe(s).
(2) Be careful of the pronounciation of the final consonant group. *Kirche* is pronounced [çh] and *Kirsche :* cherry [sh].
(3) *Das Werk :* the work (factory) ; achievement. *Das Kunstwerk :* work of art. *Der Meister :* the master.
(4) *Der Himmel :* the sky. *Jemanden oder etwas in den Himmel heben oder loben :* to praise someone/something to the skies.
(5) *Nähertreten :* to get closer ; or to approach : *näher herantreten.*
(6) *Vertrauen* or *trauen :* to rely on ; to trust : *ich vertraue dir :* I rely on you. *Das Vertrauen :* confidence.

9 Haben Sie jemals einen Engel mit Schuhen gesehen?

10 — Natürlich nicht! Und Sie, haben Sie schon mal einen ohne Schuhe gesehen? (7)

Übung

1. Sie bestellte eine Tasse heiße Schokolade und Schlagsahne. **2.** Er traut niemandem außer sich selbst. **3.** Warum hast du das gesagt? Was hast du dir dabei gedacht? **4.** Das Konzert war ausgezeichnet. Alle Leute waren begeistert. **5.** Nach einigen Monaten hatte der Maler das Bild fertig und der Priester lobte ihn.

Ergänzen Sie bitte:

1 *Have you ever seen an angel?*

. . . . . Sie schon mal einen Engel . . . . ?

2 *What did you mean by that? That is impossible.*

Was . . . er sich . . . . ?

Das ist ja . . . .

3 *Where did you order the painting? - From a famous painter.*

Wo . . . . . Sie das Bild . . . . ?

. . . .

4 *Don't enter the mosque with shoes [on].*

Gehen Sie nicht . . . . in diese Moschee.

5 *This film is fantastic. It is a real masterpiece.*

Der Film ist . . . . Er ist ein richtiges

. . . .

9 Have you ever seen an angel with shoes?
10 — Certainly not! And you, have you ever seen one without shoes?

NOTES

(7) *Mal* is the abbreviation for *einmal :* once. *Kommen Sie mal :* Come. *Sag mal, was machst du da? :* Say, what are you doing there? But *einmal* also means : once - referring to an **event in the past :** *Er war einmal mein Mann :* He once was my husband.

EXERCISE : 1. She orders a cup of hot chocolate (f) and whipped cream. – **2.** He trusts nobody except himself. – **3.** Why did you say that? What did you mean by it? – **4.** The concert was excellent. Everybody (all the people) was enthusiastic. – **5.** Several months later, the painter had finished the painting and the priest praised him.

6 *And you, have you ever met an angel without shoes?*

Und Sie, haben Sie jemals . . . . Schuhe

getroffen?

Fill in the blanks

1 Haben - gesehen. **2** - hat - dabei gedacht - unmöglich. **3** - haben - bestellt - bei einem bekannten Maler. **4** - mit Schuhen -. **5** - phantastisch - Meisterwerk. **6** - einen Engel ohne -.

Second wave : Sechste Lektion

SECHSUNDFÜNFZIGSTE (56.) LEKTION

Wiederholung und Erklärungen

1. Both ***das Imperfekt*** and ***das Perfekt*** express an event or an action in the past. The latter is more common in **everyday language,** but *das Imperfekt* is the tense used for **narratives** or **historical events.**
Here are the conjugations of a regular verb *(suchen)* and an irregular verb *(gehen) :*

IMPERFEKT

ich suchte (I looked for)	*ich ging* (I went)
du suchtest	*du gingst*
er/sie/es suchte	*er/sie/es ging*
wir suchten	*wir gingen*
ihr suchtet	*ihr gingt*
sie suchten	*sie gingen*
Sie suchten (formal)	*Sie gingen* (formal)

Notice that the first and the third persons of the singular are the same and that the third person does not end in *-t.*
Irregular verbs often change the vowel of their stem in the *Imperfekt* and the past participle, but the vowel is not necessarily the same in both tenses : *sprechen* (to speak) : *er sprach :* he spoke ; *gesprochen :* spoken.
At the end of the book you will find a list of irregular verbs.

2. What does **"double infinitive"** mean?
In compound tenses *können, wollen, müssen, sollen, dürfen* and *lassen* are never found in the past participle. We have two infinitives :
Er hat schon ***gehen müssen :*** He had to go already.
Wir haben nicht ***kommen können :*** We couldn't come.
Sie haben mich ***rufen lassen :*** You sent for me.

56TH LESSON

3. Let's look again at the **word order in subordinate clauses** introduced by a conjunction :
Ich hoffe, daß du morgen kommen wirst : I hope that you will come tomorrow. We have : 1. conjunction, 2. subject (you)... and the conjugated verb *(wirst),* at the end of the sentence. The infinitive precedes the conjugated verb.
Try practising now with the following examples :
Ich bleibe im Bett, weil es draußen zu kalt ist : I'm staying in bed because it is too cold outside. - *Kommen Sie etwas näher, damit ich Sie besser sehen kann :* Come nearer so that I can see you better. - *Sie wissen nicht, ob er kommt :* They don't know whether he is coming. - *Kannst du mich mitnehmen, wenn du morgen ins Büro fährst? :* Can you give me a lift when you go to the office tomorrow? - *Als er klein war, trug er keine Schuhe :* When he was young (little) he did not wear shoes.

Hoffentlich denken Sie an die zweite Welle : Don't forget the second wave! You are already at the 7th lesson - It's easy, *nicht wahr?*

Second wave : Siebte Lektion (Wiederholung)

SIEBENUNDFÜNFZIGSTE (57.) LEKTION

Wie der Vater, so die Söhne

1 Ein alter, reicher Geizhals hatte in seinem Testament beschlossen, (1) (2)
2 daß jeder seiner drei Söhne tausend Mark in sein Grab werfen sollte,
3 um etwas zu erben. (3)
4 Am Tag der Beerdigung trat nun der Älteste als erster an das Grab des Vaters (4)
5 und ließ seufzend einen Tausendmarkschein hineinfallen.
6 Daraufhin kam der zweite
7 und warf langsam und widerwillig tausend Mark in Geldstücken hinein.
8 Sie klangen auf dem Sarg wie Regen auf einem Blechdach. (5)
9 Als letzter erschien der Jüngste. (6)
10 Ruhig näherte er sich dem Grab.
11 Dort angekommen schrieb er vor aller Augen einen Scheck über dreitausend Mark aus (7)

Aussprache
... **4** ... Be'**ay**rdigoong... **5** ... **soy**ftsennt.

57TH LESSON

Like father like son

1 A rich old miser had decided in his will
2 that each of his three sons was to throw one thousand Marks into his grave
3 in order to inherit something.
4 On the day of the funeral the eldest was the first to approach the grave of his father (the eldest appeared as the first)
5 and with a sigh, he dropped (let fall) a thousand Mark-note into it.
6 Then the second son followed (came)
7 and slowly and reluctantly he threw one thousand Marks worth of (in) coins into it.
8 They sounded on the coffin like rain on a tin roof.
9 The youngest [son] was the last to appear (as the last the youngest)
10 He approached the grave calmly.
11 [When he] arrived there he wrote out a cheque for three thousand Marks in front of everybody (in front of the eyes of everybody)

NOTES

(1) *Der Geiz :* miserliness, avarice. The adjective is *geizig :* miserly, avaricious.

(2) *Beschlossen,* is the past participle of *beschließen :* to decide. Remember *schließen :* to close, and its past participle : *geschlossen :* closed.

(3) *Um... zu :* in order to ; notice that *zu* is placed before the infinitive and that *um* introduces the subordinate clause : *Er arbeitet, um Geld zu verdienen :* He works in order to earn money.

(4) *Als :* as ; *Sie arbeitet als Verkäuferin :* She works as a shop-assistant. *Martin ging als letzter nach Hause :* Martin was the last to go home (went home as the last).

(5) *Klangen,* is the *Imperfekt* of *klingen :* to sound. Don't mix it up with *klingeln :* to ring. *Das Telefon klingelt :* The phone is ringing.

(6) *Erschien* ➧ *Imperfekt* of *erscheinen :* to appear. **But :** *Scheinen* (without the prefix) : to seem ; to shine.

(7) *Einen Scheck schreiben or ausschreiben :* to write out a cheque.

12 und ließ ihn ruhig ins Grab flattern.
13 Dann stieg er langsam in die Grube und sammelte die zweitausend Mark seiner Brüder ein... **(8)**

Übung

1. Sie haben gestern beschlossen, heute zu Hause zu bleiben. **2.** Eine alte, reiche Frau hat jedem ihrer Söhne eine Million Mark hinterlassen. **3.** Alle Leute waren schon in der Kirche. Als letzter erschien der Priester. **4.** Der Polizist näherte sich ruhig dem Auto. Dort angekommen schrieb er vor aller Augen einen Strafzettel aus. **5.** Seufzend und widerwillig bezahlte der Autofahrer zwanzig Mark.

Ergänzen Sie bitte:

1 *He is very kind to this old woman in order to inherit something one day.*

Er ist sehr . . . . zu der . . . . Frau, . .

eines Tages etwas . . erben.

2 *The eldest was the first to arrive (came as the first), and the youngest, as usual the last.*

Der . . . . kam . . . erster, und der

. . . . wie immer . . . letzter.

3 *Write me out a cheque for thousand Marks, please!*

. . . . Sie mir bitte einen Scheck . . . . tausend

Mark . . . !

12 and let it flutter into the grave.
13 Then he slowly climbed down into the grave (pit) and collected the two thousand Marks of his brothers...

NOTES

(8) *Stieg* ➧ *Imperfekt* of *steigen* : to climb down or up according to the preposition : *Ich steige auf den Berg* : I climb up the mountain. *Sie steigen in die Höhle* : They climb down into the cavern.

EXERCISE : 1. Yesterday they decided to stay at home. – **2.** A rich old woman left (behind) one million Marks to each of her sons. – **3.** Everybody was already in the church. The priest was the last to appear. – **4.** The policeman approached the car calmly. [When he] arrived [there] he wrote out a parking ticket in front of everybody. – **5.** With a sigh, the conductor reluctantly paid the twenty Marks.

4 *The day of his exam, he had a terrible (strong) stomach-ache.*

. . . . . seiner Prüfung hatte er starke

. . . .

5 *Each of my brothers has a big car, and each of my sisters has a bicycle (n).*

. . . . . meiner Brüder hat ein . . . . . . Auto, und . . . .

meiner Schwestern hat ein Fahrrad.

6 *She decided to stop smoking (not to smoke any more).*

Sie . . . . , nicht mehr . . . .

Fill in the blanks

1 - nett - alten reichen - um - zu -. **2** - Älteste - als - Jüngste - als -. **3** Schreiben - über - aus -. **4** Am Tag - Magenschmerzen. **5** Jeder - großes - jede -. **6** - hat beschlossen - zu rauchen.

Second wave : Achte Lektion

ACHTUNDFÜNFZIGSTE (58.) LEKTION

Gemüse auf einem Spaziergang

(Heute dürfen Sie stottern ; und Sie müssen sogar stottern, wenn Sie lachen wollen!)

1 — Kennt ihr schon die Witze von den Erbsen, Möhren und Tomaten? **(1)**
2 — Nein! Die hast du uns noch nicht erzählt. Los! Erzähl doch mal!
3 — Also: Zwei Erbsen gehen spazieren. **(2)**
4 Da sagt plötzlich die eine zur anderen: **(3)**
5 Vorsicht, da ist eine Treppe, -pe, -pe, -pe, -pe...
6 — Ha, ha, ist das komisch! Wo hast du den denn her? **(4)**
7 — Wartet 'mal! Der mit den Möhren ist noch besser:
8 Zwei Möhren fliegen zum Mond.
9 Da sagt plötzlich die eine der beiden: **(5)**
10 — Vorsicht, da kommt ein Hubschrapp, -schrapp, -schrapp, -schrapp... **(6)**

Aussprache
1 ... Vitse... Erpsen, Merenn... Tomatenn. **4** ... plertsslich.

58TH LESSON

Vegetables out for a walk

(Today you may stutter ; in fact, you have to stutter if you want to laugh!)

1 — Do you already know the jokes about the peas, the carrots and the tomatoes?
2 — No, you haven't told them to us yet. Go ahead! Tell us!
3 — Well : two peas go for a walk.
4 Suddenly one of them says to the other :
5 Be careful there is a step, -p, -p, -p (steps)...
6 — Ha, ha, that's funny! Where did you pick that one up?
7 — Wait! The one with the carrots is even better :
8 Two carrots are flying to the moon.
9 Suddenly one of them says :
10 — Be careful, there comes a helicop, -op, -op, -op...

NOTES

(1) *Die Erbse ; die Möhre ; die Tomate.* **But :** *der Witz :* the joke or wit.
(2) *Spazierengehen* is the infinitive. *Spazieren* is used as a separable prefix. The past participle : *spazierengegangen.*
(3) *Zur,* is the contraction of *zu der ; zu* is always followed by the dative ➧ *der* is the dative of the feminine article *die.*
(4) Remember that *woher* can be separated in spoken language : *wo kommst du her? :* Where do you come from?
(5) *Die beiden :* both ; *der beiden* is the genitive plural.
(6) *Der Hubschrauber :* helicopter.

*****

11 — Ha, ha, ha, ha... Gut, daß ich keine Möhre bin! Und wie ist der mit den Tomaten?
12 — Den erzähle ich euch ein anderes Mal, wenn ihr euch etwas erholt habt. (7)
13 Ihr lacht euch sonst ja tot.

Übung

1. Es gibt Menschen, die viel Witz haben und andere, die keinen haben. **2.** Können Sie gut Witze erzählen? **3.** Habt ihr euch in den Ferien gut erholt? **4.** Eßt nicht soviel vor dem Essen, ihr habt sonst keinen Hunger mehr. **5.** Haben Sie das Ende verstanden? **6.** Plötzlich haben die beiden Frauen laut gelacht und gerufen: "Vorsicht, hinter Ihnen steht ein dicker Stier!"

Ergänzen Sie bitte:

1 *I prefer to come another time when you have more time.*

Ich komme lieber . . . . , wenn ihr mehr . . . . habt!

2 *They haven't told us yet what happened to you yesterday.*

Sie haben . . . noch nicht erzählt, . . . Ihnen . . . . passiert ist.

3 *It is pouring. I'm glad that I'm home now.*

Es . . . . . . in Strömen. . . . , . . . ich schon zu Hause bin.

4 *Suddenly one of them says to the other : "You really are very pretty!"*

. . . . sagt die eine . . . anderen: "Sie sind . . . . !"

11 — Ha, ha, ha, ha,... Luckily (good) I am not a carrot. And how about the one with the tomatoes?
12 — I will tell it another time when you will have recovered a little.
13 — Otherwise you will die of laughter.

NOTES
(7) Notice that the informal form of address is used here : *Euch* is the dative and accusative of the personal pronoun *ihr.*

EXERCISE : 1. There are a lot of people who have a ready wit and others who haven't any. – **2.** Do you know how to tell jokes (Can you tell jokes well)? – **3.** Did you recover (well) during your (the) holidays? – **4.** Don't eat so much before the meal otherwise you won't be hungry any more (you won't have any hunger...). – **5.** Did you understand the end? – **6.** Suddenly the two women burst out laughing (laughed loudly) : "Be careful, there is a big bull standing behind you (behind you stands a big bull)!"

5 *We have to hurry up, otherwise the shops will be closed (close).*

Wir müssen uns beeilen, ... die Geschäfte.

6 *Did you go for a walk on Sunday?*

Sind Sie . . . . ?

Fill in the blanks

1 - ein anderes Mal - Zeit -. **2** - uns - was - gestern -. **3** - regnet - Gut, daß -. **4** Plötzlich - zur - wirklich sehr schön. **5** - sonst schließen -. **6** - am Sonntag spazierengegangen.

Second wave : Neunte Lektion

NEUNUNDFÜNFZIGSTE (59.) LEKTION

Was halten Sie davon?

1 — Schlafen Sie gern lange? Können Sie ohne Arbeit leben? (1)
2 — Ruhen Sie sich gern aus und sind Sie ganz zufrieden, wenn Sie nichts tun? (2)
3 — Dann denken Sie vielleicht, Sie sind ein neuer Menschenschlag und die folgenden Sprichwörter sind nicht von Ihnen erfunden, nicht wahr? (3)
4 — Aber täuschen Sie sich nicht, es gab auch schon früher Leute wie Sie,
5 und die haben die traditionellen Sprichwörter ganz einfach zu ihren Gunsten verändert. (4)
6 — Zum Beispiel sagten sie nicht: Arbeit hält gesund, sondern: (5)
7 — Arbeit macht krank und legten sich dann auf die faule Haut. (6)

Aussprache
2 ... tsoofr**ee**d*e*n. **3** ... M**e**nsh*e*nshlak... Shpr**i**çhvert*e*r. **4** t**oy**'sh*e*n.
5 ... fer**ai**ndert.

59TH LESSON

What do you think of that?

1 — Do you like to sleep in (long)? Can you live without work?
2 — Do you like to rest and are you completely satisfied when you have nothing to do (when you do nothing)?
3 — Then maybe you think you are a new sort of man and the following sayings were not your invention (are not invented by you), don't you?
4 — But don't be mistaken ; there were already people like you before,
5 and they simply changed the traditional sayings to their advantage.
6 — They didn't say for example : Work keeps healthy, but :
7 — Work makes you ill, and they didn't do anything any more.

NOTES

(1) Do you remember : *ich schlafe gern :* I like to sleep (sleeping). *Ich schlafe lieber :* I prefer to sleep (I'd rather sleep)?

(2) When, is translated by *wenn,* if it does not refer to a unique action in the past : *Wenn er kommt, essen wir :* When he comes [will be here] we will eat.

(3) *Folgend* is the **present participle** of *folgen :* to follow. When it precedes a noun it functions as an adjective and must be declined. *Das folgende Kapitel :* the following chapter.

(4) *Verändern :* to change. *Mein Freund hat sich in den letzten Jahren sehr verändert :* My friend has changed a lot in the last few years. *Ändern* (without prefix) : to change. E.g. : *Er hat seine Meinung geändert :* He has changed his mind. To change, is translated by *wechseln : Ich habe Geld gewechselt :* I changed some money - you change something in return for something else.

(5) *Sondern :* but, after **negative** sentences. *Ich heiße nicht Martin, sondern Horst :* My name is not Martin but Horst.

(6) *Sich auf die faule Haut legen* is an expression that means : to do nothing. Lit. : to lay down on the lazy skin.

8 — Und sie sagten nicht: Was du heute kannst besorgen, das verschiebe nicht auf morgen, (7)
9 — sondern: Morgen ist auch ein Tag, und gingen ins Kino oder ganz einfach ins Bett.
10 — Also dann: Bis morgen! (8)

Übung

1. Gehen Sie gern ins Kino oder sehen Sie lieber zu Hause fern? **2.** Wissen Sie, wer die pasteurisierte Milch erfunden hat? **3.** Mein Großvater ist ganz zufrieden, wenn er mit einer Zigarre auf der Gartenbank sitzt. **4.** Heute nachmittag werde ich mich ausruhen. **5.** Haben Sie schon die Karten für das Theater besorgt?

Ergänzen Sie bitte:

1 *Don't be mistaken! That's more difficult than you think.*

. . . . Sie . . . . nicht! Das ist . . . . als Sie . . . . . .

2 *I will be happy (glad) when I am at home again.*

Ich bin . . . . , ... ich wieder . . . . bin.

3 *Can you change (me) French Francs into Marks?*

Können Sie mir französische Francs in D-Mark . . . . ?

4 *He often changes his mind.*

Er . . . . . . oft seine Meinung.

8 — And they didn't say : Don't put off until tomorrow what you can do today,
9 — but : Tomorrow is another day, and they simply went to the cinema or to bed.
10 — Well, then : See you tomorrow (until...)!

NOTES

(7) *Verschieben :* to put off, to postpone ; to remove. *Ich muß leider unsere Verabredung verschieben :* Unfortunately I have to postpone our appointment. *Besorgen :* to see to, to do.

(8) *Der Morgen :* the morning. **But :** *morgen :* tomorrow ; *morgen früh :* tomorrow morning. *Morgen abend :* tomorrow evening.

EXERCISE : 1. Do you like going to the cinema or do you prefer to watch the TV at home? – **2.** Do you know who invented pasteurized milk? – **3.** My grandfather is fully content when he sits on the garden bench [smoking] a cigar. – **4.** This afternoon I will rest. – **5.** Have you already bought the theatre tickets?

5 *Tomorrow morning I will buy new wallpaper and [I will] completely change my bedroom.*

. . . . werde ich mir eine neue Tapete besorgen

und mein Schlafzimmer ganz . . . .

6 *No, we don't live in (the) Adelbert Street any longer, but in (the) Freiligrath Street.*

Nein, wir wohnen . . . . in der Adelbertstraße,

. . . . in der Freiligrathstraße.

Fill in the blanks

1 Täuschen - sich - schwerer - denken. **2** - zufrieden - wenn - zu Hause -. **3** - wechseln. **4** - ändert -. **5** Morgen früh - verändern. **6** - nicht mehr - sondern -.

Second wave : Zehnte Lektion

SECHZIGSTE (60.) LEKTION

Der kleine Blonde und sein roter Koffer (1)

1 — Erinnerst du dich noch an den kleinen Blonden mit dem roten Koffer, damals in Amsterdam?
2 — Ja, er ist uns überallhin gefolgt. (2)
3 — Als wir in Stuttgart in den Zug einstiegen, saß er in unserem Abteil. (3)
4 — Ja, und er hatte seinen großen, roten Koffer auf dem Schoß und ließ ihn nicht ėine Sekunde los. (4)
5 — Und als wir in Frankfurt umsteigen mußten, stieg er auch um.
6 — Und er saß wieder im selben Abteil wie wir und sagte kein Wort. (5)
7 — Ja, und ich fragte ihn einmal, ob er ein Keks möchte, aber er schüttelte nur den Kopf.

Aussprache
2 ... überall'h**i**nn. **3** ... App**t**ile. **4** ... Zek**oo**nnd*e*. **5** ... **oo**mmshty'g*e*n. **7** ... sh**ü**tt*e*lt*e*.

60TH LESSON

The little fair-haired [man] and his red suitcase (m)

1 — Do you still remember the little fair-haired [man] with the red suitcase back in those days in Amsterdam?
2 — Yes, he followed us everywhere.
3 — When we got on the train at (in) Stuttgart he was sitting in our compartment.
4 — Yes, and he had a big red suitcase on his knees (lap) and he didn't leave it for a second.
5 — And when we had to change at (in) Frankfurt he changed, too.
6 — And again he sat in the same compartment as we [did] and didn't say a word.
7 — Yes, and I asked him once whether he wanted a biscuit but he just shook his head.

NOTES

(1) Adjectives used as nouns are nevertheless declined like an adjective : *der Blonde :* the fair-haired (guy) - *ein Blonder :* a fair-haired...

(2) Notice that the *Perfekt* of *folgen* is formed with *sein* because it is a verb **denoting movement.** That is why we must add *hin* to *überall :* everywhere.

(3) When is translated by *als* because it refers to an **action in the past** (see lesson 63/paragraph 1).

(4) You already know *los,* meaning : to leave. *Wir fahren in einer Stunde los :* We'll leave in an hour. **Here** it means : to untie, to let loose go. *Der Hund ist los :* The dog is loose. *Los* (adjective) is the opposite of *fest :* firm.

(5) *Derselbe, dieselbe, dasselbe :* the same (m, f, n,). The **definite article** + *selb* + **the ending of an adjective :** *Ich saß heute auf demselben Platz wie gestern :* Today I have been sitting on the same seat as [I did] yesterday. *Wir wohnen im selben (= in demselben) Haus :* We live in the same house.

8 — Und dann sind wir in **A**msterdam **au**sge-
stiegen, und er ging w**ie**der h**i**nter uns her...
bis zum **Au**sgang. **(6)**

9 — Und dort n**a**hmen wir ein T**a**xi.

10 — Er **a**ber blieb am **Au**sgang st**e**hen, halb ver-
d**e**ckt von s**ei**nem gr**o**ßen, r**o**ten K**o**ffer und
winkte. **(7)**

11 — Ja, so war's! Und seit J**a**hren fr**a**ge ich mich,
was er wohl in s**ei**nem r**o**ten K**o**ffer hatte...

Übung

1. Als ich sie fragte, ob sie etwas essen möchte, schüttelte sie nur den Kopf. **2.** Sie sind in Frankfurt eingestiegen und in Hamburg ausgestiegen. Sie mußten nicht umsteigen. **3.** Der Mann von Frau Meier trägt immer denselben Hut. **4.** Wir wohnen seit zehn Jahren in derselben Wohnung. **5.** Sie blieben stehen, um einem Taxi zu winken. **6.** Das Kind hat plötzlich die Hand seiner Mutter losgelassen und gesagt: "Ich kann allein laufen".

Ergänzen Sie bitte:

1 *Is there a seat left (free) in this compartment, please?*

Ist in diesem . . . . . . noch . . . . frei, bitte?

2 *There is no through train (direct communication). You have to change at Bonn.*

. . . . . . keine direkte Verbindung. Sie müssen in Bonn

. . . .

3 *Get on, please! The train is leaving immediately.*

. . . . Sie bitte . . . ! Der Zug . . . . . gleich . . .

4 *I wonder what the man over there is doing.*

. . . . , . . . der Mann dort macht.

8 — And then we got off at (in) Amsterdam and again he followed us to the exit.

9 — And there we took a taxi.

10 — But he stayed at the exit partly hidden (half covered) by his big red suitcase and was waving.

11 — Yes, that was it. And I have been wondering for years what might have been in his red suitcase... (What he had...).

NOTES
(6) *Der Ausgang :* the exit ; *der Eingang :* the entrance.
(7) *Winken :* to wave, to make a sign.

EXERCISE : 1. When I asked her whether she wanted something to eat, she just shook her head. – **2.** They got on at Frankfurt and they got off at Hamburg. They didn't have to change. – **3.** Mrs. Meier's husband always wears the same hat. – **4.** We have been living in the same flat for 10 years. – **5.** They stopped in order to make a sign to the taxi [driver]. – **6.** Suddenly the child let go of her mother's hand and said : "I can walk by myself".

5 *She always travels with her small black suitcase.*

Sie verreist immer mit ihrem . . . . , ...

Koffer.

6 *Everybody got off because the bus broke down.*

Alle . . . . , weil der Bus . . . .

. . . . . hatte.

Fill in the blanks

1 - Abteil - ein Platz -. **2** Es gibt - umsteigen. **3** Steigen - ein - fährt - los. **4** Ich frage mich, was -. **5** - kleinen, schwarzen -. **6** - sind ausgestiegen - eine Panne -.

Second wave : Elfte Lektion

EINUNDSECHZIGSTE (61.) LEKTION

Kein Wunder!

1 — Guten Morgen! Was ist denn mit dir los? Hast du schlecht geschlafen?
2 — Ja, das kann man wohl sagen! Ich fühle mich hundselend. (1)
3 — Du hast wohl 'nen Kater, was? Was hast du denn gestern abend gemacht? Gesteh'! (2)
4 — Ich war auf einer Party bei Freunden. Wir haben das Semesterende gefeiert.
5 Gestern früh hatten wir die letzte Prüfung.
6 — Was für eine Prüfung war das denn?
7 — Deutsche Wirtschaft. Wir mußten einen Bericht über die Arbeitslosigkeit schreiben und Lösungen finden... (3)
8 — Um Gotteswillen! Hast du da was schreiben können?
9 — Ehrlich gesagt, nicht sehr viel. (4)
10 — Kein Wunder! Die Regierung weiß ja auch nicht, was sie tun soll. (5)

Aussprache
Voonder. **2** ... hoonntselennt. **4** ... gefy-ert. **7** ... Virtshaft...

61ST LESSON

No wonder!

1 — Good morning! What's the matter with you? Did you sleep badly?
2 — You can say that again! I really feel miserable (like a dog).
3 — No doubt you have a hangover, haven't you? What did you do last night? Confess!
4 — I went (was) to a party with friends. We celebrated the end of the term.
5 Yesterday morning we took (had) the last exam.
6 — What kind of exam was it?
7 — German economy. We had to write a report on unemployment and to find solutions.
8 — For God's sake! Where you able to write anything?
9 — Honestly speaking, not a lot.
10 — No wonder! The government doesn't know what to do either.

NOTES

(1) *Das Elend :* the misery ; *elend :* miserable.
(2) *Einen Kater haben :* (to have a cat/m.) to have a hangover.
(3) *Die Arbeitslosigkeit :* the unemployment ; *arbeitslos :* unemployed. When you add *-los* to a noun it becomes an **adjective** and means : without... or... less : *heimatlos :* homeless ; *kinderlos :* childless ; *mittellos :* without means.
(4) *Ehrlich :* honest ; *die Ehre :* the honour ; *ehren :* to honour. Do you remember : *sehr geehrte Herren, sehr geehrte Damen* (lesson 29).
(5) Notice the expression : *Ich weiß nicht, was ich tun soll :* I don't know what to do. In German we must introduce a subordinate : *was ich tun soll :* what I am to do. *Er weiß nicht, was er antworten soll :* he doesn't know what to answer.

11 — Ja, deshalb haben wir gestern abend auch einen Brief an den Wirtschaftsminister geschrieben, in dem wir ihm unsere Dienste anbieten. **(6) (7)**

Übung

1. Was ist denn mit Ihnen los? Sind Sie krank? **2**. Können Sie uns helfen? Wir wissen nicht, was wir machen sollen. **3**. Meinem Mann geht es nicht gut. Ich glaube, er hat einen Kater. **4**. Gestern früh habe ich einen Wirtschaftsbericht geschrieben. **5**. Die Regierung findet keine Lösung für das Problem der Arbeitslosigkeit.

Ergänzen Sie bitte:

1 *What's the matter with you? Aren't you coming to Fritz's party?*

Was ist . . . . ? . . . . . . du nicht . . . die Party von Fritz?

2 *Honestly speaking, I don't like going (there).*

. . . . , ich habe keine Lust, dorthin . . . .

3 *Can you swim?*

. . . . . . Sie schwimmen?

4 *He has been unemployed for a year (he is unemployed...).*

Er ist . . . . einem Jahr . . . .

5 *I can only speak English. That is why I prefer to stay in England during the holidays.*

Ich . . . . nur English . . . .

bleibe ich in den Ferien . . . . . . in England

11 — Yes, that is why we wrote a letter to the Minister of the Economy offering our services (in which we offer...).

NOTES

(6) *Deshalb* : therefore, that is why - pay attention to the inversion of subject and verb.

(7) *Der Brief* : the letter, a masculine noun, therefore we must say : *Der Brief, in dem...* : the letter...

EXERCISE : 1. What is the matter with you? Are you ill? – **2.** Can you help us? We don't know what to do. – **3.** My husband doesn't feel good. I think (believe) he has a hangover. – **4.** Yesterday morning I wrote a report on economy (an economic report). – **5.** The government doesn't find a solution to the problem of unemployment.

*****

6 *I have eaten too much. I feel very miserable (like a dog).*

Ich habe . . . . Ich fühle mich

. . . .

Fill in the blanks

1 - mit dir los - Kommst - auf -. **2** Ehrlich gesagt - zu gehen. **3** Können -. **4** - seit - arbeitslos. **5** - kann - sprechen - Deshalb - lieber -. **6** - zuviel gegessen - hundselend.

Second wave : Zwölfte Lektion

ZWEIUNDSECHZIGSTE (62.) LEKTION

Ein glücklicher Zufall

1 — Entschuldigen Sie! Was trinken Sie da? Ein Alsterwasser? Was ist denn das? (1)
2 — Das ist Bier gemischt mit Limonade: halb Bier, halb Zitronenlimonade.
3 — Ach so! Bei uns in München heißt das "Radler".
4 — Aha, Sie sind also Münchner? Wohl zum ersten Mal in Hamburg, was? (2)
5 — Ja, so ist es, obwohl meine Mutter Hamburgerin ist. (3)
6 Aber mein Vater ist ein echter Bayer und haßt alles, was nördlich von Bayern liegt... Und Sie? Sind Sie von hier? (4)
7 — Ja, ich bin waschechter Hamburger und kenne die Stadt wie meine Westentasche. (4)

62ND LESSON

Lucky chance

1 — Excuse me! What are you drinking there? An Alsterwasser (shandy)? What is that?
2 — (That is) beer mixed with lemonade. [One] half [of it is] beer, [the other] half [is] lemonade.
3 — I see! In Munich we call it "Radler".
4 — Oh, you are from Munich? No doubt the first time you are in Hamburg, (am I right?).
5 — Yes, that's right, although my mother is from Hamburg.
6 But my father is a real Bavarian and hates everything north of Bavaria. And what about you (and you)? Are you from here?
7 — Yes, I am a real Hamburger and know the town like my pocket (of my waistcoat).

NOTES

(1) Names of drinks or specialities may vary from one region to another. In Berlin, beer mixed with lemonade is sometimes called *Havelwasser* (the Havel is the river which flows through Berlin).

(2) *Wohl* is one of the little words which often are not or cannot be translated. Here, one of its meanings : *wohl* in a question (direct or indirect) shows that the person who is asking thinks he knows the answer, but wants to be sure : *Morgen hast du wohl keine Zeit? :* **No doubt** you are not free tomorrow, **am I right?** - *Das ist wohl das Autos deines Vaters? :* That's your father's car, **isn't it?** Two possible translations are : the question tag, or, "No doubt...".

(3) *Obwohl :* although, introduces a subordinate clause ➧ the verb is placed at the end of the sentence, and when you start your sentence with the subordinate clause, subject and verb are inverted in the main clause : *Obwohl es regnet, gehe ich spazieren :* although it is raining I am going for a walk.

(4) *Echt :* real, true ; the opposite is : *unecht, künstlich :* false, artificial. *Waschecht* means that washing does not deteriorate the colour of the clothes. *Waschecht,* used to qualify a person is a colloquial expression meaning "typical".

8 — Na, dann können Sie mir bestimmt sagen, was man an einem traurigen Sonntagmorgen hier machen kann?

9 — Klar! Schon mal was gehört von Sankt Pauli, dem alten Hafenviertel? **(5)**

10 — Ja, aber das ist doch das Vergnügungsviertel, wo nur nachts was los ist, oder nicht? **(6) (7)**

11 — Nee, nee, sonntag morgens ist da Fischmarkt; das müssen Sie gesehen haben. **(8)**

12 Kommen Sie, ich begleite Sie, ich habe auch gerade nichts zu tun, und außerdem kann ich dort gleich Fisch für heute abend einkaufen...

Aussprache

9 ... Zang'kt Powli... **10** ... Fergnügoongsfeertel.

Übung

1. Er hat sich ein neues Auto gekauft, obwohl er kein Geld hatte. **2.** Haben Sie schon mal etwas von dieser Person gehört? **3.** Ich bin letztes Jahr zum ersten Mal nach Berlin gefahren. **4.** Sonntag morgens sind normalerweise alle Geschäfte geschlossen. **5.** Sie kommen wohl aus der Schweiz? **6.** Dann können Sie mir bestimmt zeigen, wie man Müsli macht? - Klar, mit Vergnügen!

Ergänzen Sie bitte:

1 *His mother was from Hamburg (was a Hamburger) and his father from Munich.*

Seine Mutter war . . . . , und sein Vater

. . . .

2 *He is a real Bavarian and he knows Bavaria like his pocket.*

Er ist ein . . . . und kennt . . . . . . wie

seine . . . .

3 *Is the fish-market open on Sunday mornings?*

Ist der Fischmarkt . . . . geöffnet?

8 — Well, so you surely can tell me what to do here on a sad Sunday morning.
9 — Certainly! Have you ever heard of St. Pauli, the old harbour district?
10 — Yes, but that's the entertainment district, where there is only something happening at night, isn't it?
11 — No, no, on Sunday mornings there is the fish-market ; you must see it (have seen it).
12 Come on, I will come with you (accompany), I don't have anything to do and what's more I can buy fish for tonight there.

NOTES

(5) *Der Hafen :* the harbour ; *das Viertel :* the district, the quarter, area. *Das Hafenviertel* in this sentence depends on the preposition *von* which requires the **dative :** *Ich habe von St. Pauli, (von) dem alten Hafenviertel gehört :* I have heard of St. Pauli, the old harbour district.

(6) *Das Vergnügen :* the pleasure, entertainment. *Mit Vergnügen :* with pleasure. *Die Vergnügung(en) :* The amusement(s), entertainment.

(7) You already know the expression : *Was ist los? :* What is the matter? - *Dort ist etwas los,* means "there is something happening".

(8) *Nee,* is equivalent to "nope" - an informal way of saying No. The pronounciation is : nay.

EXERCISE : 1. He bought a new car although he didn't have any money. – **2.** Have you ever heard of this person? – **3.** Last year I went to Berlin for the first time. – **4.** On Sunday mornings the shops are generally closed. – **5.** You come from Switzerland, don't you? – **6.** Then you can certainly show me how to make muesli - Certainly, with pleasure!

4 *She won't come with him although she hasn't got anything to do.*

Sie . . . . ihn nicht, ... sie nichts zu

. . . hat.

5 *Come on, let's go to the harbour district. There are always a lot of things happening.*

Komm, wir gehen . . . . Dort ist

. . . . . . viel . . .

6 *Freiburg is situated north of Basel (... lies north...).*

Freiburg . . . . von Basel.

****

DREIUNDSECHZIGSTE (63.) LEKTION

1. We have three possibilities for the translation of **when** : *als, wenn* and *wann.* To be on the safe side, try to remember the following explanations. In German we make certain distinctions.

a) *Als* is used for something that only happened once in the past.

Als ich gestern nach Hause gekommen bin, war ich sehr müde : When I came home yesterday I was very tired. *Als er vier Jahre alt war, hatte er die Masern :* When he was four years old he had the measles.

b) "When" is translated by *wenn;* When it refers to a **present** or **future event,** or to an event which was repeated. *Wenn ich am Abend nach Hause komme, bin ich immer sehr müde :* When I come home in the evening I am always very tired.

Wenn wir in Frankfurt ankommen, müssen wir unsere Freunde anrufen : When we arrive in Frankfurt we must phone our friends.

c) *Wann :* when? is only used in **questions** (direct or indirect) : *Wann kommen Sie in Frankfurt an? :* When do you arrive in Frankfurt?

Fill in the blanks

1 - Hamburgerin - Münchner. **2** - echter Bayer - Bayern - Westentasche. **3** - sonntags morgens -. **4** - begleitet - obwohl - tun -. **5** - ins Hafenviertel - immer - los. **6** - liegt nördlich.

Second wave : Dreizehnte Lektion

****

63RD LESSON

Können Sie mir sagen, wann der Zug nach Heidelberg abfährt? : Can you tell me when the train for Heidelberg is leaving?

That's not too difficult, is it?
Try and translate the following sentences to make use of your newly acquired knowledge :

d) When Hans was ten years old his grandfather gave him his first watch. When Hans looks at this watch nowadays he thinks of his grandfather ; and he wonders when he will give him a new one after all.
(solution at the end of the lesson).

2. Infinitive with *um... zu* or *damit* :

a) *Um... zu :*
When there is the **same subject** in both main and subordinate clauses.
Ich arbeite, ***um*** *Geld* ***zu*** *verdienen :* I work in order to earn money.
Er kommt, ***um*** *mit uns* ***zu*** *sprechen :* He comes in order to speak with us.

b) *Damit :*
When there are **two** different **subjects :**
Komm näher, ***damit*** *ich dich besser verstehe :* Come closer so that I understand you better.
Die Kinder spielen draußen, ***damit*** *die Mutter in Ruhe schlafen kann :* The children are playing outside so that the mother can sleep in peace.

3. Adverbs of time :
Damals, früher, vor kurzem, gerade locate an **event** in the **past :**
Damals, als wir in Frankfurt wohnten, gab es keine U-bahn : In those days when we lived in Frankfurt there was no Underground.
Früher war alles ganz anders : In former times everything was totally different.
Ich habe ihn vor kurzem gesehen : I have seen him recently.
Ich habe ihn gerade gesehen : I have just seen him.

Gleich/sofort, bald, später locate a **future event :**
Ich komme gleich : I will come immediately.
Er wird bald kommen : He will come soon.
Später wirst du dich darüber freuen : You will be happy about it later.

Don't learn anything by heart! We will see everything again in more detail. We only want to draw your attention to certain details.

****

*****

The adverbs of time *danach, vorher, hinterher* link two situations :
Ich mache zuerst meine Übungen, danach werde ich Fußball spielen : First I will do my exercises, afterwards I will play football.
Ich werde Ihnen das Geld geben, aber vorher muß ich mit Ihrem Vater sprechen : I will give you the money but I have to talk to your father beforehand.
Kommen Sie bitte hinterher zu mir! : Come and see me afterwards, please!

Solution to paragraph 1d) :

Als Hans zehn Jahre alt war, hat ihm sein Großvater seine erste Uhr geschenkt. Wenn Hans heute diese Uhr ansieht, denkt er an seinen Großvater; und er fragt sich, wann er ihm endlich eine neue schenken wird.

Second wave : Vierzehnte Lektion (Wiederholung)

****

*****

VIERUNDSECHZIGSTE (64.) LEKTION

Der Auserwählte (1)

1 — Na, wie war denn gestern abend der Empfang beim Generaldirektor? (2)
2 — Och, anfangs ganz angenehm. Es gab Champagner und eine Menge Leute. (3)
3 — Ja, ja, es haben nicht alle das Glück, solche Einladungen zu bekommen! (4) (5)
4 — Glück? Was heißt hier Glück? Warte, wie's weitergeht.
5 Später beim Essen hatte ich als Tischpartnerin die Schwester des Generaldirektors. (6)
6 Man hat mich anscheinend für sie eingeladen.
7 — Siehst du! Ich wußte ja gleich, du bist ein Auserwählter!
8 — Mach' dich ruhig über mich lustig! Du hast sie nicht gesehen und nicht gehört...

Aussprache
... **Ow**sservaihlt*e*. **1** ... Emm'pfang... General... **2** ... Shammpany*e*r.

64TH LESSON

The chosen

1 — So, what was the reception at the general manager's like last night?
2 — Oh, in the beginning it was quite pleasant. We had (there was) champagne and there were a lot of people.
3 — Yes, not everyone is lucky enough to get such invitations!
4 — Luck? What do you mean by luck (what does luck mean here)? Wait [for] what comes next (how it goes on).
5 Later, during the meal, the manager's sister was my neighbour at table (I had the... as neighbour).
6 I was apparently invited for her.
7 — You see! I immediately knew you are a lucky man.
8 — [I don't mind if you] make fun of me (quietly)! You neither saw nor heard her...

NOTES

(1) *Wählen :* to choose, to vote ; *auswählen :* to choose, to select, contains the idea of elite. E.g. : *ein auserwähltes Volk :* a chosen people. *Eine auserwählte Speise :* an exquisite dish. *Man hat uns auserwählt :* We were chosen. Don't mix it up with *auswählen = Wählen : Welchen Pullover hat du ausgewählt?* Which pullover did you choose?
(2) *Der Empfang :* the reception ; receipt. *Empfangen :* to receive, to welcome. *Er hat mich freundlich empfangen ;* He gave me a friendly reception [he kindly received me]. *Ich habe deinen Brief gestern empfangen :* I received your letter yesterday. *Der Empfänger :* the addressee ; *der Absender :* the sender.
(3) *Anfangs* or *am Anfang :* in the beginning. *Ganz* preceding an adjective means : completely, or quite.
(4) The subject of this sentence is *"alle"*, not *"es"*. That is why the verb is in the third person plural. (See lesson 70, paragraph 3.).
(5) *Ein solcher, eine solche, ein solches :* such a (m./f./n.).
(6) *Der Partner, die Partnerin :* the partner. *Der Tischpartner :* the neighbour at table.

9 Während des ganzen Essens hat sie sich beklagt: (7)
10 wie allein sie ist, wie gemein die Leute sind, und wie traurig das Leben ist. (8)
11 — Na, und was hast du ihr empfohlen?
12 — Nichts. Ich habe mich so schnell wie möglich auf französisch empfohlen. (9)

Übung

1. Anfangs war das Wetter sehr schön, aber dann begann es zu regnen. **2.** Es haben nicht viele Leute das Glück, eine solche Reise machen zu können. **3.** Dieser Mann ist anscheinend sehr reich. **4.** Während der ganzen Reise habe ich an dich gedacht. **5.** Warum hast du keinen Absender auf deinen Brief geschrieben? **6.** Als Tischpartner hatte ich gestern abend den Bruder meines Chefs.

Ergänzen Sie bitte:

1 *What was the film like (which) you saw yesterday?*

. . . . denn . . . . , . . . Sie gestern gesehen haben?

2 *Oh, quite good in the beginning but the end was very sad.*

Och, ... ganz gut, aber das Ende . . . .

3 *Don't complain all the time (always)! You should [had better] go to the cinema more often.*

. . . . Sie sich nicht immer! . . . . öfters ins Kino!

4 *What do you want to eat? Have you already chosen something?*

. . . . ? . . . . schon etwas . . . . ?

9 She was complaining during the whole meal :
10 how lonely she is, how mean people are and how sad life is.
11 — So, and what did you recommend (her)?
12 — Nothing. I took French leave (I recommended myself in French).

NOTES

(7) *Während* is followed by the genitive.

(8) *Gemein :* common, nasty : *Du bist gemein :* you are nasty. *Wir haben nichts mit ihnen gemein :* we have nothing in common with them. *Die Gemeinschaft :* the community.

(9) *Empfehlen :* to recommend, but : *sich empfehlen :* to take one's leave.

EXERCISE : 1. In the beginning the weather was very nice, but then it started raining. – **2.** There are not many who [few people] are lucky enough to make such a journey. – **3.** Apparently this man is very rich. – **4.** I thought of you during the whole journey. – **5.** Why didn't you write the name of the sender on your letter? – **6.** Yesterday my boss' brother was my neighbour at table.

5 *On Sunday there will be a reception at the Krämers. Are you invited too?*

Am . . . . ist ein . . . . bei Krämers.

. . . . auch . . . . ?

6 *They all made fun of me.*

. . . . alle . . . . lustig

. . . .

Fill in the blanks

1 Wie war - der Film, den -. **2** - anfangs - war sehr traurig. **3** Beklagen - Gehen Sie lieber -. **4** Was wollen Sie essen? Haben Sie - ausgewählt? **5** - Sonntag - Empfang - Sind Sie - eingeladen. **6** Sie haben sich - über mich - gemacht.

Second wave : Fünfzehnte Lektion

FÜNFUNDSECHZIGSTE (65.) LEKTION

Und Sie, sind Sie schon einmal einem Nationalisten begegnet? (1)

1 Man sagt, daß Liebe und Haß nahe beieinander stehen.
2 Gilt das auch für Vaterlandsliebe und Vaterlandshaß? **(2)**
3 Vielleicht kennen Sie die folgende Geschichte schon oder vielleicht kennen Sie sogar Herrn K.?
4 Herr K. hielt es nicht für nötig, in einem bestimmten Land zu leben. **(3)**
5 Er sagte: "Ich kann überall hungern".
6 Eines Tages aber ging er durch eine Stadt, die vom Feind des Landes besetzt war, in dem er lebte. **(4)**

WIR SIND AUF DER STRAßE UNSERM NACHBARN BEGEGNET

Aussprache
... Natsyonal**i**sten. **1** ... by'i-n**a**nnder.

65TH LESSON

And you, have you ever met a nationalist?

1 It is said that love and hate are very close to one another.
2 Is this also true for [the] love and [the] hatred of (one's) native land? (n)
3 Maybe you already know the following story or maybe you even know Mr K.
4 Mr K. didn't consider it necessary to live in a particular country.
5 He said : "I can be hungry everywhere."
6 But one day he was walking in a town which was occupied by the enemy of the country he lived in.

NOTES

(1) *Begegnen :* to come across + **dat.** in German. *Ich bin mein**em** Freund begegnet :* I came across my friend. Its past participle is formed with *sein. Treffen :* to meet +**acc.** : *Ich habe mein**en** Freund getroffen :* I met my friend.

(2) *Gelten :* to be valid, to be effective ; *Dieser alte Zehnmarkschein gilt nicht mehr :* this old ten-Mark-note is no longer valid. *Gelten für :* to be true for, to apply to : *Diese Bestimmung gilt nur für Ausländer :* This law only applies to foreigners.

(3) *Es für nötig halten :* to consider it necessary. *Ich halte es nicht für nötig ihn einzuladen :* I don't consider it necessary to invite him.

(4) *Ich gehe durch die Stadt/den Garten :* either means to go through or to walk in the town/garden. To cross the street is translated by : *über die Straße gehen.*

7 Da kam ihm ein feindlicher Offizier entgegen und zwang ihn, vom Bürgersteig hinunterzugehen. (5) (6)

8 Herr K. machte Platz, und in demselben Augenblick bemerkte er,

9 daß er diesen Mann haßte und nicht nur diesen Mann,

10 sondern das ganze Land, zu dem der Offizier gehörte. (7)

11 "Wodurch bin ich in diesem Augenblick Nationalist geworden?" fragte er sich.

12 "Weil ich einem Nationalisten begegnet bin", war die einzige Antwort,

13 die er finden konnte.

(Nach B. Brecht)

Übung

1. Wir sind auf der Straße unserm Nachbarn begegnet. **2**. Diese Bestimmung gilt für Franzosen aber nicht für Deutsche. **3**. Sie hielten es nicht für nötig, ihren Wagen abzuschließen. Aber als sie zurückkamen, war ihr Wagen nicht mehr da. **4**. Er wollte seine Frau pünktlich vom Zug abholen, aber als er am Bahnhof ankam, kam sie ihm schon entgegen.

Ergänzen Sie bitte:

1 *Do you really consider it necessary to do that?*

. . . . wirklich . . . . , das zu tun?

2 *The bad economic situation forces people to live more modestly.*

Die schlechte Wirtschaftslage . . . . ,

bescheidener . . . .

7 There a hostile officier came up to him and forced him to get off the pavement.
8 Mr. K. made way for him and at the same instant he noticed
9 that he hated this man and not only this man.
10 but the whole country the officier was part of.
11 "Why (by what) did I turn nationalist at this moment?" he wondered.
12 "Because I came across a nationalist", was the only reply
13 (which) he could think of (find).

(B. Brecht)

NOTES

(5) *Entgegenkommen* or *entgegengehen* : to go/come to meet somebody or to come/walk up to somebody. *Das Kind läuft seiner Mutter entgegen* : The child runs up to his mother.

(6) *Zwingen* : to force, to compel ; (to oblige + *zu* + infinitive) : *Ich bin leider gezwungen, dieses Haus zu verlassen* : Unfortunately I am compelled to leave this house. *Zu* is placed between the separable prefix and the infinitive.

(7) *Gehören* : to belong to. *Das Buch gehört meiner Freundin* : This book belongs to my friend. *Gehören zu* : to be part of/member of. *Er gehört zu dieser Gruppe* : He is member of this group.

EXERCISE : 1. We met our neighbour in the street. – **2.** This law applies to Frenchmen but not to Germans. – **3.** They didn't consider it necessary to lock their car. But when they came back, their car wasn't there any more. – **4.** He wanted to go to meet his wife at [the arrival of] the train, but when he arrived at the station she was already coming towards him.

3 *Are you member of a political party?*

. . . . einer politischen Partei?

4 *We prefer walking home across the forest rather than the town (the forest than).*

Wir . . . . . lieber . . . . . den Wald als . . . . . die

Stadt . . . .

5 *All his life he hated dogs and cats, whereas he liked horses very [much].*

Er . . . . . sein ganzes Leben Hunde und Katzen. Pferde dagegen . . . . sehr.

****

SECHSUNDSECHZIGSTE (66.) LEKTION

Nehmen Sie nicht alles wörtlich! (1)

1 Wenn Ihnen zum Beispiel ein Bekannter sagt: (2)
2 "Jetzt sind Sie aber ins Fettnäpfchen getreten", (3)
3 sehen Sie nicht kritisch Ihre Schuhe an, (4)
4 sondern überlegen Sie lieber, was Sie gerade gesagt haben.
5 Oder wenn ein Freund beim Mittagessen sagt:
6 "Das ist alles für die Katz'", (5)
7 essen Sie ruhig weiter,
8 geben ihm aber vielleicht einen guten Rat oder ein Beruhigungsmittel.

Aussprache
2 ... Fettnaipfçhenn. **8** ... Beroohigoongs...

*****

6 *When he was sixty years old he became general director.*

. . . . . sechzig . . . . , . . . er

Generaldirektor . . . .

Fill in the blanks

1 Halten Sie es - für nötig -. **2** - zwingt die Leute - zu leben. **3** Gehören Sie zu -. **4** - gehen - durch - durch - nach Hause. **5** - haßte - liebte er -. **6** Als er - Jahre alt war, ist - geworden.

Second wave : Sechzehnte Lektion

****

66TH LESSON

Don't take everything literally!

1 If someone (an acquaintance) tells you, for example :
2 "Now, you've put your foot in it (you walked into the little grease bowl)",
3 don't look suspiciously at your shoes,
4 but you'd better think about what you have just said.
5 Or if a friend tells you during lunch [when you are having lunch] :
6 "That's all of no use," (that's all for the cats),
7 go on eating quietly,
8 but perhaps you will give him some good advice or a sedative.

NOTES

(1) *Wörtlich :* literally ; when you add *-lich* to certain nouns they become adjectives (if necessary you add the *Umlaut* too) : *Wort* ➧ *wörtlich ; der Sinn :* sense ➧ *sinnlich :* sensual, sensuous ; *der Mensch* ➧ *menschlich :* human ; *der Tag* ➧ *täglich :* daily.

(2) *Ein Bekannter ;* (a weak noun) has to be declined like an adjective : *ein Bekannter* but *der Bekannte.* A woman : *die Bekannte* or *eine Bekannte* and the plural is : *die Bekannten.*

(3) *In* or *auf etwas treten :* to step/walk into or on something.

(4) *Die Kritik :* criticism ; *der Kritiker :* the critic ; *kritisch :* critical : *Das ist eine kritische Situation :* This is a critical situation ; *das ist ein kritischer Mensch :* He is a critical person.

(5) This expression goes back to a fable in the 15th century : Every time the smith was not paid by his customer, he said "this will be for the cat", so the poor cat was soon starved to death.

9 Und falls einmal ein Autofahrer, den Sie
gerade rechts überholt haben, bei der nächsten
roten Ampel aussteigt **(6) (7)**
10 und Sie fragt, ob Sie einen Vogel haben,
11 denken Sie nicht lange nach,
12 sondern fragen Sie ihn lieber,
13 ob er nicht aus einer Mücke einen Elefanten
macht!

(Fortsetzung folgt)

Übung

1. Wenn Sie mir noch einmal sagen, daß ich einen Vogel habe, werde ich niemals mehr mit Ihnen sprechen. **2**. Sehen Sie mich nicht so kritisch an! Ich habe Ihnen die Wahrheit gesagt. **3**. Ich habe gestern einen Bekannten getroffen, den ich seit zehn Jahren nicht mehr gesehen hatte. **4**. Du kannst den Lastwagen jetzt nicht überholen. Es kommen zu viele Autos entgegen. **5**. Frage ihn doch, ob er nicht noch einmal darüber nachdenken will.

Ergänzen Sie bitte:

1 *Why are you looking at me in such a critical way? Don't you like my dress?*

. . . . . siehst du mich so . . . . an? . . . . dir mein Kleid nicht?

2 *Turn (drive) right at the next light please.*

Fahren Sie bitte an der nächsten . . . . !

3 *It was all useless because I fell ill.*

. . . . , denn ich bin krank geworden.

9 And if one day (once) a driver you just passed on the right gets out of his car at the next red light
10 and asks you whether you have a bee in your bonnet (you have a bird),
11 don't think about it too long,
12 (but) you'd better ask him
13 whether he isn't making a mountain out of a molehill (he doesn't make of a gnat an elephant)!

(to be continued)

NOTES

(6) "If", in a conditional clause is translated by *wenn* or *falls*.

(7) *Überholen :* to pass, to overtake. The stress is on the *o* of *holen,* as the prefix *über* cannot be separated. You certainly remember that only separable prefixes are stressed. *Die Ampel :* traffic light.

EXERCISE : 1. If you say again that I have a bee in my bonnet I will never speak to you again. – **2.** Don't look at me in such a critical [way]! I have told you the truth. – **3.** Yesterday I met a friend [of mine] I had not seen for 10 years. – **4.** You cannot overtake the lorry now. There are too many cars (coming up) on the opposite side of the road. – **5.** Ask him whether he doesn't want to think about it again (once).

4 *Don't you know whether my husband is still at the office?*

. . . . , . . mein Mann noch im Büro ist?

5 *If you see him, please tell him to call me (that he shall call me).*

. . . . , sagen Sie ihm bitte, daß er

. . . . soll.

****

SIEBENUNDSECHZIGSTE (67.) LEKTION

Nehmen Sie aber bitte auch ab und zu etwas wörtlich!

1 — "Du hast doch nicht die Spaghettisoße mit dem Hackfleisch,
2 das ganz hinten im untersten Fach im Kühlschrank war, gemacht? **(1)**
3 Das war für die Katze!"
4 **Also** in **die**sem Fall **gie**ßen Sie die So**ße** am **be**sten so**fort** weg, falls Sie sie noch nicht ge**ges**sen **ha**ben, oder **ge**ben Sie sie der Katze! **(2) (3)**

6 *Did you really think about it?*

Haben Sie . . . . nachgedacht?

Fill in the blanks

1 Warum - kritisch - Gefällt -. **2** - Ampel links. **3** Das war alles für die Katz' -. **4** Wissen Sie, ob -. **5** Wenn Sie ihn sehen - mich anrufen. **6** - wirklich darüber -.

Second wave : Siebzehnte Lektion

****

67TH LESSON

Nevertheless, take things literally from time to time please!

1 — "You didn't make the spaghetti sauce with the minced meat
2 which was at the back of the bottom compartment of the refrigerator?
3 It was for the cat!"
4 Well, in this case if you haven't already eaten it, pour it away immediately or give it to the cat!

NOTES

(1) *Hinten :* behind ; at the back, is an adverb. The preposition is : *hinter. Dort hinten ist die Post :* the post-office is at the back. *Die Post ist hinter dem Bahnhof :* the post-office is behind the station (See lesson 70, paragraph 4).

(2) Remember the following expression : *Am besten gehen wir sofort :* it's best to leave immediately. *Am besten schläfst du erst einmal ein wenig* : The best thing for you would be to sleep a little bit first.

(3) *Gießen :* to pour ; the separable prefix *weg-* means away. *Ich gieße den Wein weg :* I pour the wine away. *Er wirft seine Schuhe weg, sie sind zu alt :* He is throwing his shoes away ; they are too old.

5 Sie sind überarbeitet. Ihr Kanarienvogel ist weggeflogen, und Ihre Kinder weinen jämmerlich.

6 Es klingelt an der Tür. Es ist die Frau von gegenüber.

7 — Sie fragt: "Hatten Sie nicht einen kleinen, gelben Vogel?"

8 Dieses Mal haben Sie keinen Grund böse zu werden. (4)

9 — Antworten Sie lieber mit einem freundlichen Lächeln: "Doch!"

10 Und Ihre Nachbarin wird Sie bitten, zu ihr zu kommen,

11 um den Vogel, der verschreckt auf einer Vorhangstange im Wohnzimmer sitzt, einzufangen. (5)

12 Genug der guten Ratschläge! (6)

13 Ab jetzt verlassen wir uns auf Ihren gesunden Menschenverstand. (7) (8)

Übung

1. Meine Nachbarn sind gestern weggefahren und haben mir ihren Kanarienvogel gegeben. **2**. Kannst du mir bitte beim Tischdecken helfen? Du findest die Teller ganz oben im Schrank. **3**. Seine Kinder haben jämmerlich geweint, als er das Haus verlassen hat. **4**. Sie haben keinen Grund sich aufzuregen. Das ist alles nur halb so schlimm! **5**. Meine Freundin hat mich gebeten, mit ihr ins Kaufhaus zu kommen, um ein Kleid für sie auszuwählen.

Antworten Sie bitte:

1 *Wo war das Hackfleisch für die Katze?*

2 *Was mache ich mit der Soße, die nicht mehr gut ist?*

3 *Warum weinen die Kinder jämmerlich?*

5 You are overworked. Your canary has flown away, and your children are crying piteously.
6 The door bell is ringing (it rings at the door). It is the woman across the road.
7 — She asks : "Didn't you have a little yellow bird?"
8 This time you have no reason to get angry.
9 — Rather (you) answer kindly, smiling (with a kind smile) : "Yes, I did!"
10 And your neighbour will ask you inside
11 in order to catch the bird which is sitting frightened on the curtain rod in the living room.

12 No more advice (enough of the good advice)!
13 From now on we rely on your common sense (on your healthy human intelligence).

NOTES

(4) *Böse sein :* to be angry ; *sei nicht böse :* don't be angry. *Böse werden :* to get angry.

(5) *Fangen :* to catch ; *einfangen* is used when you really get hold of the animal or person. *Sie brauchen viel Zeit um den kleinen Vogel einzufangen :* it took them a long time to catch/get hold of the little bird.

(6) *Der Rat :* piece of advice ; pl. : *die Ratschläge.*

(7) *Sich verlassen auf :* to rely on. This verb is reflexive in German : *Ich verlasse mich auf dich :* I rely on you. But : *Ich verlasse dich :* I leave you.

(8) *Der Verstand ; die Vernunft :* reason ; common sense.

EXERCISE : 1. My neighbours left yesterday and gave me their canary. – **2.** Can you help me to lay the table please? You'll find the plates at the top of the cupboard. – **3.** His children were crying piteously when he left the house. – **4.** You have no reason to get excited. It's not as bad as that (it's half as bad). – **5.** My friend asked me to come to a department store with her to choose a dress for her.

4 *Wer klingelt an der Tür?*

5 *Wo sitzt der kleine, gelbe Vogel?*

6 *Worauf verlassen wir uns ab jetzt?*

****

ACHTUNDSECHZIGSTE (68.) LEKTION

Der öffentliche Fernsprecher* (I)

1 — Oh, Mist! Ich **h**abe verg**e**ssen, **O**nkel Kurt **a**nzurufen. **(1)**
2 Halt 'mal b**i**tte an! Dort dr**ü**ben ist **ei**ne Telef**o**nzelle. **(2)**
3 — Mu**ß** das sein? Wir sind schon so spät dran... **(3)**
4 und **au**sgerechnet **O**nkel Kurt! Der r**e**det immer st**u**ndenlang am Telef**o**n. **(4)**
5 — Ich wei**ß** ja, **a**ber's mu**ß** sein! Ich hab's ihm versprochen, und
6 wer wei**ß**, wie l**a**nge er noch lebt...
7 — **A**lso gut! **A**ber mach es b**i**tte so kurz wie möglich! **(5)**
8 — Das verst**e**he ich nicht! Ich kr**ie**ge k**ei**ne Verbindung. **(6)**

* See lesson 70/5.

*****

Answer

1 Ganz hinten im untersten Fach im Kühlschrank. **2** Sie werfen (gießen) sie am besten weg! **3** Weil der Kanarienvogel weggeflogen ist. **4** Die Nachbarin klingelt an der Tür. **5** Er sitzt auf der Vorhangstange im Wohnzimmer. **6** Auf Ihren gesunden Menschenverstand!

Second wave : Achtzehnte Lektion

****

68TH LESSON

The public telephone (I)

1 — Oh, dash it! I have forgotten to phone Uncle Kurt.
2 Stop for a moment please! There is a telephone box over there.
3 — Is that really necessary (must that be)? We are already so late...
4 and especially Uncle Kurt! He always talks for hours on the phone.
5 — Yes, I know, but it really is necessary! I promised him and
6 who knows how long he is going to live...?
7 — Well, okay! But make it as brief as possible.
8 — I don't understand that! I can't get through (I don't get the connection).

NOTES

(1) *Mist :* literally : dung, but in spoken language you find it in expressions like : *Mach keinen Mist! :* Don't do anything silly! *Dein Zimmer ist ein reiner Misthaufen :* Your room is a real jumble.
(2) *Drüben* over there.
(3) *Spät dran sein,* is a familiar expression for : *zu spät kommen* or *Verspätung haben :* to be late.
(4) *Reden* or *sprechen :* to speak, *reden* often means to chat. **But :** *die Rede :* the speech.
(5) *So... wie, Er kommt so schnell wie möglich :* he comes **as** quickly **as** possible.
(6) *Kriegen,* is used in spoken language for *bekommen, erhalten :* to get, obtain. *Er kriegt kein Geschenk :* He doesn't get any present.

9 Da kommt immer: "Kein Anschluß unter dieser Nummer..." Da wird doch nichts passiert sein? **(7)**

10 — Nein, natürlich nicht! Du mußt nur 089 vorwählen. Wir sind hier schon außerhalb von München. **(8)** **(9)**

11 — Ach ja! Hallo Onkel Kurt? Ja, ich bin's. Ich wollte nur schnell...

12 — Ach Kindchen, das ist ja schön, daß du anrufst. Heute morgen bin ich mit dem Hund spazierengegangen, weißt du, es ging mir etwas besser als gewöhnlich, und da habe ich Frau Becker, die Frau, die dir immer die Pfefferminzbonbons geschenkt hat, wenn du in den Ferien hier warst, auf der Straße getroffen und... **(N.1)**

13 — Onkel Kurt, ich wollte nur...

(Fortsetzung folgt)

Übung

1. Wenn Sie von außerhalb telefonieren, müssen Sie vorwählen. **2**. Er ist mit seinem Hund spazierengegangen und hat auf der Straße seine Nachbarin getroffen. **3**. Ich habe heute morgen einen Brief von meiner Bank gekriegt, in dem sie mir schreiben, daß ich kein Geld mehr auf meinem Konto habe. **4**. Machen Sie bitte so schnell wie möglich ! Ich bin sehr spät dran. **5**. Hinter uns fährt die Polizei. Die werden uns doch nicht anhalten wollen?

Ergänzen Sie bitte:

1 *I forgot to buy sugar and salt.*

. . . . , Zucker und Salz

. . . .

9 I can only hear (there always comes) : “Your call cannot be connected (no connection under this number).”

10 — No, certainly not! You just have to dial the code 089. We are already outside Munich here.

11 — Ah, yes! Hallo Uncle Kurt? Yes, it's me. I just wanted...

12 — Ah, my child, how nice of you to call me. This morning I went for a walk with the dog, you know, I felt a little bit better than usual and there I met Mrs. Becker in the street. [You know], the woman who used to give you peppermint drops when you were here on holiday...

13 — Uncle Kurt, I only wanted...

NOTES

(7) *Doch* is often introduced when we hope something will not happen : *Es wird doch morgen nicht regnen! :* I hope it is not going to rain tomorrow! *Er wird doch nicht kommen :* I hope he will not come!

(8) *Eine Telefonnummer wählen :* to dial a telephone number. *eine Nummer vorwählen :* to dial the code. *Vorwahlnummer :* the dialling code.

(9) *Außerhalb* (+ genitive) : outside, out of. *Innerhalb :* inside.

EXERCISE : 1. If you phone from outside you have to dial the code. – **2.** He went for a walk with his dog and met his neighbour in the street. – **3.** This morning I got a letter from my bank [saying] that I haven't got any money in my bank account. – **4.** Be as fast as possible please! I am very late. – **5.** The police are (driving) behind us. I hope they are not going to stop us (they don't want to...).

2 *I know that you don't like doing that. But it is necessary.*

. . . . , daß du das nicht gern machst. Aber . . . . .

. . . . .

3 *He wants to phone his uncle but he can't get through.*

. . . . seinen Onkel . . . . , aber . . . .

keine Verbindung.

4 *Yesterday he felt a little better than usual.*

Gestern . . . . etwas . . . .

. . . .

5 *Do you remember the man who gave you the bicycle?*

Erinnerst du dich an den Mann, ... das Fahrrad

. . . . ?

****

NEUNUNDSECHZIGSTE (69.) LEKTION

Der öffentliche Fernsprecher (II)

1 — Hallo! Sie da drinnen! **Beeilen** Sie sich mal ein bißchen! Das ist **eine** öffentliche Telefonzelle! (1)

2 — Du, **O**nkel Kurt, es tut mir leid, **a**ber ich muß jetzt **au**flegen. Da dr**au**ßen warten **Leu**te... (2)

*****

6 *Who is speaking? - It's me, Anne.*

. . . . ? - . . . . ' ., Anne.

7 *We don't know how long we will be able to stay.*

. . . . , ... wir bleiben

können.

Fill in the blanks

1 Ich habe vergessen - zu kaufen. **2** Ich weiß - es muß sein. **3** Er will - anrufen - er kriegt -. **4** - ging es ihm - besser als gewöhnlich. **5** - der dir - geschenkt hat. **6** Wer ist da? - Ich bin's -. **7** Wir wissen nicht, wie lange -.

Second wave : Neunzehnte Lektion

****

69TH LESSON

The public telephone (II)

1 — Hey! You there! Hurry up a bit! This is a public telephone!

2 — (You) Uncle Kurt, I am sorry but I have to hang up now. There are people waiting outside...

NOTES

(1) *Sich beeilen :* to hurry up. *In Eile sein* or *Es eilig haben :* to be in a hurry : *Ich habe es eilig/ich bin in Eile :* I am in a hurry.

(2) *Auflegen :* to hang up (the telephone) ; *abnehmen/abheben :* to pick up the receiver or to answer the telephone.

3 — Die können warten! Ich habe in meinem Leben auch oft warten müssen.
4 Einmal stand ich bei 15 Grad Kälte eine Stunde vor einer Telefonzelle. (3)
5 Das war damals, als sich noch nicht alle ein Telefon leisten konnten und... (4)
6 — Hallo! Sie da! Jetzt reicht's aber! Sie sind nicht allein auf der Welt. (5)
7 Es gibt noch andere Leute, die telefonieren wollen.
8 — Hörst du, Onkel Kurt? Die Leute draußen regen sich immer mehr auf.
9 Ich muß jetzt wirklich Schluß machen. Also dann tschüs! Ich rufe dich wieder an. (6)
10 Uff! Das war nicht einfach.
11 Aber glaubst du, es war wirklich nötig, die Telefonzelle halb einzureißen?

Übung

1. Wir essen lieber drinnen, draußen im Garten ist es zu kalt. **2**. Wir haben uns sehr beeilt, um nicht zu spät zu kommen. **3**. Er hat einmal eine halbe Stunde vor einer Telefonzelle gewartet, und als sie endlich frei war, hat er bemerkt, daß er kein Geld hatte. **4**. Er kann sich kein Auto leisten. Das Benzin ist zu teuer. **5**. Glauben Sie, Sie sind allein auf der Welt?

3 — They can wait! I often had to wait in life too.
4 Once I spent one hour waiting (I stood) in front of a telephone box.
5 That was back in the days when not everybody could afford to be on the telephone and...
6 — Hey! You there! That's enough! You are not alone in the world (f).
7 There are other people who want to telephone.
8 — Do you hear [that] Uncle Kurt? The people [waiting] outside are getting more and more angry.
9 I really have to come to an end now. Well, bye-bye then! I will call again.
10 Phew! That wasn't easy.
11 But (do you think it) was it really necessary to nearly pull the phone box down?

NOTES

(3) The vowel of the following verbs changes in the *Imperfekt* : *stehen - ich stehe* ➧ *ich st**a**nd ; s**i**tzen - ich sitze* ➧ *ich s**a**ß ; l**e**gen - ich liege* ➧ *ich l**a**g.*

(4) *Sich etwas leisten :* to afford something. **But :** *leisten* (without the reflexive pronoun) : to perform, to accomplish, to achieve. *Die Leistung :* the performance, achievement.

(5) *Es reicht :* that is enough ; *reichen :* to suffice, or to present, to offer, to pass : *Reich mir bitte den Zucker :* Pass me the sugar please.

(6) *Der Schluß :* the end ; *Schluß machen :* to end, to come to an end *(aufhören).*

EXERCISE : 1. We prefer to eat inside ; outside in the garden it is too cold. – **2.** We hurried in order to arrive on time (in order not to come late). – **3.** He had been waiting half an hour in front of a telephone box ; when it was free at last he noticed that he hadn't got any money. – **4.** He can't afford a car. (The) petrol is too expensive. – **5.** Do you think you are alone in the world?

Ergänzen Sie bitte:

1 *We are very late. We have to hurry up.*

Wir sind . . . . Wir müssen . . .

. . . .

2 *Inside it is very hot, but outside it is icy cold.*

. . . . ist es sehr warm, aber . . . . ist es eiskalt.

3 *Do you want another beer? - No, thanks! I have already had three ; that is enough!*

. . . . . . Sie . . . . ? - Nein danke! . . .

. . . . schon drei . . . . ; das . . . . . . !

4 *I don't have enough money. I can't afford that.*

. . . . Ich kann mir das

nicht . . . .

****

SIEBZIGSTE (70.) LEKTION

Wiederholung und Erklärungen

1. We want to give you some more details about the construction of German sentences :
Als er sah, daß es nichts mehr zu sehen gab, nahm er sein Fahrrad, das er auf dem Trottoir gelassen hatte, und fuhr nach Hause.
When he saw that there was nothing more to see he took his bicycle, which he had left on the pavement, and rode home.
Notice that in this sentence :

5 *He spent one hour standing in front of her door. Then he went away.*

Er . . . . . . eine Stunde . . . ihrer Tür. Dann

. . . . . er . . . .

6 *Don't get excited please! I will finish immediately.*

. . . . , . . bitte nicht . . . ! Ich . . . . . .

sofort . . . .

Fill in the blanks

1 - sehr spät dran - uns beeilen. **2** Drinnen - draußen -. **3** Wollen - noch ein Bier - Ich habe - getrunken - reicht. **4** Ich habe nicht genug Geld - leisten. **5** - stand - vor - ging - weg. **6** Regen Sie sich - auf - mache - Schluß.

Second wave : Zwanzigste Lektion

****

70TH LESSON

I. The conjugated verb is placed at the end of the subordinate clause, and subject and verb are inverted when the main clause follows the subordinate clause : *Als er das sah, nahm er sein Fahrrad :* When he saw this he took his bicycle.

II. Main clause and subordinate clause are always separated by a comma, and when there are several subordinate clauses there is a comma after each : *Er nahm sein Fahrrad, das er auf dem Trottoir gelassen hatte, und fuhr nach Hause :* He took his bicycle, which he had left on the pavement, and rode home.

One of the difficulties for learners of German is the position of the past participle or the infinitive.

You have to wait until the end of the sentence to discover its exact meaning since the verb is not mentioned until then : *Ich bin mit meiner Freundin, die ich seit zehn Jahren kenne, dieses Jahr zum ersten Mal...* everything is still possible... *in Ferien gefahren.*
In English we get this information at the beginning : This year I went on holiday for the first time with my girl-friend, whom I have known for ten years.

2. You have to pay attention to the prefix when the infinitive is preceded by *zu :* when the prefix is separable, *zu* is placed between the prefix and the infinitive ; if not, *zu* precedes verb + prefix :
*Ich habe vergessen, das Radio aus**zu**machen :* I forgot to switch off the radio.
Er versucht, sein altes Auto ***zu*** *verkaufen :* He is trying to sell his old car.
*Sie hat Angst, ihn wieder**zu**sehen :* She is afraid of seeing him again.
Er hat mir versprochen, seine Schulden ***zu*** *bezahlen :* He promised me to pay his debts.
After *wollen, können, sollen, dürfen, müssen,* there is always an infinitive without *zu :*
Ich muß gehen : I must go.
Er kann nicht kommen : He cannot come.

3. *Es* is often placed at the beginning of a sentence when the verb is in the third person singular or plural and when there is another "real" subject in the sentence :
Es gehen jetzt alle = Alle gehen jetzt : Everybody is leaving now.
Es wird der Tag kommen, wo sie darüber nur noch lachen können : The day will come when you will only (be able to) laugh about it.

4. Adverbs and prepositions of place are often similar but never identical :
Mein Hausbesitzer wohnt in der Wohnung unter mir : My landlord lives in the flat below mine (me).
Er wohnt unten und ich wohne oben : He lives downstairs and I live upstairs.
Er steht vor der Tür : He is standing in front of the door.
Er steht davor : He is standing in front of it. (the door).

When an adverb of place is used with a verb denoting a change in position, a preposition must precede the adverb, or *hin* must be added to the adverb :
Die Post ist dort drüben : The post-office is over there.
Gehen wir hinüber : Let's go over there, on the other side.
Wir essen draußen : We eat outside.
Wir gehen ***nach*** *draußen :* (or : ***hin****aus) :* We go outside.
Drinnen ist es warm : Inside it is warm.
Ich gehe ***hin****ein :* I go inside.
Mein Wagen steht dort : My car is standing there.
*Ich stelle meinen Wagen dort****hin*** *:* I put my car there.
Mein Vater ist oben : My father is upstairs.
Gehen Sie ***nach*** *oben* (or : ***hin****auf) :* Go upstairs!

5. Some information about telecommunications.
Ein Fernsprecher ist ein Telefon. Es gibt Ferngespräche (long-distance calls), *Auslandsgespräche* (international calls) *und Ortsgespräche* (local calls). *Innerhalb einer Stadt bezahlen Sie heute 30 Pfennig für ein Gespräch. Wenn Sie mit einer Person in einer anderen Stadt sprechen wollen, müssen Sie die Vorwahlnummer :* (dialling code) *dieser Stadt kennen. Falls Sie die Nummer nicht kennen, können Sie im Telefonbuch nachsehen oder die Auskunft (1188) anrufen.*

Der Groschen ist gefallen? Bravo! Also sprechen Sie! : The ten-pfennig piece has dropped? Fine! Now you can speak!

****

EINUNDSIEBZIGSTE (71.) LEKTION

Klein-Fritzchen

1 Wir wollen Ihnen **heu**te **ei**ne **deu**tsche Persönlichkeit vorstellen, **de**ren **Na**me sowohl den **Jun**gen als auch den **Al**ten geläufig ist. (1) (2)
2 **War**ten Sie! Sie **wer**den gleich selbst **se**hen, wer das ist. (3)
3 Na, wo ist er denn ge**ra**de? Ach ja, na**tür**lich, in der **Schu**le...

4 Der **Leh**rer fragt die **Kin**der in der **Deutsch**stunde:
5 — Na, **Kin**der, **wel**che **deut**schen **Vor**namen kennt ihr denn so?

Aussprache
Kline-Fritss'çhen. 1 ... Perzernliçhkite.

In spoken language this expression means : the penny has dropped...

Second wave : Einundzwanzigste Lektion (Wiederholung)

****

71ST LESSON

Little Fritz

1 Today we want to introduce you to a German personality whose name is familiar to the young as well as to the old.
2 Wait! You'll see [by] yourself immediately who it is.
3 Well, where is he just now? Oh yes, at school, of course...

4 The teacher asks the children during the German lesson :
5 — Well, children, which German first names do you know?

NOTES

(1) The relative pronoun "whose" is translated by *dessen* (m./n.) and *deren* (f./and plural) : *Der Mann, dessen Frau gestern weggelaufen ist, findet seine Pantoffeln nicht :* The man whose wife went away yesterday can't find his slippers. *Die Personen, deren Namen mit K beginnen, kommen bitte an den Schalter 6 :* The persons whose names begin with K come to counter [number] 6 please. (See lesson 77, paragraph 4).

(2) *Sowohl... als auch :* as well... as ; both... and. *Er ist sowohl größer als auch dicker als ich :* He is both taller and fatter than I am.

(3) *Selbst* or *selber* (spoken language) : self (ves), *selbst* can be separated from the personal pronoun : *Ich mache das selbst = ich selbst mache das :* I do it [by] myself.

6 — „Hannes", sagt sofort die kleine Erika, die immer die Schnellste ist.
7 — „Sehr gut", lobt sie der Lehrer, „aber der richtige Name ist Johannes". (4)
8 — „Achim", ruft dann ein anderer Schüler.
9 — „Ja, aber das heißt Joachim", verbessert ihn der Lehrer.
10 Daraufhin meldet sich stürmisch Klein-Fritzchen. (5) (6)
11 Der Lehrer ruft ihn auf und fragt ihn lächelnd: (7)
12 — „Na, welchen Vornamen kennst du denn, mein Junge?"
13 — „Jokurt", antwortet Fritzchen strahlend.* (8)

Aussprache
7 ... Yohannes. **9** ... Yo'a**ç**himm. **10** ... sht**ü**rmish. **13** ... Yokoort... shtr**a**hlennt.

* *Falls Sie nicht verstanden haben, lesen Sie schnell den Anfang der nächsten Lektion.*
If you haven't understood, read the beginning of the next lesson!

Übung

1. Können Sie mir bitte Ihren Freund vorstellen? **2.** Die Mütter, deren Kinder drei Jahre alt sind, melden sich bei Frau Braun. **3.** Der alte Mann, dessen Haus vorgestern abgebrannt ist, sitzt jetzt auf der Straße. **4.** Ich habe heute alles gewußt, was mich der Lehrer gefragt hat. Er hat mich gelobt. **5.** Ist Ihnen dieser Ausdruck nicht geläufig? **6.** Nicht so stürmisch, Kinder, ich bin nicht mehr die Jüngste!

Ergänzen Sie bitte:

1 *Which famous German do you know?*

. . . .

kennen Sie?

6 — Little Erika, who is always the quickest, immediately says "Hannes".
7 — "Very good", the teacher praises her, "but the proper name is Johannes".
8 — "Achim", another pupil shouts.
9 — "Yes, but we say (that means) Joachim", the teacher corrects him.
10 Thereupon little Fritz eagerly puts his hand up.
11 The teacher calls him and asks him, smiling :
12 — Well, which first name do you know, my boy?
13 — "Jokurt" [yoghourt], little Fritz answers beamingly.

NOTES

(4) *Richtig :* proper, exact, right. *Das ist nicht der richtige Weg :* This is not the right way.

(5) *Sich melden :* to present oneself, to put up one's hand. But on the phone : *Es meldet sich niemand :* Nobody answers.

(6) *Stürmisch :* impetuous, eager.

(7) The present participle has to be declined when it precedes the noun : *Das lächelnde Kind :* the smiling child. *Ein lächelndes Kind :* a smiling child.

(8) In German, direct speech is introduced by quotation marks at the bottom of the line.

P.S. Do you remember the first name Kurt? (See lesson 68). Notice that "yoghourt" is not written with *k* but with *gh* in German : *Joghurt!*

EXERCISE : 1. Can you please introduce your friend to me? – **2.** The mothers whose children are three years old present themselves at Mrs. Brown's. – **3.** The old man whose house burnt down the day before yesterday is in the streets now. – **4.** Today I knew everything the teacher asked me. He praised me. – **5.** Aren't you familiar with this expression? – **6.** Gently, gently children (not so quickly), I am no longer as young as I used to be.

2 *She has French and German nationalities.*

Sie hat . . . . . . die französische . . . . die

deutsche Staatsbürgerschaft.

3 *Call in [by] yourself! Your husband can't do it for you.*

Kommen Sie doch bitte . . . . . . vorbei! . . .

. . . .

4 *Aunt Erika, have you got any chocolate? - You mean : Have you got any chocolate please?*

Tante Erika, ... Schokolade? - . . . . :

. . . . bitte Schokolade?

****

ZWEIUNDSIEBZIGSTE (72.) LEKTION

Quark und Schwarzbrot

1 — Übrigens, da wir gerade von Joghurt sprechen, muß ich an "Quark" denken. Weißt du, was "Quark" ist? (1)

2 — Selbstverständlich weiß ich, was "Quark" ist.

3 Wer kennt nicht weißen Käse und Käsekuchen mit oder ohne Rosinen!

Aussprache
Kvark... Shvartsbrot. **1** ... Yoghourt. **3** ... Kaize... Rozeenenn.

*****

5 *I waited for an hour at the bank. My number was the last to be called.*

. . . . eine Stunde auf der Bank . . . .

. . . meine Nummer als letzte . . . .

6 *She says, beaming : I love both of you!*

. . . . sagt sie: . . . . euch alle beide!

Fill in the blanks

1 Welche deutsche Persönlichkeit -. **2** - sowohl - als auch -. **3** - selbst - Ihr Mann kann das nicht für Sie machen. **4** - hast du - Das heißt: Hast du - **5** Ich habe - gewartet - Man hat - aufgerufen. **6** Strahlend - Ich liebe -.

Second wave : Zweiundzwanzigste Lektion

****

72ND LESSON

Soft white cheese and brown bread

1 — By the way, we are speaking about yoghourt, I (have to) think of "Quark". Do you know what "Quark" is?
2 — Of course I know what "Quark" is.
3 Who doesn't know soft white cheese and cheese cake with or without raisins!

NOTES

(1) A lot of verbs are followed by prepositions : *Sprechen :* to speak, can be followed by *von* + **dat.** or by *über* + **acc. :** *Ich spreche von meiner Mutter :* I am speaking about my mother. Er spricht über seine Arbeit : He is speaking of his work. During the second wave you will see that you are already familiar with quite a number of verbs plus their corresponding prepositions.

4 — Um so besser! Ich wußte nicht, daß das so bekannt ist.
5 — Na, hör mal! Quark gehört genau so wie Schwarzbrot und Gemüsesäfte zum Thema: "Gesünder essen - länger leben" oder so ähnlich, (2)
6 und du mußt wirklich taub und blind sein, wenn du in Deutschland daran vorbeigehen kannst... (3)
7 Die Bio-Läden schießen ja bei euch wie Pilze aus der Erde. (4) (5)
8 — Ja, das ist, Gott sei Dank, wahr! Und ich bin sehr froh darüber! (6)
9 Aber eigentlich dachte ich an etwas ganz anderes.
10 — Oh, entschuldige! Woran denn? (7)
11 — Ich dachte an den Frosch, der in ein Milchgeschäft kommt,
12 und die Verkäuferin fragt ihn: ,,Was darf's sein?" (8)
13 ,,Quak", sagt der Frosch.

Aussprache
5 ... Gemüzezaift*e*... **7** ... Bi'o-Laid*e*n... sheess*e*n... Pilts*e*.

4 — All the better! I didn't know that it was so well-known.
5 — But, listen! Soft white cheese is, like brown bread and vegetable juices, part of the topic : "Eat healthier - live longer" or something like that,
6 and you must really be dumb and blind if (when you manage) you fail to see them in Germany.
7 The "bio" shops are springing up (out of the earth) like mushrooms in your country.
8 — Yes, thank God, this is true! And I am very glad [about it]!
9 But actually I was thinking about something completely different.
10 — Oh, excuse me! What about?
11 — I was thinking about the frog who enters a dairy shop,
12 and the sales-girl asks him : "What would you like?"
13 "Quak" the frog says.

NOTES

(2) *Ähnlich :* similar. *Ihre Schwester sieht Ihnen sehr ähnlich :* Your sister looks very much like you. *Das sieht dir ähnlich :* That's you. But the expression *"oder so ähnlich"* means "something like that"
(3) *Vorbeigehen :* to fail to see, to go past.
(4) *Der Laden :* the shop. Bio shops sell natural products, fruit and vegetables without chemicals. *(naturrein).*
(5) *Der Pilz, die Pilze :* the mushroom/s.
(6) *Froh sein über :* to be glad about... *Ich bin froh über das, was du mir gesagt hast :* I am glad about what you told me.
(7) *Woran denken Sie :* What are you thinking of? But : *An wen denken Sie? :* Who are you thinking of? (See lesson 54/1, 2).
(8) *Was darf's sein? :* is an expression meaning *"was wollen Sie?"* or *"was wünschen Sie?" :* What would you like?

Übung

1. Wir haben gestern viel von Ihnen und Ihrer Frau gesprochen. **2.** Ich mußte die ganze Zeit an den Film von gestern abend denken. **3.** Selbstverständlich können Sie bei mir vorbeikommen. Ich werde ab zehn Uhr in meinem Büro sein. **4.** Er sah so arm und traurig aus. Ich konnte nicht an ihm vorbeigehen. Ich habe ihm fünf Mark gegeben. **5.** Der Arzt hat mir "Benozidim" oder so etwas ähnliches gegeben. **6.** Die Video-Läden schießen wie Pilze aus der Erde.

Ergänzen Sie bitte:

1 *Today there is much talk about chemicals in food.*

. . . . heute . . . . "Chemie in Lebensmitteln".

2 *I don't know what "Quark" is.*

. . . . , . . . "Quark" . . .

3 *She was thinking all the time of the cake [which was] in the oven.*

Sie mußte die ganze Zeit . . . . im Ofen . . . . . .

4 *The street is called "Kreuzhirdiweg" or something like that.*

. . . . "Kreuzhirdiweg" . . . .

****

EXERCISE : 1. Yesterday we talked a lot about you and your wife. – **2.** I had to think about last night's film all the time. – **3.** Of course you can call on me. I'll be at my office from 10 o'clock onwards. – **4.** He looked so poor and sad, I couldn't go past him. I gave him 5 marks. – **5.** The doctor gave me "Benozidim" or something like that. – **6.** Video shops are springing up like mushrooms.

5 *When the frog came in, the sales-girl asked him : What would you like?*

Als . . . . eintrat, fragte . . . die Verkäuferin:

. . . . ?

6 *If you want to live healthily you must eat soft white cheese and brown bread.*

Wenn Sie . . . . wollen, müssen Sie . . . . .

und . . . . essen.

Fill in the blanks

1 Man spricht - viel von -. **2** Ich weiß nicht, was - ist. **3** - an den Kuchen - denken. **4** Die Straße heißt - oder so ähnlich. **5** - der Frosch - ihn - Was darf's sein. **6** - gesund leben - Quark - Schwarzbrot -.

Second wave : Dreiundzwanzigste Lektion

****

DREIUNDSIEBZIGSTE (73.) LEKTION

Bitte anschnallen! (1)

1 — Wir bitten Sie, sich wieder anzuschnallen! (2)
2 Es handelt sich nur um eine Sicherheitsmaßnahme, (3)
3 es besteht keinerlei Grund zur Beunruhigung. (4)
4 — ,,Jetzt ist es also passiert'', dachte er sofort.
5 Normalerweise hatte er keine Angst vorm Fliegen. (5)
6 Aber heute morgen hatte er ein komisches Gefühl gehabt, als er das Haus verließ.
7 Und noch bevor er beim Flughafen ankam, hatte er mehrmals gezögert umzukehren. (6)

Aussprache
2 ... Ziçherhites-massnahm*e*. **3** ... Be'**oo**nrooigoong. **7** ... gets**e**rg*e*rt.

73RD LESSON

Fasten your seatbelts please!

1 — We ask you to fasten your seatbelt again!
2 This is only a safety measure,
3 there is no reason to worry.
4 — "Now it has happened", he immediately thought.
5 Normally he didn't fear flying.
6 But this morning he had a strange feeling when he left the house.
7 And even before he arrived at the airport he had almost returned several times.

NOTES

(1) We simply say *anschnallen* for fasten your seatbelt. You can also say : *Die Sicherheitsgurte anlegen. Der Sicherheitsgurt :* the safety belt. *Der Gürtel :* the belt. The infinitive is often used as imperative : *Ziehen! :* Pull! - *Drücken! :* Press! - *Nicht hinauslehnen! :* do not lean out of...

(2) *Bitten :* to ask, can be followed by *zu +* **infinitive :** *Ich bitte Sie, mich zu entschuldigen :* Please excuse me. Or by the preposition *um +* **acc.,** when you ask for something : *Ich bitte Sie um Geduld :* Please be patient. (I ask you to excuse me ; ... for patience).

(3) *Sich handeln um :* to be concerned. *Es handelt sich um meine Mutter :* My mother is concerned. (See lesson 77, paragraph 3).

(4) *Der Grund :* the reason for something. *Es besteht kein Grund zu :* There is no reason to. *Es besteht kein Grund zum Schreien* (n) : there is no reason to cry. Verbs used as nouns are always neuter.

(5) *Angst haben vor (+* **dat.)** :to be afraid of, to fear. *Ich habe Angst vor dem Hund :* I am afraid of the dog. *Vorm* is the contraction of *vor + dem,* it is only used in spoken language.

(6) *Bevor* (conj.) : before.

8 Auch nachdem er ins Flugzeug eingestiegen war, verließ ihn dieses Gefühl nicht. **(7)**

9 Im Gegenteil, es wurde immer stärker. Etwas lag in der Luft! Etwas stimmte nicht!

10 Dabei hatte er allen Grund ruhig und glücklich zu sein:

11 Drei Wochen Urlaub in Aussicht, fern von allen Verpflichtungen, sich um nichts und niemanden kümmern müssen... **(8)**

12 Himmel! Emmanuela! Daher kam also sein komisches Gefühl!

13 Er hatte die Katze in den Keller gesperrt, weil sie ihn beim Kofferpacken gestört hatte... **(9)**

Übung

1. Warum haben Sie sich nicht angeschnallt? Es ist Pflicht, sich anzuschnallen. **2.** Nachdem Herr und Frau Meier im Hotel angekommen waren, packten sie sofort ihre Koffer aus. **3.** Bevor ich endlich nach Hause gehen konnte, hatte ich noch zwei Briefe schreiben müssen. **4.** Herr Helm geht niemals ins Restaurant. Dabei hat er soviel Geld! **5.** Es bestand kein Grund plötzlich aufzustehen und zu gehen. Warum haben Sie das gemacht?

Ergänzen Sie bitte:

1 *Please fasten your seat belt in my car.*

. . . . , ... in meinem Wagen

. . . .

2 *Your cat is concerned.*

. . . . Ihre Katze.

8 Even when he had got on the plane this feeling didn't leave him.
9 On the contrary, it became stronger and stronger. Something was in the air! Something was wrong!
10 Yet, he had every reason to be calm and happy :
11 Three weeks holiday in view, far from every obligation, to worry about nothing and nobody...
12 Heavens! Emmanuela! So that was why he had this strange feeling!
13 He had locked the cat in the cellar because it had bothered him when he packed his suitcase...

NOTES

(7) *Nachdem* (conj.) : after, when. *Nachdem er gegessen hatte, ging er ins Bett :* When he had eaten he went to bed.

(8) *Sich kümmern um :* to take care of, to look after, to see to : *Wer kümmert sich heute um die Kinder? :* Who will look after the children today?

(9) *Den Koffer* (m) *packen :* to pack one's things, to prepare one's suitcase. *Beim (dei dem) Kofferpacken :* while you prepare your suitcase.

EXERCISE : 1. Why didn't you fasten your seatbelt? It is compulsory to fasten your seatbelt. – **2.** When Mr and Mrs Meier [had] arrived at the hotel they immediately unpacked their suitcases. – **3.** Before I could finally go home I had to write another two letters. – **4.** Mr. Helm never goes to restaurants, yet he has got so much money! – **5.** There was no reason to get up suddendly and leave. Why did you do that?

3 *Normally he wasn't afraid of dogs.*

. . . . hatte er . . . .

Hunden.

4 *After having put the potatoes on the stove Mrs. Meier looked after the baby.*

. . . . Frau Meier . . . . aufgesetzt

hatte, ... das Baby.

5 *Before going home Mr. Meier quickly drank (had drunk) a schnaps.*

. . . . . Herr Meier . . . . er schnell noch . . . . getrunken.

6 *He always makes such a long face. Yet he has every reason to be happy.*

. . . . immer ein so langes . . . . hat er allen . . . . . glücklich . . . .

****

VIERUNDSIEBZIGSTE (74.) LEKTION

Vater und Sohn

1 — Paulchen, warum hast du dir ausgerechnet deinen ältesten Pullover mit den Löchern angezogen, um in den Zoo zu gehen? (1)
2 — Darum! (2)
3 — Hör mal! Sei nicht so frech! "Darum" ist keine Antwort.
4 Geh dich schnell umziehen, sonst nehme ich dich nicht mit. (3)

*****

Fill in the blanks

1 Ich bitte Sie, sich - anzuschnallen. **2** Es handelt sich um -. **3** Normalerweise - keine Angst vor -. **4** Nachdem - die Kartoffeln - kümmerte sie sich um -. **5** Bevor - nach Hause ging, hatte - einen Schnaps -. **6** Er macht - Gesicht. Dabei - Grund - zu sein.

Second wave : Vierundzwanzigste Lektion

****

74ND LESSON

Father and son

1 — (Little) Paul, why exactly did you put on your oldest pullover with the holes in to go to the zoo?
2 — Because! (For that)
3 — Listen! Don't be so naughty! "Because" is no answer.
4 Go and change quickly, otherwise I won't take you with me.

NOTES

(1) *Sich anziehen :* to dress, *Sich ausziehen :* to undress. The reflexive pronoun is in the accusative when there is no other direct object : *Ich ziehe mich an :* I dress, but it is in the dative when there is another direct object : *Ich ziehe mir den Pullover an :* I put (me) my pullover on (see lesson 77/2).

(2) *Warum? ➧ Darum. - Weshalb? ➧ Deshalb. - Wozu? ➧ Dazu.* - These 3 pairs are more or less interchangeable. *Warum/weshalb/wozu lernen Sie Deutsch? :* Why are you learning German? - *Ich soll in Deutschland arbeiten, darum/deshalb/dazu brauche ich Deutsch :* I have to work in Germany ; that's why I need German.

(3) *Sich umziehen :* to change ; **but :** *umziehen :* to move.

Später im Zoo:

5 — Vati, warum stehen die Löwen nicht auf?

6 — Weil sie müde sind, nehme ich an.

7 — Vati, wozu haben die Elephanten eine so lange Nase? **(4)**

8 — Zum Futtersuchen. Übrigens sagt man nicht "Nase" sondern "Rüssel" bei einem Elephanten.

9 — Vati, warum darf ich die Tiere nicht füttern?

10 — Weil es verboten ist. Hör jetzt endlich auf mit deiner dummen Fragerei!

Nach längerem Schweigen: **(5)**

11 — Vati, warum bist du heute so schlechter Laune?

13 — Darum!

13 — Vati, du hast mir vorhin gesagt, daß... **(6)**

Übung

1. Sie hat sich ihr schönstes Kleid angezogen, um ins Theater zu gehen. **2.** Ich habe vorhin versucht, meinen Vater anzurufen, aber es hat sich niemand gemeldet. **3.** Ich werde es später nochmal versuchen. **4.** Ich bin heute erst um elf Uhr aufgestanden. **5.** Reden ist Silber*, Schweigen ist Gold. **6.** Wozu brauchen Sie denn so viele Zehn-Pfenning-Stücke? - Zum Telefonieren.

* *das Silber :* silver.

Later on at the zoo :

5 — Daddy, why don't the lions get up?

6 — Because they are tired I suppose.

7 — Daddy, why do the elephants have such long noses?

8 — To look for food. By the way, you don't say "nose" but "trunk" for an elephant.

9 — Daddy, why mustn't I feed the animals?

10 — Because it is forbidden. Do stop [asking] stupid questions [after all]! After a while of silence (a longer silence) :

11 — Daddy, why are you in such a bad mood today?

12 — Because!

13 — Daddy, you have just told me that (you told me a little while ago)...

NOTES

(4) We use *wozu* when the answer is going to be introduced by *zum : Wozu nimmst du dieses Medikament? - Zum Schlafen* : What do you take this medicine for? - In order to sleep.

(5) *Schweigen :* to be silent ; *das Schweigen :* the silence.

(6) *Vorhin :* a little while ago ; *später* or *nachher :* later : *Hermann ist vorhin vorbeigekommen. Er wird später wiederkommen :* Hermann dropped in a little while ago. He will come back later.

*****

EXERCISE : 1. She put on her most beautiful dress to go to the theatre. – **2.** I tried to phone my father just a little while ago but nobody answered. – **3.** I will try again later. – **4.** Today I only got up at eleven o'clock. – **5.** Speech is silver but silence is golden (gold). – **6.** Why do you need so many 10-pfennig coins? - To telephone.

Ergänzen Sie bitte:

1 *Did you hear the thunderstorm last night? - Yes, that's why I got up at two o'clock.*

. . . . . Sie heute nacht das Gewitter . . . . . . ? - Ja,

. . . . um zwei Uhr früh

. . . .

2 *Put your coat on. It is cold outside.*

. . . . deinen Mantel . . . .

. . . .

3 *Yesterday he was in a bad mood all day long.*

Er war gestern den ganzen Tag . . . .

****

FÜNFUNDSIEBZIGSTE (75.) LEKTION

Die Rückkehr

1 — Verzeihung! Kommen Sie aus diesem Haus? - Ja.
2 — Wohnen Sie dort? - Ja.
3 — Liegt auf der Treppe ein dicker, roter Teppich und hängt im Treppenhaus ein Gemälde von Caspar David Friedrich? - Ja, so ist es.
4 — Und steht hinter dem Haus ein alter Nußbaum? - Ja, der steht dort.

4 *Do you also feed the birds in winter?*

. . . . im Winter auch . . . . ?

5 *Why don't you cross the street [when the lights are] red?*

- Because it is forbidden.

. . . . bei Rot über die Straße? -

. . . .

6 *Excuse me for a moment please! I have to change.*

. . . . bitte einen Augenblick.

Ich muß . . . .

Fill in the blanks

1 Haben - gehört - deshalb bin ich - aufgestanden. **2** Zieh dir - an. Es ist kalt draußen. **3** - schlechter Laune. **4** Füttern Sie - die Vögel. **5** Warum gehen Sie nicht - Weil es verboten ist. **6** Entschuldigen Sie mich - mich umziehen.

Second wave : Fünfundzwanzigste Lektion

****

75TH LESSON

The return

1 — Excuse me! Have you just left this house? - Yes.
2 — Do you live there? - Yes.
3 — Is there a thick red carpet lying on the stairs, and is there a painting by Caspar David Friedrich hanging on the staircase! - Yes, that's right.
4 — And is there an old nut-tree standing behind the house? - Yes, there is one standing there.

5 — Und wenn man im Herbst auf der Terrasse sitzt, muß man vorsichtig sein, weil die Nüsse runterfallen? - Ja, das ist wahr. (1) (2)

6 — Und die Gartentür läßt sich nur öffnen, indem man sie gleichzeitig etwas anhebt? - Ja, auch das ist richtig. (1)

7 — Ja, das war schwierig für ein Kind; ich erinnere mich gut daran.

8 Es ist unglaublich! Fast nichts hat sich verändert, seitdem ich mit meinen Eltern vor gut dreißig Jahren dieses Haus verlassen habe. (3)

9 Ich habe mir oft vorgestellt, eines Tages zurückzukommen. (4)

10 — Aber ich bitte Sie, kommen Sie doch rein und sehen Sie sich alles an! (2)

11 — Oh, nein danke! Das ist sehr freundlich von Ihnen, aber ich muß weiter. (5)

12 Ich wohne nicht sehr weit entfernt von hier. Ich komme ein anderes Mal wieder. Auf Wiedersehen! (6)

5 — And when you sit on the terrace in autumn you have to be careful, because the nuts fall down. - Yes, that is true.
6 — And the garden door can only be opened by lifting it a little bit at the same time? - Yes, that is right, too.
7 — Yes, that was difficult for a child ; I remember that well.
8 It is incredible! Nearly nothing has changed since I left this house with my parents some 30 years ago.
9 I often imagined coming back one day...
10 — But do come in please and have a look at everything!
11 — Oh, no thank you! That is very kind of you, but I have to go on.
12 I don't live very far away from here. I will come back another time. Goodbye!

NOTES

(1) In German, present participles are often translated by subordinate clauses introduced by *wenn, als* (when), *während/indem* (while) or *indem,* indicating the way in which something is done : *Er ging schnell die Treppe hinauf, indem er zwei Stufen auf einmal nahm :* He quickly went up the steps taking two steps at a time. You'll find other examples in the following lessons.

(2) *Hinauf* or *herauf* is reduced to *rauf* in spoken language. *Hinaus* and *heraus* to *raus ; hinunter* or *herunter* to *runter...*

(3) *Seit (+* **dat.**) : since, for. *Seit 1 Woche :* for a week ; *seitdem, seit :* since : *Sie haben sich sehr verändert, seitdem (seit) ich Sie gesehen habe :* You have changed a lot since I [last] saw you.

(4) *Sich vorstellen :* to imagine ; to introduce oneself. The reflexive pronoun is in the dative when there is a direct object. *Ich stelle mir ein Haus vor, in dem ich glücklich sein werde :* I imagine a house where I will be happy (in which I will be...). *Ich habe mich bei meinem neuen Chef vorgestellt :* I introduced myself to my new boss.

(5) *Ich muß weiter = ich muß weitergehen :* I have to go on (see notes lesson 54).

(6) *Entfernt sein :* to be... from ; far away. *Berlin ist von Hannover circa 300km entfernt :* Berlin is about 300km from Hannover. *Ist das weit entfernt? :* Is that far away?

Übung

1. Seitdem wir uns gesehen haben, ist viel passiert. 2. Er hat sich oft vorgestellt, ein kleines Haus mit Garten zu haben. 3. Die Katze ist auf den Nußbaum geklettert und kann nicht mehr runter. 4. Die Post ist nicht weit entfernt von hier. 5. Wenn er ißt, kann er nicht singen. 6. Mein Vater und mein Bruder waschen das Geschirr ab, indem sie es in die Badewanne stellen und das Wasser laufen lassen!

Ergänzen Sie bitte:

1 *Since you have been here I [feel] am better.*

. . . . hier . . . . , ... es mir . . . . . .

2 *For ten years nothing has changed.*

. . . . zehn Jahren . . . . nichts . . . .

3 *Can you imagine being rich one day?*

Können Sie . . . . , eines Tages . . . . .
. . . .

****

SECHSUNDSIEBZIGSTE (76.) LEKTION

"Onkel" Christoph

1 — Warum sitzt du denn da so traurig und allein?
2 — Ich bin nicht traurig. Ich denke nach!
3 — Worüber denkst du denn nach? **(1)**
4 — Ich möchte so gern rüber, auf die andere Seite! **(2)**

Aussprache
Ong'k*e*l... 1 ... trowriçh... 4 ... Zi-*te*.

*****

EXERCISE : 1. Since we last met (saw) a lot has happened. – **2.** He often imagined having a little house with a garden. – **3.** The cat has climbed the nut-tree and cannot get down any more. – **4.** The post-office is not far from here. – **5.** He cannot sing while he is eating. – **6.** My father and my brother do the dishes by putting them into the bath-tub and letting the water run.

4 *When he is back he will buy the red carpet.*

Wenn . . . . , wird er . . . .

. . . . kaufen.

5 *Frankfurt is not far from Mainz.*

Frankfurt . . . nicht . . . . von Mainz . . . .

6 *He opened the door by lifting it.*

Er . . . . die Tür, ... er sie . . . . . .

Fill in the blanks

1 Seitdem du - bist - geht - besser. **2** Seit - hat sich - verändert. **3** - sich vorstellen - reich zu sein. **4** - er zurückkommt - den roten Teppich -. **5** - ist - weit - entfernt. **6** - öffnet - indem - anhebt.

Second wave : Sechsundzwanzigste Lektion

****

76TH LESSON

"Uncle" Christopher

1 — Why are you sitting here so sad and lonely?
2 — I am not sad. I am thinking.
3 — What are you thinking about?
4 — I would so much like to go over there to the other side!

NOTES

(1) *Nachdenken :* to think, is followed by the preposition *über (+* **acc.**), the question "what about"? is translated by *worüber?* (see lesson 66, note 9 and lesson 54, note 2).

(2) It is not necessary to add a verb of movement to an adverb which denotes a movement or a change in position : *Ich will hinüber (rüber) :* I want [to go] on the other side.

5 — Wenn du nach drüben willst, mußt du einen Übergang suchen. (3)

6 — Es gibt keinen. Ich habe schon überall gesucht!

7 — Dann mußt du entweder rüberspringen oder durchwaten.

8 — Hinüberspringen? Das schaffe ich niemals! Meine Beine sind viel zu kurz. (4)

9 Und durchwaten kann ich nicht, weil ich meine Hose nicht naßmachen darf. Das sieht mein Vater nicht gern. (5)

10 — Aha, ich glaube, ich verstehe. Du meinst, ich soll dich hinübertragen?

11 — Oh, würden Sie das wirklich machen? Das wäre aber nett von Ihnen! (6)

12 — Na, dann komm schnell! Setz dich auf meine Schulter und halte dich gut fest. (7)

13 — Warten Sie! Meine Kameraden sind auch da!... Kommt schnell! Er trägt uns!

14 — Du kleiner Schlaumeier! Eigentlich hatte ich heute nachmittag etwas anderes vor... (8)

15 Na ja, wenn schon! Dann stellt euch mal ordentlich in 'ne Schlange und nennt mich einfach "Onkel Christoph"! (9)

5 — If you want to go to the other side you have to look for a crossing.
6 — There is none. I have already looked everywhere!
7 — Then you either have to jump over or wade through.
8 — Jump over? I'll never make it! My legs are much too short.
9 And I can't wade through because I mustn't get my trousers wet. My father doesn't like (to see) that.
10 — Oh, I think I understand. You mean you want me to carry you across?
11 — Oh, would you really do that? That would be nice of you!
12 — So, come on quickly! Sit down on my shoulders and hold tight.
13 — Wait! My friends are there too!... Come on quickly! He'll carry us!
14 — You are a bright one! Actually I had planned something else for this afternoon...
15 Well, yes after all! So, queue up properly and simply call me "Uncle Christopher"!

NOTES

(3) We say *Übergang* when you take a passage which is for example across a river... and we say *Durchgang* for a passage through or under... : *Ich gehe durch diesen kleinen Garten :* I go through this little garden. A notice forbidding passage would read : *Durchgang verboten.*

(4) *Etwas schaffen* (fam.) : to manage, to make... Otherwise *schaffen* means : to produce, to create and (fam.) : to work.

(5) Did you notice that all the auxiliary verbs are present in this lesson? Have a look at lesson 21, paragraph 2.

(6) *Würden* is the form of the *Konjunktiv II* of *werden* and, followed by the infinitive, it expresses the conditional : *ich würde sagen :* I would say... that we'll talk about it later.

(7) *Sich festhalten :* to hold tight.

(8) *Der Schlaumeier* is the name for someone who is smart or bright. *Meier* is a very familiar name in Germany and *schlau* means : clever, smart, a little like the English expression "a clever Dick".

(9) *Schlange stehen :* to queue up *(die Schlange :* snake) ; *sich in eine Schlange stellen :* to join the queue.

Übung

1. Wenn Sie über die Straße gehen wollen, müssen Sie warten bis es grün ist. **2**. Er hat lange über dieses Problem nachgedacht. **3**. Ich hatte eigentlich vor, heute abend ins Kino zu gehen. **4**. Aber jetzt muß ich zu Hause bleiben, weil mein Cousin zu Besuch kommt. **5**. Stellen Sie sich bitte in die Schlange und warten Sie wie die anderen! **6**. Die Prüfung war zu schwierig. Ich habe sie nicht geschafft.

Ergänzen Sie bitte:

1 *You do not want to get your feet wet? Well, I will carry you across.*

Du . . . . . . deine Füße nicht . . . . ? Gut, ich

. . . . . dich . . . .

2 *Do you see the chapel over there on the mountain? I would so much like [to go] up there.*

. . . . die Kapelle dort oben . . . dem Berg? Ich

. . . . dort hinauf.

3 *We either have to queue up or come back tomorrow.*

Wir müssen . . . . Schlange . . . . . . oder

morgen . . . .

****

SIEBENUNDSIEBZIGSTE (77.) LEKTION

Wiederholung und Erklärungen

1. The **pluperfect** *(Plusquamperfekt)* is generally used when one action or fact **precedes** another action/fact **in the past :**

EXERCISE : 1. When you want to cross the street you have to wait until the lights are green. **2.** He has been thinking about this problem a long time. **3.** Actually I had planned to go to the cinema tonight. – **4.** But now I have to stay at home because my cousin is coming to see us. – **5.** Join the queue please and wait like everybody else (do the others)! – **6.** The exam was too difficult. I didn't manage it.

4 *He is not able (does not manage) to jump over. His legs are too short.*

. . . . es nicht hinüberzuspringen. . . . .

sind . . kurz.

5 *Will you come to the cinema with [me]? Or have you already planned something else?*

. . . . mit ins Kino? Oder . . . . schon

etwas vor ?

6 *What have you been thinking about for such a long time? - About life!*

. . . . haben Sie so lange . . . . ? -

. . . . Leben!

Fill in the blanks

1 - willst - naßmachen - trage - hinüber. **2** Sehen Sie - auf - möchte so gern -. **3** - entweder - stehen - wiederkommen. **4** Er schafft - Seine Beine - zu -. **5** Kommen Sie - haben Sie - vor. **6** Worüber - nachgedacht - Über das -.

Second wave : Siebenundzwanzigste Lektion

****

77TH LESSON

Weil er den Bus verpaßt hatte, nahm er ein Taxi : Because he had missed the bus he took a taxi.

The **pluperfect** is formed with the *Imperfekt* of *haben* or *sein* + the past participle. (See lesson 42, paragraph 1 for the usage of *haben* and *sein).*
Sie war nach Hause gegangen : She had gone home.
Er hatte gearbeitet : He had worked.

The past perfect is used for an action which precedes another action in the past :
Wir hatten schon zwei Stunden gewartet, als das Schiff endlich kam : We had been waiting for 2 hours when the boat came at last.
*Nachdem er seine Arbeit beendet hatte, ging er ins Kino :*After having finished his work he went to the cinema.

Notice that you have to make a subordinate clause introduced by *nachdem* or *bevor,* and that the conjugated verb is placed at the end of the sentence.
Sicher! Nachdem wir so oft darüber gesprochen hatten, konnten Sie das nicht vergessen! Of course! After having talked about it so many times you could not forget it.

2. With some reflexive verbs the reflexive pronoun may be in the **accusative** or in the **dative ;** the dative is used when there already is a direct object :

Ich wasche ***mich :*** I wash. But :
Ich wasche ***mir*** *die Hände :* I wash my hands (I wash myself the hands).
Du siehst ***dich*** *an :* You look at yourself. But :
Du siehst ***dir*** *einen Film an : You watch a film.*

For the other pronouns (er, sie, wir...) there is no difference between the forms of the dative and the accusative :

Er stellt ***sich*** *vor :* He introduces himself. But :
Er stellt ***sich*** *ein Land vor, wo... :* He imagines a country where...
Wir waschen ***uns :*** We wash. But :
Wir waschen ***uns*** *die Füße :* We wash our feet (we wash ourselves the feet).

3. *Es handelt sich hier um das Verb "handeln".*
A brief word about the verb *"handeln"* which has several meanings :

to act, to bargain or (reflexive) :
sich handeln um : to be a question or matter of.
Meine Frau handelt immer unüberlegt, wenn sie handelt : My wife always acts in a thoughtless way when she is bargaining.

Der Handel : the trade, the business ; *verhandeln :* to negotiate ; *die Verhandlung :* the negotiation.
Dieser Paragraph handelte von dem Verb "handeln".
This paragraph was about the verb *"handeln"*.

4. Below we give you the **relative pronoun** in the four cases (the genitive is the only one we have not seen up to now) :

	masculine	feminine	neuter	plural
Nom. :	*der*	*die*	*das*	*die*
Acc. :	*den*	*die*	*das*	*die*
Dat. :	*dem*	*der*	*dem*	*denen*
Gen. :	*dessen*	*deren*	*dessen*	*deren*

As you see with the exception of the genitive and the dative plural the forms are identical with those of the definite article :
Der Junge, dessen Mutter einen Bonbonladen hat, hat es gut : The boy whose mother has a candy shop is lucky.
Die Mutter, deren Junge viele Bonbons ißt, ist die Freundin des Zahnarztes : The mother whose boy [son] eats a lot of candies is the girlfriend of the dentist.

Welcher/welche/welches can also be used as a relative pronoun, but it is rarely used in spoken language :
Der Man, welchen (den) sie heiraten würde, ist noch nicht geboren : The man (whom) she would marry has not been born yet.

Eine kleine Übung! *Ergänzen Sie bitte die Relativpronomen :*

Der Zug, . . . ich nehmen wollte, ist schon weg. Der Freund, mit . . . ich in Ferien fahren wollte, sitzt in dem Zug. Meine Koffer, . . . ich meinem Freund gegeben habe, sind auch in dem Zug, und ich habe nicht die Adresse der Leute, bei . . . . . wir übernachten sollten.

The train which I wanted to take has already left. The friend with whom I wanted to go on holiday is (sits) in this train. My suitcases which I gave to my friend are also in the train and I don't have the address of the people (with whom) we were to spend the night with.

(Solution at the end of the lesson).

****

ACHTUNDSIEBZIGSTE (78.) LEKTION

Wußten Sie schon...?

1 — daß die **Bu**ndesrepublik **Deu**tschland ein **Bu**ndesstaat ist, der aus zehn **Bu**ndesländern und West-Berlin bes**teh**t? **(1)**

2 — daß sie der Fläche nach **u**ngefähr doppelt so groß ist wie die **Deu**tsche Demokr**a**tische Republik, **a**ber nur halb so groß wie Fra**nk**-reich?

3 — daß sie an neun St**aa**ten gr**e**nzt und, daß die **i**nnerdeutsche Gr**e**nze die l**ä**ngste ist, n**ä**mlich 1 381 km? **(2)**

4 — daß K**o**nrad **A**denauer, der **e**rste B**u**ndes-kanzler, mit 85 noch im Amt war? **(3)**

Aussprache
... **Boo**ndess'shtaat... **2** ... **oo**n'gefair. **3** ... **tow**zennt-d**ry**-hoondert-ine-oont-**a**cHtsiçh... **4** ... fünf-oont-**a**cHtsiçh.

*****

5.Do you remember the coordinating conjunctions? :
sowohl... als auch : as well... as ; both... and ;
weder... noch : neither... nor ; *entweder... oder :* either... or.
Check your knowledge with the following text :

Die Tante fragt Klein-Fritzchen, nachdem er den ganzen Geburtstagskuchen allein gegessen hat: Fritzchen, bist du auch wirklich satt? Worauf Fritzchen antwortet: Satt kenne ich nicht. Entweder habe ich Hunger oder mir ist schlecht.*

* satisfied (not to be hungry any more).

Solution to paragraph 4 : - *den - dem - die - denen -.*

Second wave : Achtundzwanzigste Lektion (Wiederholung)

****

78TH LESSON

Did you already know...?

1 — that the Federal Republic of Germany is a federal state which is composed of 10 Länder (federal countries) and West Berlin?
2 — that in area it is about twice as large as the Democratic Republic of Germany, but only half as large as France?
3 — that it borders on nine states and that the inter-German border is the longest, i.e. 1,381 km?
4 — that Konrad Adenauer, the first chancellor, was still in office at the age of 85?

NOTES

(1) *Der Staat :* the state, but : *die Stadt :* the town. The *aa* of *Staat* is long.
(2) *Innerdeutsch :* inter-German/between the 2 German states : *die innerdeutschen Beziehungen :* relations between the 2 German states.
(3) *Konrad Adenauer (1876-1967)* was in office for longer than any other chancellor (1949-1963).

5 — daß dagegen Beckenbauer, "der Kaiser" der Fußballspieler, im Alter von 32 die Nationalmannschaft verlassen mußte?

6 — daß man Frankfurt auch das "deutsche Chicago" nennt, weil es den größten Wirtschaftsboom erlebte und über die meisten Bürohochhäuser verfügt? **(4)**

7 — daß Berlin dagegen über die meisten Kneipen und Gaststätten verfügt, die außerdem auch am längsten geöffnet sind, weil es dort keine Polizeistunde gibt?

8 — und daß in München beim Oktoberfest, das ungefähr zwei Wochen dauert, rund 4 Millionen Liter Bier getrunken werden? **(5) (6)**

Aussprache
5 ... tsvy-oont-drysiçh. **6** ... Virtshaftsboom... Büroh'hocHhoyzer.

*****

You probably noticed that in each of these sentences the verb is placed at the end because they are all introduced by *daß???*

*****

Übung

1. Wußtest du schon, daß Frankreich der Fläche nach doppelt so groß ist wie die Bundesrepublik? **2.** Die Bundesrepublik ist ein Bundesstaat, der aus zehn Bundesländern und West-Berlin besteht. **3.** Die Kneipen und Gaststätten sind in Berlin länger geöffnet als anderswo. **4.** Die innerdeutschen Beziehungen sind ein internationales Problem. **5.** In China leben ungefähr fünfzehnmal soviel Menschen wie in der Bundesrepublik.

Ergänzen Sie bitte:

1 *My father is twice as heavy as I [am].*

Mein Vater ist . . . . schwer . . . . . .

5 — that Beckenbauer, however, “the emperor” of the football players had to leave the national football team at the age of 32?
6 — that Frankfurt is also called the “German Chicago”, because it experienced the greatest economic boom and contains [has got] the greatest number of office skyscrapers?
7 — that Berlin, on the other hand, has [got] the greatest number of pubs and restaurants? (which, moreover, are open longer because there is no closing time there) ;
8 — and that about 4 million litres of beer are drunk at the Oktoberfest in Munich, which lasts for about two weeks?

NOTES
(4) *Verfügen über* + **acc. :** to dispose of, to have ; *die Verfügung :* the disposal, disposition. *Ich stehe zu Ihrer Verfügung :* I am at your disposal. * *Ich verfüge über 2000 Mark pro Monat :* I have got 2,000 Marks a month.
(5) *Rund :* round. Adverb : about.
(6) Notice that we say *getrunken werden* and not *getrunken sind* as in English (are drunk). We will talk about this later.

EXERCISE : 1. Did you already know that France is twice as large in area as the Federal Republic of Germany? – **2.** The Federal Republic of Germany is a federal state which is composed of 10 Länder and West Berlin. – **3.** Pubs and restaurants are open longer in Berlin than elsewhere. – **4.** Relations between the two German states are an international problem. – **5.** In China, there are (live) about fifteen times as many people as in West Germany.

2 *My little sister is only half as heavy as you.*

Meine kleine Schwester ist aber nur . . . .

3 *Hamburg is also called the "Gateway to the World".*

. . . . . . Hamburg auch "das Tor zur . . . . . ".

4 *What can I do for you? I am at your disposal.*

. . . . ich für Sie tun? . . . . zu Ihrer . . . . !

****

NEUNUNDSIEBZIGSTE (79.) LEKTION

Ein Volk, aber viele Mund- und Eigenarten (1)

1 Obw**o**hl es nur **ei**ne geschr**ie**bene d**eu**tsche Spr**a**che gibt,
2 gibt es v**ie**le versch**ie**dene Dial**e**kte, die mehr **o**der w**e**niger von dem geschr**ie**benen Deutsch **a**bweichen. (2)
3 Verzw**ei**feln Sie nicht gleich, wenn Sie j**e**manden nicht verst**e**hen;
4 auch ein D**eu**tscher vers**te**ht nicht **i**mmer **ei**nen D**eu**tschen.

Aussprache
3 ... Fertsvy-feln... yemanndenn.

*****

5 *My grandmother still did [the] headstands at 70.*

. . . . hat . . . . noch

Kopfstand . . . .

6 *Have you already been to the Oktoberfest in Munich?*

. . . . . Sie schon . . . . Oktoberfest in München?

Fill in the blanks

1 - doppelt so - wie ich. **2** - halb so schwer wie du. **3** Man nennt - Welt. **4** Was kann - Ich stehe - Verfügung. **5** Meine Großmutter - mit siebzig - gemacht. **6** Waren - beim -.

Second wave : Neunundzwanzigste Lektion

****

79TH LESSON

One people (n) but a lot of dialects and peculiarities

1 Although there is only one written German language,
2 there are a lot of different dialects which differ to varying degrees from written German.
3 Don't despair immediately if you don't understand someone ;
4 even a German does not always understand a German.

NOTES

(1) *Die Mundart* or *der Dialekt,* is the spoken language of a region. When several compound nouns end with the same root-word you can avoid repetition in the following way : *die Damen- und Herrenkonfektion :* ladies' and men's ready-to-wear ; *Sonn- und Feiertage :* Sundays and public holidays.

(2) *Verschieden* or *anders :* different ; *er trägt heute zwei verschiedene Schuhe :* Today he is wearing two different shoes. But : *Das ist etwas anderes :* That is something different.

5 (Ganz zu schweigen von den Österreichern oder Schweizern!) **(3)**

6 Das liegt jedoch manchmal nicht nur am Dialekt, sondern auch an den verschiedenen Temperamenten. **(N.4)**

7 Die Bayern sind zum Beispiel nicht nur für ihre kurzen Lederhosen und ihre Weißwürste bekannt, sondern auch für ihr schnell aufbrausendes Temperament, **(4) (5)**

8 die Schwaben für ihre sprichwörtliche Sparsamkeit, **(6)**

9 und die Westfalen für ihren Dickschädel, über den man sich einerseits lustig macht, ihn aber andrerseits fürchtet. **(7)**

10 Am schlechtesten kommen jedoch bei diesen Klischees die Ostfriesen weg, die ganz oben an der Nordseeküste wohnen. **(8)**

11 Es gibt unzählige Witze über ihre sogenannte Schwerfälligkeit,

12 aber wir können sie Ihnen heute leider nicht erzählen.

Aussprache
5 ... Erst*e*r'ri-ç*h*ern... Shvi-ts*e*rn. **9** ... Dikkshaid*e*l. **10** ... Klichayss.

Übung

1. Man spricht in Deutschland viele verschiedene Mundarten. **2.** Ein Hamburger versteht nicht immer einen Bayern, und ein Bayer versteht nicht immer einen Berliner, und ein Berliner... **3.** Die Sparsamkeit der Schwaben ist sprichwörtlich. **4.** Einerseits ist er ein Dickschädel, aber andrerseits macht er immer, was seine Frau will. **5.** Heute bekommst du ein besonders großes Stück Fleisch. Du bist das letzte Mal am schlechtesten weggekommen.

Ergänzen Sie bitte:

1 *Although he is German he does not always understand the people of the village.*

5 (To say nothing of the Austrian and the Swiss!)
6 This, however, is not only due to the dialect but also to the different characters.
7 The Bavarians, for example, are not only known for their leather shorts and their white sausages but also for their hot-headed character ;
8 the Swabians for their proverbial thriftiness ;
9 and the Westphalians for their pig-headedness, of which people make fun on the one hand but fear on the other.
10 Those who come off worst in these clichés are the East Frisians, who live high up on the coast of the North Sea.
11 There are innumerable jokes about their so-called clumsiness,
12 but unfortunately we cannot tell them to you today.

NOTES

(3) The dialect spoken in Austria is similar to Bavarian ; the *"Schweizerdeutsch"* - Swiss-German, however, is closer to Alsatian or the dialect spoken in *Baden-Württemberg.* Anyway, don't worry, everybody can speak *Hochdeutsch :* Standard German too.

(4) *Die Bayern leben in Bayern (Bavaria), die Schwaben in Baden-Württemberg, und die Westfalen in Nordrhein-Westfalen.*

(5) *Die Weißwurst* is a sausage made of pork and as its name indicates, it is white.

(6) *Die Sparsamkeit :* the thriftiness, economy ; *sparsam :* economical ; *sparen :* to economize ; to save and *die Sparkasse :* the saving bank.

(7) *Der Dickkopf* (or even stronger *der Dickschädel)* is a pig-headed person *(dickköpfig)* person. *Der Schädel :* the skull.

(8) *Gut oder schlecht wegkommen :* to come off well or badly.

EXERCISE : 1. In Germany we speak a lot of different dialects. – **2.** A Hamburger does not always understand a Bavarian, and a Bavarian does not always understand a Berliner, and a Berliner... – **3.** The thriftiness of the Swabians is proverbial. – **4.** On the one hand he is pig-headed, but on the other hand he does what his wife wants [him to do]. – **5.** Today you will get a particulary big piece of meat. You came off worst last time.

. . . . . . er Deutscher ist, ... er die Leute aus

dem Dorf . . . .

2 *They are known for their hospitality.*

. . . . für ihre Gastfreundschaft.

3 *The youngest is always the hardest done by.*

. . . . kommt immer . . . .

weg.

4 *On the one hand I am afraid of these people and on the other [hand] I find them very nice.*

. . . . fürchte ich mich vor diesen Leuten,

. . . . finde ich sie sehr nett.

5 *Have you already worn leather shorts?*

Haben Sie schon einmal kurze . . . . getragen?

****

ACHTZIGSTE (80.) LEKTION

Der Aberglaube (1)

1 — Kommen Sie! Nehmen Sie es nicht so tragisch!
2 — Sie haben gut reden! Sie haben nichts verloren! **(2)**
3 — Na ja, Sie hatten eben Pech. Das kann jedem mal passieren. **(3) (4)**

6 *He is at his wits' end (completely desperate) because he doesn't understand anything.*

Er ist ganz . . . . , weil er . . . .

Fill in the blanks

1 Obwohl - versteht - nicht immer. **2** Sie sind bekannt -. **3** Am schlechtesten - der Jüngste - **4** Einerseits - andrerseits -. **5** - Lederhosen -. **6** - verzweifelt - nichts versteht.

Second wave : Dreißigste Lektion

****

80TH LESSON

Superstition

1 — Come on! Don't take it so tragically!
2 — It's easy for you to talk! You didn't lose anything!
3 — Oh, never mind, you were unlucky. That can happen to anybody.

NOTES

(1) *Der Glaube :* the belief ; *glauben :* to believe ; *gläubig :* believing.
(2) *Verlieren :* to lose.
(3) *Na ja + eben* are translated by : never mind. *Er ist noch nicht da :* he hasn't arrived yet (he is not here yet). *Na ja, dann warte ich eben :* Never mind, I'll wait.
(4) *Das Pech :* bad luck. *Pech* is the opposite of *Glück.*

4 — Pech, sagen Sie? Nein, wegen heute morgen hätte ich es wissen müssen; es ist meine Schuld. **(5)**

5 — Seien Sie doch nicht so hart zu sich selbst!...

6 Trinken Sie noch einen kleinen?

7 — Ja, bitte!... Wissen Sie, als ich heute morgen die Augen aufschlug, sah ich über mir eine fette, schwarze Spinne. **(6)**

8 — Na, nun machen Sie aber mal einen Punkt! Sie sind doch nicht etwa abergläubisch? **(7)**

9 — Ich? Abergläubisch? Nein, das wäre ja noch schöner! **(8)**

10 — Na, sehen Sie! Also: Prost und auf bessere Tage!

11 — Prost!... Das tut gut!

12 Trotzdem... ich bin sicher, daß alles gut gegangen wäre, wenn nicht diese verfluchte schwarze Katze gerade vor mir die Straße überquert hätte,

13 und wenn heute nicht Freitag, der dreizehnte wäre. **(9)**

Aussprache

7 ... Shpinn*e*. **8** ... abergloybish. **12** ... überkvert.

Übung

1. Er hätte es wissen müssen; es ist seine eigene Schuld. **2.** Ich habe gestern beim Kartenspielen kein Glück gehabt. **3.** Hast du etwa mehr als fünfzig Mark verloren? **4.** Ja, leider! Aber wenn nicht Freitag, der dreizehnte wäre, wäre das nicht passiert. **5.** Er ist sehr abergläubisch und sammelt Glückskäfer. **6.** Als ich heute morgen die Augen aufschlug, sah die Welt ganz anders aus.

Ergänzen Sie bitte:

1 *Stop! You just crossed the street when the lights were red!*

Halt! . . . . gerade bei Rot die Straße

. . . . !

4 — Bad luck you say? No, because of this morning I should have known [it] ; it's my fault.
5 — Don't be so hard on yourself!...
6 Will you have another small [drink]?
7 — Yes, please! ... You know, when I opened my eyes this morning I saw a fat black spider [hanging] above me.
8 — Well? that's enough! Are you possibly superstitious?
9 — Me? Superstitious? No, that'd take the cake!
10 — Well, you see! So : cheers and [let's drink] to better days!
11 — Cheers! That does [one] good!
12 Nevertheless... I am sure that everything would have turned out well if this damned black cat had not crossed the street in front of me
13 and if it wasn't Friday 13th today.

NOTES

(5) *Hätte* is a form of the *"Konjunktiv II"*. The *Konjunktiv* is used in conditional clauses (see lesson 84, paragraph 1).

(6) *Aufschlagen :* to open (eyes, books...).

(7) *Etwa* expresses astonishment ; in negative sentences it is translated by "surely" and in positive sentences by "possibly" : *Du willst doch nicht etwa schon gehen? :* You surely don't want to go already?

(8) *Wäre :* would be, is the *"Konjunktiv II"* form of *sein :* to be (see note 5 and lesson 84).

(9) Notice that, in conditional clauses, the verb of the main clause and that of the subordinate clause introduced by *wenn* are in the *Konjunktiv : Wenn ich Geld hätte, wäre ich glücklich :* If I had money I would be happy.

EXERCISE : 1. He should have known [it] ; it is his own fault. – **2.** I had no luck at [playing] cards yesterday. – **3.** Did you possibly lose more than 50 Marks? – **4.** Yes, unfortunately! But if it wasn't Friday 13th it would not have happened. – **5.** He is very superstitious and collects ladybirds. – **6.** When I opened my eyes this morning the world looked completely different.

2 *Oh, don't be so hard ; that can happen to anybody.*

Ach, ... Sie doch nicht so . . . . ; das kann . . . . .

. . . .

3 *It wouldn't be as bad as that (half as bad) if he hadn't lost everything.*

Es . . . . ja auch nur halb so schlimm, ... er nicht alles

. . . . hätte.

4 *Cheers, and don't take it so tragically!*

. . . . . und nehmen Sie's nicht so . . . . !

5 *She is afraid of fat black spiders.*

Sie fürchtet sich . . . . , ...

. . . .

****

EINUNDACHTZIGSTE (81.) LEKTION

Die Lorelei und ihre Nachkommen

1 — Hör 'mal, was hier steht: ,,Kurzurlaub auf dem Rhein mit allem Komfort... (1)
2 Die Deutsche Bundesbahn und die Köln-Düsseldorfer - das ist wohl so 'ne Schiffahrtsgesellschaft - machen es möglich: (2)
3 Moderne Züge der Bundesbahn bringen Sie direkt zum Rhein, nach Basel oder Düsseldorf. (3)

Aussprache
1 ... Kommfor. **2** ... Shiffahrtss-gesellshaft.

6 *That couldn't work (go well) ; I should have known it.*

Das konnte nicht gutgehen; . . . .

Fill in the blanks

1 - Sie haben - überquert. **2** - Seien - hart - jedem passieren. **3** - wäre - wenn - verloren -. **4** Prost - tragisch. **5** - vor fetten, schwarzen Spinnen. **6** - ich hätte es wissen müssen.

Second wave : Einunddreißigste Lektion

****

81ST LESSON

The "Lorelei" and her descendants

1 — Listen to what is written there : "Short holiday on the Rhine with all conveniences.

2 The "Deutsche Bundesbahn" and the "Köln-Düsseldorfer" - that must be one of these shipping companies - make it possible.

3 The modern trains of the "Bundesbahn" take you directly to the Rhine, to Basel or Düsseldorf.

NOTES

(1) We say : *Ein Artikel steht in der Zeitung :* There is an article in the newspaper. - *Was steht dort? :* What does it say/what is written there.

(2) Do you remember that we sometimes leave out the *ei* of the indefinite article in spoken language? : *so 'ne Art Fisch :* some kind of fish.

(3) *Ich gehe zum Rhein* or *an den Rhein :* I go to the Rhine. *Die Bundesbahn :* Federal Railways *(die Bahn, der Zug :* the train).

4 Dort steigen Sie um auf eines der "schwimmenden Ferienhotels"
5 mit komfortablen Außenkabinen, einem beheizten Schwimmbad und einer reichhaltigen Speisekarte..." **(4)**
6 Klingt echt gut, nicht? Was hältst du davon?
7 — Oh ja, das wäre toll! Ich könnte endlich den Felsen sehen, auf dem die Lorelei ihr langes, goldenes Haar gekämmt hat, **(5) (6)**
8 und alle Schiffer, die vorbeikamen, haben nur sie angesehen
9 und sind deshalb gegen den Felsen gefahren und untergegangen. **(7)**
10 Als mir meine Großmutter das Gedicht von Heinrich Heine zum ersten Mal vorgelesen hat, habe ich nächtelang davon geträumt. **(8) (9)**
11 — Ja, mein Schatz, es hat dich offensichtlich sehr beeindruckt.
12 Könntest du vielleicht aufhören, dich zu kämmen?

Aussprache
10 ... Hine'riçh Hi-n*e*. **11** ... be'ine-drookt.

Übung

1. Hören Sie mal, was heute in der Zeitung steht. **2.** Ein Schiff ist gegen einen Felsen gefahren und untergegangen. **3.** Wenn du endlich stillsitzen würdest, könnte ich dich kämmen. **4.** Er hat wochenlang an diesem Projekt gearbeitet. **5.** Das Resultat hat alle offensichtlich sehr beeindruckt. **6.** Der Felsen, auf dem Lorelei ihr langes, goldenes Haar gekämmt hat, befindet sich auf dem rechten Rheinufer bei Sankt Goarshausen in Hessen.

Ergänzen Sie bitte:

1 *My husband takes me to the office every morning.*

Mein Mann . . . . jeden Morgen zum Büro.

4 There you change [and you get] on one of the "floating holiday hotels"
5 with comfortable outer cabins, a heated swimming-pool and an abundant menu..."
6 That really sounds good, doesn't it? What do you think of it?
7 — Oh yes, that'd be great! I could finally see the rock on which "Lorelei" was combing her long golden hair,
8 and where all the sailors who came by only looked at her
9 and thus crashed into the rock and sank.
10 When my grandmother read the poem by Heinrich Heine to me for the first time I dreamed of it for nights.
11 — Yes, my dear, it obviously impressed you a lot.
12 Maybe you could stop combing your hair?

NOTES

(4) *Heizen :* to heat ; *geheizt* or *beheizt :* heated ; *die Heizung :* the heating.

(5) *Die Lorelei ist eine Rheinnixe (die Nixe :* mermaid). *Der Loreleifelsen* is situated on the right bank of the Rhine near *Sankt Goarshausen.*

(6) *Könnte :* could, is the *Konjunktiv* of *können. Konnte* (without the *Umlaut)* is the form of the *Imperfekt.* (See lesson 84, paragraph 1).

(7) *Untergehen :* to sink, to drown ; but : to set (sun). *Die Sonne geht im Westen unter und im Osten auf :* The sun sets in the West and rises in the East.

(8) *Heinrich Heine (1797-1856)*, wrote the famous poem on the legendary character *Lorelei : Ich weiß nicht, was soll es bedeuten...* A beautiful woman was said to be sitting on a rock on the right bank of the Rhine near Goarshausen combing her long golden hair. As all the sailors passing by only paid attention to the woman they crashed into the rock. It was said that this woman had magical power. *Lur* (middle high German for *Lore)* means elf and *Lei :* rock.

(9) *Tagelang :* for days ; *wochenlang :* for weeks ; *monatelang :* for months ; *jahrelang :* for years.

EXERCISE : 1. Listen to what they say in the newspaper today. – **2.** A ship crashed into a rock and sank. – **3.** If you finally sat still, I could comb your hair. – **4.** He has been working on this project for weeks. – **5.** Apparently everybody was very impressed by the result. – **6.** The rock on which the Lorelei combed her long golden hair is situated on the right bank of the Rhine near Sankt Goarshausen in Hessia.

2 *What do you think of it? - That would be great!*

Was . . . . Sie . . . . . . ? - Das . . . . !

3 *Could you stop singing please?*

. . . . Sie bitte . . . . zu singen?

4 *Everybody who passed by stopped for a moment.*

. . . . , ... , blieben

einen Moment stehen.

5 *Our train does not stop at Hagen ; we have to change.*

Unser Zug . . . . in Hagen; wir müssen

. . . .

****

ZWEIUNDACHTZIGSTE (82.) LEKTION

Im Wartezimmer

1 — Mensch, guck mal! Da sind mindestens sechs Personen vor uns dran, **(1) (2)**

2 dab**ei** h**a**ben wir **u**nseren Term**i**n jetzt um halb sechs.

3 — Ja, w**o**llen wir g**e**hen oder bl**ei**ben?

*****

6 *How (where) do you know that? - It was written in the newspaper this morning.*

. . . . . weißt du das? - Das . . . . . heute morgen in der

Zeitung.

Fill in the blanks

1 - bringt mich -. **2** - halten - davon - wäre toll. **3** Könnten - aufhören -. **4** Alle Leute, die vorbeikamen -. **5** - hält nicht - umsteigen. **6** Woher - stand -.

Second wave : Zweiunddreißigste Lektion

****

82ND LESSON

In the waiting-room

1 — Hey, look! There are at least six persons before us,
2 though we have our appointment [now] at half past five.
3 — Yes. Are we going to leave or to stay?

NOTES

(1) *Gucken :* is synonym of *sehen :* to look, in spoken language.
(2) *Dran sein,* is the short form for : *an der Reihe sein :* to have one's turn (row). *Ich bin dran / an der Reihe :* It's my turn.

4 — Wieder gehen hat auch keinen Zweck; morgen ist es sicher nicht besser. (3)

5 — Also gut, setzen wir uns und lesen die alten Zeitschriften!

6 — Hei, hier ist ein Psycho-Test! Komm, den machen wir!

7 1. Frage: Was würden Sie machen, wenn Sie Feuerwehrmann wären und ein kleiner Junge direkt neben Ihnen einen Benzinkanister anzünden würde? (4)

8 a) dem Jungen hinterherlaufen b) einen Feuerlöscher suchen c) die Zündschnur austreten d) Sonstiges. (5) (6)

9 — Ich würde die Zündschnur austreten und dann dem Jungen hinterherlaufen.

10 — Du mußt dich für eines von beiden entscheiden!

11 — Also gut: "c"!

12 — 2. Frage: Was würden Sie machen, wenn das Licht ausgehen würde, wenn Sie gerade mit einer heißen Suppenschüssel auf der Treppe sind? (7)

13 a) langsam weitergehen b) sich setzen c) den Lichtschalter suchen.

14 — Ich glaube, ich würde mich hinsetzen und warten, bis die Suppe kalt wäre. (8)

(Fortsetzung folgt)

Aussprache

6 ... Psüçho-Test... **7** ... Benntseenkannister.

*****

4 — It's no use leaving ; it won't be better tomorrow.
5 — Well, so let's sit down and read the old magazines!
6 — Hey, here is a psychological test! Come on, we'll do it!
7 First question : what would you do if you were a fireman and just next to you, a little boy set a petrol can on fire?
8 a) run after the boy b) look for a fire extinguisher c) tread out the match d) anything else.
9 — I would tread out the match and then run after the boy.
10 — You have to decide on one of the two!
11 — Well, "c" then!
12 — 2nd question : what would you do if the light went out just when you are going upstairs with a hot soup tureen [in your hands]?
13 a) walk on slowly b) sit down c) look for the light switch.
14 — I think I would sit down and wait for the soup to cool down (until the soup would be cold).

NOTES

(3) *Der Zweck :* the purpose, object, point : *Was ist der Zweck dieser Sache? :* What is the point of it? - *Das ist zwecklos :* That is useless, of no use ; aimless.

(4) In German the *Konjunktiv* is also used in sentences beginning with *wenn* (if) : *Wenn ich reich wäre, würde ich ein Auto kaufen :* If I was rich I would buy a car. The *Konjunktiv* is often formed with *würde + infinitive.* (See lesson 84, paragraph 1).

(5) *Löschen :* to extinguish (fire) ; *die Feuerwehr :* the fire brigade.

(6) *Austreten :* to tread out ; *eintreten :* to enter ; *auf etwas treten :* to step on something ; *treten :* to kick.

(7) *Das Licht geht aus :* the light goes out. *Ich mache das Licht aus :* I turn the light off. (See lesson 84, paragraph 2).

(8) *Sich setzen* or *sich hinsetzen :* to sit down ; **but :** *sitzen :* to sit. *Ich setze mich auf die Treppenstufe :* I sit down on the step. **But :** *Ich sitze auf der Treppenstufe :* I sit on the step. Have a look at lessons 43 and 49.

Übung

1. Ich kann morgen leider nicht kommen; ich habe einen Termin beim Zahnarzt. **2**. An deiner Stelle würde ich nicht mehr mit ihm sprechen. Das hat keinen Zweck. **3**. Muß ich lange warten? - Es sind noch fünf Personen vor Ihnen dran. **4**. Die Feuerwehr kam sehr schnell und hat das Feuer gelöscht. **5**. Wenn das Licht jetzt ausgehen würde, würde ich die Treppe hinunterfallen.

Ergänzen Sie bitte:

1 - *Where is the light switch? - Just next to the door on the left.*

. . . . ? - Gleich neben der

Tür . . . . .

2 *Could you give me an appointment for Tuesday please?*

Könnten Sie mir bitte . . . . für Dienstag

geben?

3 *Which train do you want to take? You have to decide on one of the two!*

Welchen Zug . . . . nehmen? Sie müssen sich . . .

. . . . entscheiden!

4 *I would sit down and wait for him to come.*

. . . . und warten,

. . . er käme.

EXERCISE : 1. Unfortunately I cannot come tomorrow ; I have an appointment at the dentist's. – **2.** If I were you (in your place) I would not talk to him any more. It is of no use. – **3.** Do I have to wait for a long time? There are another five people before you. – **4.** The fire brigade came very quickly and extinguished the fire. – **5.** If the light went out now, I would fall down the stairs.

5 *Whose turn is it? - I think it is my turn.*

Wer ist . . . . ? - Ich glaube, ...

. . . .

6 *Don't go there! It is of no use.*

Geh nicht dorthin! . . . .

Fill in the blanks

1 Wo ist der Lichtschalter - links. **2** - einen Termin -. **3** - wollen Sie - für einen von beiden -. **4** Ich würde mich hinsetzen - bis -. **5** - an der Reihe - ich bin dran. **6** - Es hat keinen Zweck.

Second wave : Dreiunddreißigste Lektion

DREIUNDACHTZIGSTE (83.) LEKTION

Im Wartezimmer (Fortsetzung)

1 — Sieh mal, jetzt ist nur noch eine Person vor uns! Das ging ja schneller, als wir dachten.

2 — Na ja, wir sind auch schon über eine Stunde hier. Aber hör zu: **(1) (2)**

3 3. Frage: Was würden Sie machen, wenn Ihnen Ihr Friseur aus Versehen eine Glatze geschnitten hätte? **(3) (4)**

4 a) weinen b) eine Perücke verlangen c) ihn ohrfeigen d) Sonstiges. **(5) (6)**

5 — Ich würde ihn ohrfeigen und eine Perücke verlangen.

6 — Ich habe dir schon mal gesagt, du mußt dich entscheiden!

7 — Gut, wenn es so ist, dann würde ich nur weinen.

8 — 4. Frage: Was würden Sie machen, wenn Sie schon mehr als eine Stunde beim Arzt gewartet hätten,

83RD LESSON

In the waiting-room (continued)

1 — Look, there is only one person before us! It was quicker than we thought.
2 — Well, we have already been here for more than an hour. But listen :
3 3rd question : what would you do if the hairdresser [had] shaved your head by mistake?
4 a) cry b) ask for a wig c) slap him d) anything else.
5 — I would slap him and ask for a wig.
6 — I have already told you that you have to decide!
7 — Well in this case, I would only cry.
8 — 4th question : What would you do if you had already been waiting for more than an hour at the dentist's,

NOTES

(1) *Über eine Stunde :* "over an hour", is an expression meaning : *mehr/länger als eine Stunde :* more than an hour.

(2) *Hören :* to hear or to listen to ; *jemandem zuhören :* to listen to someone. *Ich habe heute morgen Radio gehört :* I have been listening to the radio this morning. But : *Hören Sie bitte zu, wenn ich spreche :* Please listen when I am talking! *Ich höre ihn singen :* I hear him singing.

(3) *Die Glatze :* the bald head ; *eine Glatze schneiden :* to shave a head (to cut a head bald). *Schneiden, schnitt, geschnitten :* to cut, cut, cut. Have a look at the irregular verbs in the grammar appendix at the end of the book.

(4) The *Konjunktiv* is also used after *wenn* (if), introducing a hypothesis the realization of which is impossible or uncertain : if he had cut his hair... *wenn er seine Haare geschnitten hätte.* (See lesson 84 paragraph 1).

(5) *Verlangen :* to ask, to demand, is stronger than *bitten : Ich verlange, daß Sie mir mein Geld zurückgeben :* I demand that you give me my money back.

(6) *Das Ohr, die Ohren :* the ear, ears ; *die Feige :* the fig ; **but :** *die Ohrfeige :* the slap ; *jemanden ohrfeigen :* to slap someone.

*****

9 und man würde Ihnen plötzlich sagen: „Kommen Sie bitte morgen wieder!"

10 — Entschuldigen Sie bitte, aber der Herr Doktor muß dringend einen Patienten besuchen. Könnten Sie bitte morgen wiederkommen? **(7)**

11 — Ich werde verrückt; das kann doch nicht wahr sein! Sag schnell, was sind die drei Möglichkeiten?

12 — a) nach Hause gehen b) Krach schlagen c) laut anfangen zu stöhnen. **(8)**

13 — Komm, ich hab's satt! Gehen wir! **(9)**

Aussprache
10 Pats'yennten. **12** ... KracH... shterhnen.

Übung

1. Sie kam schneller zurück als ich dachte. **2**. Wir warten schon über eineinhalb Stunden. **3**. Die Lehrer dürfen die Schüler nicht ohrfeigen. **4**. Einige tun es trotzdem. **5**. Was würdest du machen, wenn ich verrückt würde? **6**. Er muß dringend zum Zahnarzt. **7**. Das kann doch nicht wahr sein! Ich hab's wirklich satt!

*****

Ergänzen Sie bitte:

1 *What would you do if you neighbour was a saxophonist?*

. . . . , wenn Ihr Nachbar Saxophonist wäre?

2 *Where would you go if you hadn't got a house any more?*

. . . . , wenn Sie kein Haus mehr hätten?

9 and you were suddenly told: "Come again tomorrow please!"?
10 — Please excuse us but the doctor has to go and see a patient urgently. Could you come again tomorrow please?
11 — I am going mad ; that can't be true! Tell me quickly the three possibilities?
12 — a) go home b) kick up a fuss c) start groaning aloud.

NOTES

(7) *Der Patient, die Patientin :* the patient (m./f.) is a **weak noun** and therefore ends in *-en* in the accusative masculine : *Er besucht einen Patienten :* He goes to see a patient. Also : *Der Beamte, die Beamtin :* the civil servant (m./f.). *Ich frage einen Beamten :* I ask a public servant.

(8) *Der Krach :* the crash, noise, row. *Krach schlagen :* to protest vehemently, to kick up a fuss.

(9) *Ich habe es satt : Ich habe genug davon :* I am fed up. Literally *satt* means full, satisfied. *Ich bin satt.* I have eaten my fill.

EXERCISE : 1. She came back more quickly than I thought. – **2.** We have already been waiting for them for an hour and a half. – **3.** Teachers don't have the right to slap the pupils. – **4.** Nevertheless some do [it] – **5.** What would you do if you went mad? – **6.** He really must go to see the dentist. – **7.** That can't be true! I am really fed up!

3 *What would you think if I didn't come home for a week?*

. . . . , wenn ich eine Woche nicht

nach Hause käme?

4 *If he wasn't so stupid he would have understood more rapidly.*

. . . . er nicht so dumm . . . . , ... er

schneller verstanden.

5 *Excuse me please but I really must talk to Mr. Meier.*

. . . . bitte, aber ich muß

. . . . Herrn Meier sprechen.

6 *He asks me to make up my mind (decide) before tomorrow.*

. . . . , . . . ich mich bis morgen entscheide.

****

VIERUNDACHTZIGSTE (84.) LEKTION

Wiederholung und Erklärungen

1. In German, we use the *Konjunktiv II** in **conditional clauses**, in the subordinate (introduced by *wenn :* if), and in the main clause :

a) **Hypothesis :**
Wenn er größer wäre, könnte er die Tür öffnen :
If he were taller he could open the door.

Wenn ich mehr Geld hätte, würde ich nicht arbeiten :
If I had more money I would not work.

b) An **action** which has **not been realized in the past :**
Wenn wir das gewußt hätten, wären wir früher gekommen :
If we had known that we would have come earlier.

The *Konjunktiv II* of irregular verbs is formed with the *Imperfekt ;* you add **-e** to the end and if necessary the *Umlaut :*

Imperfekt	*Konjunktiv II*
ich kam (I came)	*ich käme* (I would come)
du kamst (you came)	*du käm(e)st* (you would come)
er kam (he came)	*er käme* (he would come)
wir kamen (we came)	*wir kämen* (we would come)
ihr kamt (you came)	*ihr käm(e)t* (you would come)
sie kamen (they came)	*sie kämen* (they would come)
Sie kamen (you came/formal)	*Sie kämen* (you would come)

7 *We have already been waiting for your answer for more than a week.*

Wir warten schon . . . . auf Ihre Antwort.

Fill in the blanks

1 Was würden Sie machen -. **2** Wohin würden Sie gehen -. **3** Was würdest du denken -. **4** Wenn - wäre - hätte -. **5** Entschuldigen Sie - dringend -. **6** Er verlangt, daß -. **7** - über eine Woche -.

Second wave : Vierunddreißigste Lektion

****

84TH LESSON

Also : *ich war* (I was) ➧ *ich wäre* (I would be), *du wär(e)st, er wäre, wir wären, ihr wär(e)t, sie/Sie wären*
Ich hatte (I had) ➧ *ich hätte* (I would have), *du hättest, er hätte, wir hätten, ihr hättet, sie/Sie hätten*
Ich konnte (I could) ➧ *ich könnte* (I could), *du könntest, er könnte, wir könnten, ihr könntet, sie/Sie könnten.*

The *Konjunktiv II* of the regular verbs is however **identical to** the *Imperfekt.*
To avoid ambiguity the *Konjunktiv II* is also formed with *würde +* **infinitive.**
Ich ***würde*** *das nicht* ***machen,*** *wenn ich an deiner Stelle wäre :* I would not do that if I were in your shoes (place).
Sie ***würden*** *das Haus* ***kaufen,*** *wenn sie Geld hätten :* They would buy the house if they had the money.

In spoken language this form is even used with **irregular verbs.** Only with *sein* and *haben* and the **auxiliary verbs** do we prefer the real *Konjunktiv : Wenn er mehr Zeit hätte, könnte er mehr lesen :* If he had more time he could read more.
Wenn du nicht so schreien würdest, würde ich dich besser verstehen : If you did not shout I would understand you better.

The *Konjunktiv II* is also used in sentences expressing a wish (we leave out *wenn* and add *doch* or *nur.) Würde ich doch nur schon fließend Deutsch sprechen (= Wenn ich doch nur schon fließend Deutsch sprechen würde) :* If only I could already speak German fluently!

2. Once again we are going to talk a little more about the **verbs and their prefixes.** Today, let's have a look at the different prefixes used with the verb *machen : Machen Sie bitte das Fenster auf! Nein, nicht "zu"! "Auf", bitte :* Open the window please! No, don't close it! Open it please!
Könnten Sie bitte das Licht anmachen? Nein, nicht ausmachen! Anmachen, bitte! Himmel, diese Ausländer verstehen immer alles falsch! : Could you turn on the light please? No, don't turn it off! Turn it on, please! Heavens, these foreigners always get (understand) everything wrong!

Look closely at the following verbs :
aufmachen (to open) = *zumachen* (to close)
anmachen (to turn on) = *ausmachen* (to turn off).

****

FÜNFUNDACHTZIGSTE (85.) LEKTION

Die Pessimistin und der Egoist (1)

1 — Ich kann's immer noch nicht glauben.

*****

3. Here are the names of the ten *Länder (Bundesländer)* that make up the Federal Republic of Germany. *Baden-Württemberg, Bayern* (Bavaria), *Bremen, Hamburg, Hessen, Niedersachsen, Nordrhein-Westfalen, Rheinland-Pfalz, Saarland, Schleswig-Holstein.*

If you want to know where they are situated, consult the map : *Bayern* (Bavaria) in in the South, *Schleswig-Holstein* in the North and the Ruhr area *(das Ruhrgebiet)* is situated in *Nordrhein-Westfalen...*

4. Another story :
Woran liegt es, daß Sie so müde sind? : Why are you so tired?
Es liegt an den langen Grammatikparagraphen : This is due to the long grammar lessons...
Remember this expression :
Woran liegt es...? : What is the reason for.../Why...?
Es liegt an... : The reason is/It is due to...
But : *Es liegt mir nichts daran :* It does not matter/It does not mean anything to me.

* As the *Konjunktiv I* is not very widely used in spoken language, we will introduce it later.

Second wave : Fünfunddreißigste Lektion (Wiederholung)

****

85TH LESSON

The pessimist and the egotist

1 — I still can't believe it.

NOTES

(1) A lot of nouns have a feminine form (in - *in) : der Egoist,* **but** *die Egoistin ; der Professor,* **but :** *die Professorin* (a *Professor* only teaches at university, otherwise we say *Lehrer* or *Lehrerin).*

2 Wir sitzen im Zug und die Türen werden geschlossen. (2)
3 Wir fahren also wirklich endlich nach Paris.
4 — Ja, siehst du! Du bist immer so pessimistisch! Hab' etwas mehr Vertrauen in mich und die Zukunft! (3)
5 — Du bist gut! Vergiß bitte nicht, daß mir diese Reise vor zwanzig Jahren zum ersten Mal versprochen wurde. (4)
6 — Ja, und wie immer habe ich Wort gehalten!
7 — Oh, laß uns bitte nicht darüber diskutieren! Hauptsache: Wir rollen.
8 Wie lange haben wir Aufenthalt in Köln? (5)
9 — Fast eine Stunde. Wir können unser Gepäck in einem Schließfach lassen und den Dom besichtigen, der gleich neben dem Bahnhof steht. (6)

*****

2 We are sitting in the train and the doors are [being] closed.
3 We really are going to Paris after all.
4 — Yes, you see! You are always so pessimistic! Have a little bit more confidence in me and the future!
5 — You must be joking! Don't forget that I was promised this trip for the first time twenty years ago.
6 — Yes, and as usual I kept my word!
7 — Oh, please don't let us argue about that! All that matters is that : we are leaving (rolling).
8 How long do we stop at Cologne?
9 — Nearly an hour. We can leave our luggage in a locker and visit the cathedral (m) which is just next to the station.

NOTES

(2) You already know that *werden :* to become, is also used for the *Konjunktiv II* and the **future** (see lesson 42). In this lesson *werden* is used to form the **passive voice :** *Das Kind* ***wird*** *von der Mutter* ***angezogen :*** The child is (being) dressed by the mother. Or : *Die Mutter zieht das Kind an :* The mother dresses the child.

(3) We can say : *ich habe Vertrauen in dich :* I have confidence in you, or *ich (ver)traue dir :* I trust you. The opposite is : *Ich mißtraue dir. Miß-* is a prefix expressing the **negative opposite** of a verb, an adjective or a noun : *verstehen :* to understand ➧ *mißverstehen :* to misunderstand ; *das Verständnis :* the understanding ➧ *das Mißverständnis :* the misunderstanding ; *billigend :* approving ➧ *mißbilligend :* disapproving.

(4) *Es wurde mir versprochen :* I was promised. You noticed that we form the **passive** with ***werden*** + **the past participle** (in English : be + past participle) : *Es wurde Ihnen nichts vorgeschwindelt :* You were not told lies.

(5) *Der Aufenthalt :* the stay, the residence, the delay ; *die Aufenthaltsgenehmigung :* the residence permit.

(6) *Das Schließfach :* the automatic luggage locker ; *Die Gepäckaufbewahrung :* the left luggage office *(aufbewahren :* to deposit for safe keeping ; to keep).

10 — Au ja! Ich habe neulich gelesen, daß man sich beeilen muß, wenn man ihn noch sehen will.

11 Es scheint, daß er langsam aber sicher von dem Schwefeldioxyd in der Luft zerstört wird. (7)

12 — Na, ja, bis zum Ende des Jahrhunderts wird er ja wohl noch halten, oder? Du und deine Grünen!

13 — Egoist! Denkst du eigentlich nie an deine Kinder?

Aussprache
11 ... Shvayfeldi'oxüt.

Übung

1. Sie kann es immer noch nicht glauben, daß sie endlich wirklich nach Paris fahren. **2.** Die Tür wird von dem Schaffner geschlossen. **3.** Der Dom wird von vielen Leuten besichtigt. **4.** Das wurde mir schon oft versprochen. Ich glaube nicht mehr daran. **5.** Er hat gelesen, daß man sich beeilen muß, wenn man noch Eintrittskarten für das Konzert kaufen will.

Ergänzen Sie bitte:

1 *The doors close automatically.*

Die Türen . . . . . . automatisch . . . .

2 *She was promised this journey 10 years ago.*

Diese Reise . . . . . ihr vor zehn Jahren

. . . .

3 *We stop in Frankfurt for half an hour.*

Wir haben eine halbe Stunde . . . . in Frankfurt.

10 — Oh, yes! I recently read that you have to hurry if you still want to see it.
11 It seems that it is slowly but surely being destroyed by the sulphur dioxide [contained] in the air.
12 — Pooh, it'll doubtless last until the end of the century (n), won't it? You and your [ecologists] Greens!
13 — How selfish you are (egotist)! Do you really never think of your children?

NOTES
(7) Pay attention to the passive: *Der Dom wird vom Schwefeldioxyd zerstört = Das Schwefeldioxyd zerstört den Dom :* The sulphur dioxide destroys the cathedral.

EXERCISE : 1. They still can't believe that they are really going to Paris after all. – **2.** The door is closed by the conductor. – **3.** The cathedral is visited by a lot of people. – **4.** This has already been promised to me so often. I don't believe in it any more. – **5.** He read that you must hurry if you still want to buy tickets for the concert.

4 *We leave our suitcases in a locker.*

Wir lassen unsere Koffer in . . . . .

. . . .

5 *He never thinks of his children.*

Er denkt . . . . seine Kinder.

6 *Why don't you have confidence in me?*

Warum haben Sie kein . . . . ?

Fill in the blanks

1 - werden - geschlossen. **2** - wurde - versprochen. **3** - Aufenthalt -. **4** - einem Schließfach. **5** - niemals an -. **6** - Vertrauen in mich.

Second wave : Sechsunddreißigste Lektion

SECHSUNDACHTZIGSTE (86.) LEKTION

Eigentum muß geschützt werden (1)

1 — Weißt du eigentlich, daß deine Enkelkinder wahrscheinlich keinen Wald mehr sehen werden?

2 — Sieh doch nicht immer alles so schwarz!

3 — Wenn die Luftverschmutzung so weitergeht wie bisher, stirbt der Wald in den kommenden zehn bis fünfzehn Jahren. (2)

4 Vor einem Jahr hat man acht Prozent kranke Bäume registriert,

5 und heute wurde festgestellt, daß schon ein Viertel des Waldes ruiniert ist. (3) (4)

6 — Dann müssen eben neue Märchen geschrieben werden. Feen und Hexen können auch im Industriegebiet leben!

7 — Du bist wirklich unverbesserlich! (5)

8 — Nein, aber ich habe die Nase voll von diesem Gerede.

9 Alle Welt spricht vom Waldsterben und niemand denkt an die Leute, (6)

10 die fünfzig Stunden oder mehr pro Woche arbeiten und sowieso keinen Wald sehen.

86TH LESSON

Property must be protected

1 — By the way, do you know that your grandchildren will probably see no more woods?
2 — Don't always look on (see) the dark side of things!
3 — If pollution goes on [spreading] like this (as up to now) the woods will be dying within the next ten to fifteen years.
4 One year ago it was discovered that 8 % of the trees [were] sick,
5 and today they discovered that already one quarter of the woods is destroyed (ruined).
6 — Then new fairy-tales have to be written. Fairies and witches can live in industrial areas too!
7 — You really are incorrigible!
8 — No, but I am fed up (have the nose full) with all this babble.
9 Everybody talks of the death of the woods and nobody thinks of the people
10 who work 50 hours or more a week and don't see any woods anyway.

NOTES

(1) Most nouns ending in *-tum* are **neuter**. The infinitive of the passive voice : *geschützt werden :* to be protected.
(2) *Die Umweltverschmutzung :* the pollution ; *schmutzig :* dirty. *Sterben, starb, gestorben :* to die, died, died.
(3) *Feststellen :* to discover, to state.
(4) Verbs ending in *-ieren* don't take the prefix *ge-* in the past participle : *ruinieren :* to ruin ; *ruiniert :* ruined.
(5) *Verbessern :* to correct, to improve ; *die Verbesserung :* the correction, improvement. We also say : *korrigieren* and *die Korrektur.*
(6) *Alle Welt :* all the world, i.e. everybody.

11 — Mm, und wie steht's mit deinem Hobby, Fischen? (7)

12 Was würdest du sagen, wenn es eines Tages, oder sagen wir besser, in absehbarer Zeit, keine Fische mehr in deinem Baggersee gäbe? (8)

13 — Komm, jetzt mal aber nicht den Teufel an die Wand! An meinen Baggersee lasse ich niemanden ran! (9)

14 Ach, das habe ich dir übrigens noch gar nicht erzählt: Gestern mußte ich da wieder fünf Nacktbader wegjagen! (10)

Übung

1. Wenn es so weitergeht wie bisher, werden in den nächsten zwanzig Jahren alle Bäume sterben. **2.** Die Flüsse und Seen sind so verschmutzt, daß die Fische nicht mehr leben können. **3.** Es gibt immer mehr Leute, die gegen die Umweltverschmutzung kämpfen. **4.** Die gute Waldfee weiß bald nicht mehr, wo sie wohnen soll. **5.** Es wurde festgestellt, daß das Schwefeldioxyd unbestreitbar schädlich ist.

Ergänzen Sie bitte:

1 *He always look on [the] dark [side of things] whereas she is always optimistic.*

Er sieht immer . . . . , während sie immer

. . . . ist.

2 *One year ago unemployment stood at 8 % (One year ago 8 % of the unemployed were registered).*

. . . . wurden acht . . . .

Arbeitslose registriert.

11 — Mm, and what about your hobby, fishing?
12 What would you say if one day, or let's say (rather) in the near future, there were no more fish in your artificial lake?
13 — Come on, don't take such a dim view of things (don't paint the devil on the wall) ; I won't let anybody [come] near my lake!
14 By the way, I haven't told you yet : yesterday I had to chase away five nudists again!

NOTES

(7) Remember the following expression : *Wie steht's mit... :* What about... ; *Wie steht's mit deinen Geschäften? :* How is business?

(8) *Der Bagger :* the excavator. In Germany there are a lot of *"Baggerseen",* generally artificial private lakes used for fishing or swimming.

(9) *Er läßt niemanden an seinen Fernsehapparat ran :* He won't let anybody come near his TV set.

(10) *Nackt :* naked ; *baden :* to bathe ; you can also say : *die Nudisten.*

EXERCISE : 1. If it goes on as in the past (up to now) all the trees will die within the next twenty years. – **2.** Rivers and lakes are so polluted that the fish cannot live any longer. – **3.** There are more and more people who fight against pollution. – **4.** The good fairy of the woods soon won't know any longer where to live (where she is to live). – **5.** It was discovered that sulphur dioxide is incontestably noxious.

*****

3 *What would you say if there were no more fish ever?*

. . . . , wenn es keine Fische

mehr . . . . ?

4 *I have never liked eating fish anyway.*

Ich habe Fische . . . . nie . . . . gegessen.

5 *Everyone (all the world) is talking about the atomic bomb and nobody thinks about me and my fear of spiders.*

. . . . spricht . . . der Atombombe und

. . . . denkt mehr . . mich und meine Angst

. . . Spinnen.

****

SIEBENUNDACHTZIGSTE (87.) LEKTION

Der Spaßvogel (1)

1 — Hallo Oskar! Wie schön, daß du doch noch gekommen bist!

2 Wir hatten schon beinahe die Hoffnung aufgegeben... Gott sei Dank! Der Abend ist gerettet!

3 — Was für eine herzliche Begrüßung! Womit habe ich denn das verdient? (2)

4 — Komm, sei nicht so bescheiden! Du weißt gut, daß wir uns ohne dich zu Tode langweilen! (3)

*****

6 *Don't take such a dim view of things (don't paint the devil on the wall)! Life is already hard enough.*

Mal nicht . . . . an die . . . . ! . . . . ist so schon schwer . . . . .

Fill in the blanks

1 - alles schwarz - optimistisch -. **2** Vor einem Jahr - Prozent -. **3** Was würden Sie sagen - gäbe. **4** - sowieso - gern -. **5** Alle Welt - von - niemand - an - vor -. **6** - den Teufel - Wand - Das Leben - genug.

Second wave : Siebenunddreißigste Lektion

****

87TH LESSON

The jester

1 — Hello Oscar! How nice of you to have come (that you have come) after all.

2 We had almost given up hope. Thank God! The evening is saved!

3 — What a hearty welcome! What have I done to deserve that (with what did I deserve that)?

4 — Come on! Don't be so modest! You know very well that we are bored to death without you!

NOTES

(1) *Der Spaßvogel :* lit. : "the bird of fun" ; someone who amuses the others.

(2) We already know that *verdienen* means : to earn money : *Er verdient 2,000 Mark pro Monat :* He earns 2,000 Marks a month. **But** *verdienen* also means : to deserve. *Er hat das nicht verdient :* He hasn't deserved it.

(3) *Sich langweilen :* to be bored ; *lang* cannot be separated : *ich habe mich gelangweilt :* I was bored.

5 — Ah ja? Das ist das erste, was ich höre! Ich wußte bis heute nicht, daß meine Anwesenheit so geschätzt wird. (4)

6 Gerade gestern hat man mir noch das Gegenteil zu verstehen gegeben.

7 Man hat mich höflich aber bestimmt gebeten, den Sitzungssaal zu verlassen. (5)

8 — Warum das denn? Was hast du denn da wieder angestellt? (6)

9 — Nichts, ich schwöre es euch! Ich bin nur etwas eingenickt und hatte anscheinend einen fürchterlichen Alptraum, an den ich mich nur noch sehr schwach erinnere, Gott sei Dank, denn er war wirklich entsetzlich. (7)

10 Ich fand mich eingeschlossen in einem Saal ohne Fenster mit vielen anderen Personen, deren Gesichter ich nicht erkennen konnte wegen des dichten Rauchs, der im Saal verbreitet war. (8)

11 Und plötzlich bekam ich keine Luft mehr, und da sah ich in der Ferne meine Mutter, die mir winkte und mir zurief:

12 „Komm, wir gehen ans Meer! Es ist gerade Ebbe, und wir werden Krebse suchen!"

13 Und ganz zufrieden bin ich richtig eingeschlafen und... fing an zu schnarchen...

5 — Ah, do you? That's the first [time] I have heard that! Until today I didn't know that my presence was so appreciated!
6 Only yesterday I was given to (made) understand the contrary.
7 I was asked in a polite but firm way to leave the conference room.
8 — Why (that)? What have you been up to again?
9 — Nothing, I swear it! I was only dozing a little and apparently I had an awful nightmare which I only remember very faintly, thank God, for it really was horrible.
10 I found myself locked up in a room (hall) without windows with a lot of other persons whose faces I could not make out because of the thick smoke (which was spread over) in the room.
11 And suddenly I couldn't breathe any more (I got no more air) and there I saw my mother waving at me and shouting in the distance :
12 "Come on, we will go down to the sea! The tide is out and we will look for crabs!"
13 And, completely happy, I really fell asleep and... started snoring.

NOTES

(4) *Schätzen :* to appreciate, to esteem. You already know : *der Schatz :* the treasure, or *mein Schatz :* my darling.

(5) *Gebeten :* is the past participle of *bitten :* to ask (see lesson 73).

(6) *anstellen,* has several meanings ; in this text it is used in an idiomatic expression : *etwas anstellen :* to do something (silly). Otherwise *anstellen* means a) to employ, to engage : *Sie ist bei einer Bank angestellt :* She is employed with a bank. b) to turn on : *Stell bitte das Radio an! :* Please turn the radio on!

(7) *Einnicken :* to doze off, is a familiar expression ; *nicken :* to nod.

(8) *Wegen +* **genitive :** because of... *Wegen des Alptraums bin ich aufgewacht :* I woke up because of the nightmare.

Übung

1. Sein Humor und seine Freundlichkeit werden von allen sehr geschätzt. 2. Sie hat schon fast die Hoffnung aufgegeben, ihn jemals wiederzusehen. 3. Er wurde sehr herzlich begrüßt, aber er wußte nicht, womit er das verdient hatte. 4. Man hat ihm höflich zu verstehen gegeben, daß seine Anwesenheit nicht erwünscht war. 5. Ich sah in meinem Traum in der Ferne eine Person, deren Gesicht ich nicht erkennen konnte. 6. Sie haben ihn gebeten, den Sitzungssaal zu verlassen, weil er so entsetzlich schnarchte.

Ergänzen Sie bitte:

1 *Are you a joker or are you always serious?*

Sind Sie . . . . oder sind Sie . . . . .

. . . . . ?

2 *Were you very bored last night?*

. . . . . Sie sich gestern abend . . . .

. . . . ?

3 *Have you ever fallen asleep during a conference?*

. . . . schon einmal bei einer Sitzung

. . . . ?

****

ACHTUNDACHTZIGSTE (88.) LEKTION

Verschiedenes

1 Sichtlich schockiert erschien auf dem Polizeirevier in Friedrichshafen am Bodensee ein Urlauber (1)

EXERCISE : His humour and friendliness are appreciated by everybody. – **2.** She has already given up hope of seeing him again. – **3.** He was welcomed very heartily but he didn't know what he had done to deserve that. – **4.** He was made to understand in a polite way that his presence was not desired. – **5.** In my dream I saw a person in the distance whose face I could not make out. – **6.** They asked him to leave the conference room because he was snoring so horribly.

4 *Have you already been asked to leave the room?*

. . . man . . . schon einmal . . . . , den Saal

. . . . ?

5 *Can you swear that you didn't do anything silly?*

. . . . . . Sie . . . . , daß Sie nichts

. . . . ?

6 *Do you remember your nightmares or do you forget them immediately?*

. . . . an ihre Alpträume oder

. . . . sie sofort?

Fill in the blanks

1 - ein Spaßvogel - immer ernst. **2** Haben - sehr gelangweilt. **3** Sind Sie - eingeschlafen. **4** Hat - Sie - gebeten - zu verlassen. **5** Können - schwören - angestellt haben. **6** Erinnern Sie sich - vergessen Sie -.

Second wave : Achtunddreißigste Lektion

****

88TH LESSON

Miscellaneous

1 A holiday-maker appeared, visibly shocked, at the police station in Friedrichshafen on the Lake of Constance.

NOTES

(1) *Der Bodensee :* The Lake of Constance. *Der Urlaub :* holidays, *Urlaub* is used with the working population. In the case of students we say *Ferien. Der Urlauber :* holiday-maker ; tourist.

2 und präsentierte den Beamten ein Brot, in dem er beim Frühstück einen Finger gefunden hatte. (2)

3 Die Polizei ermittelte, daß das Brot in einer Großbäckerei in Hechingen hergestellt worden war. (3)

4 Dort hatte Tage zuvor ein Bäcker bei einem Unfall einen Finger verloren,

5 der aber trotz intensiver Suche nicht wiedergefunden werden konnte. (4)

6 Auf ihrer Hochzeitsreise hat eine dreiundzwanzig Jahre alte Amerikanerin in Las Vegas mit drei Dollar Einsatz die Rekordsumme von 1 065 358 Dollar gewonnen. (5) (6)

7 Dies ist der höchste Gewinn, der jemals im Glücksspielerparadies Nevada aus einem Spielautomaten geholt wurde. (7)

8 Die junge Frau hatte eigentlich schon auf ihr Hotelzimmer zurückgehen wollen, (8)

Aussprache
6 ... i-ne millyohn fünnf-oont-zeçhtsiçh-towzennt-dry-hoondert-acHt-oont-fünftsiçh... 7 ... Glükks'shpeelerparadeess.

2 and showed (presented) the policemen (officials) a [loaf of] bread in which he had found a finger at breakfast.
3 The police found out that the bread had been made in an industrial bakery in Hechingen.
4 A baker had lost a finger in an accident the day before
5 which could not be found despite intense search.

6 On her honeymoon a 23-year-old American won with a 3-dollar stake the unequalled amount of 1,065,358 dollars in Las Vegas.
7 This is the highest win ever made with a slot-machine in the gambling paradise of Nevada.
8 Actually the young woman had intended to go back to her hotel room,

NOTES

(2) *Präsentieren,* means to show, to display. Thus, you mustn't say : *Ich präsentiere Ihnen meine Frau,* **but :** *Ich stelle Ihnen meine Frau vor :* Let me introduce my wife. You can say, however : *Die Rechnung wird Ihnen bald präsentiert werden :* You will have the bill soon (the bill will be presented to you soon).

(3) The *Perfekt* and *Plusquamperfekt* of the passive voice : *Das Brot* ***ist*** *in Bonn hergestellt* ***worden :*** The bread was (has been) made in Bonn. And : *Das Brot* ***war*** *in Bonn hergestellt* ***worden :*** The bread had been made in Bonn. The prefix *ge-* is not added to the past participle of *werden* when it is used for the passive voice, in this case worden is always placed at the end of the sentence : *Er ist von der Polizei verhaftet worden :* He was arrested by the police. (See lesson 91, paragraph 1).

(4) *Trotz :* despite (preposition) followed by the **genitive :** *Trotz des schlechten Wetters pflanzt er Radieschen :* He plants radishes despite the bad weather.

(5) *Die Hochzeit :* the wedding.

(6) Notice that there is no plural ending with the words *Mark, Dollar, etc...*

(7) *Ein Spieler :* a player ; *ein Glücksspieler :* a gambler.

(8) ***Auf*** *sein Zimmer gehen :* to go, withdraw to one's room, but : *ich gehe* ***in*** *mein Zimmer :* I go into my room.

9 ließ sich dann **a**ber von Fr**eu**nden überr**e**den, noch ein l**e**tztes Spiel zu vers**u**chen. **(9)**

Übung

1. Konstanz ist eine alte Stadt am Bodensee, die heute ungefähr 70 000 Einwohner hat. **2.** Warme und kalte Getränke können aus dem Automaten geholt werden. **3.** Mein Vater war über meinen neuen Minirock sichtlich schockiert. Meinem Großvater gefiel er aber sehr gut. **4.** Ein etwa fünfundfünfzig Jahre alter Mann wurde tot auf einer Parkbank gefunden. **5.** Die Polizei ermittelte, daß er keinen festen Wohnsitz hatte. **6.** Die höchste Summe, die ich jemals im Lotto gewonnen habe, war zwölf Mark sechzig.

Beantworten Sie bitte die folgenden Fragen nach dem Text :
(Answer the following questions basing your answers on the text please).

1 *Where did the young holiday-maker appear visibly shocked?*

Wo erschien der junge Urlauber sichtlich schockiert?

. . . . Friedrichshafen.

2 *Why was he shocked?*

Warum war er schockiert?

Weil er in seinem Brot . . . .

. . . . .

3 *Where was the bread made?*

Wo ist das Brot hergestellt worden?

Es . . . in . . . . in

Hechingen . . . .

9 but finally she let herself be persuaded to have a last try (to try a last play).

NOTES

(9) *Jemanden überreden* : to persuade someone : *Er hat mich überredet, mit ins Kino zu gehen :* He persuaded me to go to the cinema with [him] ;*über-* cannot be separated from *reden!*

EXERCISE : 1. Konstanz is an old town on the Bodensee which has about 70,000 inhabitants today. – **2.** Hot and cold drinks can be obtained from the drink dispenser. – **3.** My father was visibly shocked by my mini-skirt but my grandfather liked it very much. – **4.** A man about 55 years old was found dead on a park bench. – **5.** The police found out that he had no fixed abode. – **6.** The highest amount I have ever won in the lotto was 12 Marks 60.

4 *How old is the American?*

Wie alt ist die Amerikanerin?

Sie . . . 23 . . . .

5 *Why was she in Las Vegas?*

Warum war sie in Las Vegas?

Sie . . . auf ihrer . . . .

Answer

1 Auf dem Polizeirevier in -. **2** - einen Finger gefunden hatte. **3** - ist - einer Großbäckerei - hergestellt worden. **4** - ist - Jahre alt. **5** - war - Hochzeitsreise.

Second wave : Neununddreißigste Lektion

NEUNUNDACHTZIGSTE (89.) LEKTION

Ein gemütliches Abendessen (1)

1 — Mahlzeit! Ihr habt schon angefangen? (2)
2 — Na, klar! Wer nicht kommt zur rechten Zeit, der muß nehmen, was übrigbleibt. (3)
3 — Mensch, sei still! Es ist ja schließlich nicht meine Schuld, wenn ich 'nen Platten habe. (4)
4 Typisch! Du hast natürlich den ganzen Schinken schon aufgegessen! (5)
5 — Kommt, hört auf, euch zu streiten! Es ist noch welcher in der Küche.
6 — Oh, das ist gemein! Du hast mir gesagt, das wäre die letzte Scheibe.
7 — Die letzte für dich! Das ist etwas anderes. Du hast deinen Teil gehabt.
8 — Du legst für ihn immer die besten Stücke zurück! (6)
9 Erst kommt er zu spät und dann wird er auch noch verwöhnt.
10 — Tue nicht so, als ob du verhungern würdest! (7) (8)
11 Wenn ich richtig gezählt habe, hast du mindestens drei Schinkenbrote, einen Rollmops und zwei saure Gurken gegessen. (9)

89TH LESSON

A pleasant dinner (n)

1 — Have a nice meal! You have already started [eating]?
2 — Of course! He who does not come on time must eat the remainders.
3 — Oh, be quiet! It isn't my fault if I have a flat tyre, is it?
4 That's typically you! Of course you have already finished the ham!
5 — Come on, stop quarrelling! There is still some left in the kitchen.
6 — Oh, that isn't nice of you! You told me that it was the last slice.
7 — The last one for you! That is different (something else). You have had your share.
8 — You always put aside the best parts for him!
9 He not only (first) comes late but what is more (and then) he is (even) spoilt.
10 — Don't pretend to be starving! (Don't do as if)
11 If I counted right you ate at least three ham sandwiches, one pickled herring and two pickled cucumbers.

NOTES

(1) *Gemütlich :* comfortable, cosy, pleasant, e.g. : Sitting at the fireside is *gemütlich.* It is said that *gemütlich* is a very German state of mind ; it describes a cosy atmosphere or a friendly, very sociable person.

(2) *Mahlzeit* (f) : meal. Before we start eating we wish each other *"Guten Appetit"* or *"Mahlzeit"* the short form of *"gesegnete Mahlzeit" (gesegnet :* blessed), which means : Have a nice meal, enjoy your meal.

(3) *Übrig :* remaining, left over ; *übrigbleiben :* to remain. *Ist noch was von dem Schinken übrig? :* Is there some ham left?

(4) *Einen Platten haben :* to have a flat tyre. *Der Reifen :* the tyre.

(5) *Aufessen :* to eat up, to finish. *Iß dein Butterbrot :* Eat your bread and butter. **But :** *Iß dein Butterbrot auf :* Finish your bread and butter.

(6) *Zurücklegen :* to put aside, to hold in reserve.

(7) *So tun als ob :* to pretend (to do as if). The conjunction *als ob* requires the *Konjunktiv* because it introduces a supposition : *Er tut so, als ob er uns nicht kennen würde :* He pretends not to know us. (See lesson 91, paragraph 2).

(8) *Verhungern :* to starve (to death) ; *hungern :* to suffer hunger, to fast. Pay attention to the prefixes : they often change the sense of a word.

(9) *Sauer :* sour, acid - the opposite is *süß :* sweet.

12 — Mach doch mal das Fernsehen an! Es ist fünf vor acht. **(10)**

13 Die Tagesschau beginnt gleich! **(11)**

Übung

1. Das Restaurant, das wir gestern in der Altstadt entdeckt haben, ist sehr gemütlich und gar nicht teuer. **2.** Haben Sie noch was von dem guten Braten übrig? **3.** Ja, ich habe Ihnen etwas davon zurückgelegt. **4.** Sie tut so, als ob sie davon nichts wüßte. **5.** Machen Sie doch bitte mal das Licht aus! Vielleicht bleiben dann die Mücken draußen. **6.** Erst sagt er, er hätte keinen Hunger, und dann ißt er den ganzen Kuchen auf.

Ergänzen Sie bitte:

1 *They pretend to have no money.*

. . . . , ... sie kein Geld hätten.

2 *If we are not mistaken (saw well), he smoked at least two packets of cigarettes.*

. . . . wir richtig . . . . , hat er

. . . . zwei Päckchen Zigaretten geraucht.

3 *My sister's child is very spoilt.*

Das Kind . . . . ist sehr . . . .

4 *A lot of children don't eat up their spinach.*

Viele Kinder . . . . . ihren Spinat nicht . . .

12 — [Won't] you turn the TV on, [please]! It is five to eight.
13 The news is about to start.

NOTES

(10) Notice that : *Mach doch mal...* is a suggestion rather than an imperative ; this is reinforced by *"mal"*.

(11) *Die Tagesschau* is the news on the first channel, otherwise we say *die Nachrichten* : the news. In Germany we have three main channels and some lesser ones varying from one region to another.

EXERCISE : 1. The restaurant we discovered yesterday in the old part of the town is very pleasant and calm, and not expensive at all. – **2.** Is there some roast meat left? – **3.** Yes, I put some of it aside. – **4.** She pretends not to know anything about it. – **5.** [Won't] you turn the light off! Maybe the flies will stay out then. – **6.** First he said that he wasn't hungry and then he ate up all the cake.

5 *Don't give anything to the man! He has had his share.*

. . . . dem Mann nichts . . . . ! Er hat . . . . . .

. . . . gehabt.

6 *Oh, now I understand! That is completely different.*

Ah, jetzt . . . . ! Das ist etwas ganz

. . . . !

Fill in the blanks

1 Sie tun so, als ob -. **2** Wenn - gesehen haben - mindestens -. **3** - meiner Schwester - verwöhnt. **4** - essen - auf. **5** Geben Sie - mehr - seinen Teil -. **6** - verstehe ich - anderes.

Second wave : Vierzigste Lektion

NEUNZIGSTE (90.) LEKTION

Der Krimi am Freitagabend

1 — Also das hätte ich nun ja wirklich nicht vermutet!

2 Ich habe die ganze Zeit die alte Hausangestellte verdächtigt. (1)

3 — Nein, die konnte es nicht gewesen sein, weil sie keinen Schlüssel hatte.

4 — Den hätte sie sich doch besorgen können! Nichts leichter als das! (2)

5 — Ja, aber sie hat's nun mal nicht getan, und außerdem hatte sie kein Motiv.

6 — Doch, klar! Dasselbe wie alle anderen: das Geld!

7 — Das hätte sie doch nicht gekriegt. Da hätte sie sich etwas anderes einfallen lassen müssen. (3)

8 — Na ja, das ist jetzt ja auch egal. Wir kennen ja den wahren Schuldigen. (4)

9 — Ich bin noch ganz zittrig! Ich dachte, ich würde einen Herzschlag kriegen, als die Hand plötzlich hinter dem Vorhang hervorkam...| (5)

DER KRIMI AM FREITAGABEND

90TH LESSON

Friday night's thriller (on Friday evening)

1 — I'd never have thought of that!
2 I have suspected the house-maid all along (the whole time).
3 — No, she couldn't have done (been) it, because she didn't have a key.
4 — But she could have got it! Nothing easier than that!
5 — Yes, but she didn't do it, she doesn't have any motive (n).
6 — Of course she has! The same as everybody else : money!
7 — She wouldn't have got it. She should have thought of something else.
8 — Well, it doesn't matter now. We know the true culprit.
9 — I am still trembling all over! I thought I'd suffer a heart attack when the hand suddenly emerged [from] behind the curtain.

NOTES

(1) *Der Angestellte :* the employee ; **but :** *ein Angestellter :* an employee, ends in *-r* as if it were an adjective, because it is a **weak noun** (see lesson 83 paragraph 7 and the declension of weak nouns in the grammar appendix).

(2) Do you remember the "double infinitive"? *Er hätte sich den Schlüssel besorgen können :* He could have got the key (see lesson 56). *Besorgen :* to procure ; to look after ; *Besorgungen machen :* to go shopping.

(3) *Der Einfall :* the idea. *Es fällt mir etwas ein :* something comes to my mind. *Ich lasse mir etwas einfallen :* I'll think of something (find a solution).

(4) *Schuldig :* guilty ; *unschuldig :* innocent, not guilty.

(5) *Zittern :* to tremble ; *zitterig* or *zittrig :* trembly, shaky.

*****

10 — Ja, mir ging's auch so! Sieh doch mal nach, was im ersten Programm kommt. (6)

11 Ich brauche noch etwas zum Entspannen, bevor ich ins Bett gehe.

Übung

1. Der wahre Schuldige ist also der Chauffeur. Hättest du das vermutet? **2.** Ja, ich habe ihn von Anfang an verdächtigt. **3.** Du brauchst eine neue Sekretärin? Nichts leichter als das! Die kann ich dir besorgen. Meine Freundin sucht gerade eine Stelle. **4.** Sie dürfen ihn nicht so erschrecken. Er hätte einen Herzschlag bekommen können! **5.** Als die Sonne hinter den Wolken vorkam, wurde es sehr warm.

Ergänzen Sie bitte:

1 *He was suspected although he had no motive.*

Man . . . ihn . . . . , obwohl er . . . .

. . . . . hatte.

2 *On Thursday night they're showing "The Blue Angel" on the second channel.*

Am . . . . kommt . . . .

. . . . "Der blaue Engel".

3 *I have already told you I didn't do it.*

Ich . . . . schon, ich . . . . es nicht

. . . . .

4 *My father is an employee of an electrical company.*

Mein Vater ist . . . . einer Elektrofirma.

10 — Yes, I felt the same way! Won't you go and see what's on the first channel?
11 I need something to relax before going to bed.

NOTES
(6) We say : *was kommt im ersten/zweiten/dritten Programm?* or simply : *was kommt im ersten/zweiten* : What's on the first/second/third channel?

EXERCISE : 1. The driver is the true culprit. Would you have thought that? – **2.** Yes, I suspected him from the beginning. – **3.** You need a new secretary? Nothing easier than that! I can get you one. My girl-friend is looking for a job. – **4.** You mustn't frighten him so! He could have had (suffered) a heart attack. – **5.** When the sun rose [from] behind the clouds, it became very warm.

5 *He needs another drink (something else to drink) before going to bed.*

. . . . noch etwas . . . . , ...

er . . . . geht.

6 *What can we do? Can't you think of anything?*

Was . . . . . . wir denn . . . ? . . . . . dir

nichts . . . ?

Fill in the blanks

1 - hat - verdächtigt - kein Motiv -. **2** - Donnerstagabend - im zweiten Programm -. **3** - sagte Ihnen - habe - getan. **4** - Angestellter -. **5** Er braucht - zum Trinken, bevor - ins Bett -. **6** - können - tun - Fällt - ein.

Second wave : Einundvierzigste Lektion

EINUNDNEUNZIGSTE (91.) LEKTION

Wiederholung und Erklärungen

1. Das Passiv :
The passive voice expresses an **action in progress.** It is formed with *werden* +**the past participle** of the verb :
*Ich **werde vom** Arzt **untersucht :***
I am (being) examined by the doctor.
Von + **dat.** introduces the "doer" of the action (person or animal) : *vom/von dem Arzt.*

Das Kind wird von dem Hund gebissen :
The child is bitten by the dog.

Die Pakete werden von dem Briefträger gebracht :
The parcels are brought by the postman.

*Sie wird **durch** das Schreien ihres Kindes geweckt :*
The crying of her baby wakes her up (she is woken up by the...).
Durch + **acc.** is used when the doer is a **thing ;** nowadays we say *von* in spoken language, even in the case of things.

Das Haus wird verkauft :
The house is (being) sold.

Hier wird nicht geraucht :
No smoking here.

In the grammar appendix you will find the complete conjugations of the different tenses.

91TH LESSON

Imperfekt :
*Ich **wurde** von einer Mücke gestochen :*
I was bitten by a gnat.

*Es **wurde** viel darüber gesprochen :*
It was much talked about.

Perfekt and Plusquamperfekt :
*Er ist gestern **entlassen worden*** :
He was dismissed yesterday.

*Er **war** schon lange **erwartet worden :***
He had been expected for a long time.

Notice that the participle *worden* is put at the end of the sentence and that it has no prefix.

Futur :
*Er **wird erwartet werden :***
He will be expected.

b) Pay attention to the following sentences. They express a **state** and not an **action**. They are formed with *sein* + **past participle** (= in English).
Das Haus ist verkauft : The house is sold.
Der Arm ist gebrochen : The arm is broken.
Die Kirche war zerstört, aber sie ist wieder aufgebaut worden : The church was destroyed but it has been rebuilt.
*Das Haus **ist** verkauft :* The house is sold.
*Das Haus **wird** von meinem Bruder verkauft :* The house is (being) sold by my brother.

2. The conjunction *als ob* : as if, requires the *Konjunktiv* : *Er tut so, als ob er der König von Frankreich wäre* :
He acts as if he was king of France.
Sie fährt, als ob es um Leben und Tod ginge : She is driving as if it was a matter of life and death.
Du ißt, als ob du den ganzen Tag nichts gegessen hättest :
You are eating as if you hadn't eaten anything today.
When we leave out *ob*, the meaning is still the same, but the position of verb and subject has to be inverted :
Du ißt, als ***hättest du*** *den ganzen Tag nichts gegessen* :
You are eating as if you hadn't eaten anything today.

3. The conjunctions *solange* : as long as, and *während* : while :
Macht keinen Unsinn, solange ich nicht hier bin :
Don't do anything foolish as long as I am away.
Während ich weg war, tanzten die Mäuse auf den Tischen :
While I was away the mice danced on the tables.
Während + **genitive** is also used as a preposition meaning **during.**
Während der Tagesschau darf er nicht gestört werden : He mustn't be disturbed during the news.

4. Do you know the different meanings of *erst?*

a) *erst (zuerst)* : (at) first.
Zuerst nahm er ein Aspirin und dann, als das Kopfweh immer noch nicht besser wurde, nahm er ein zweites :
First he took one aspirin and then, when his headache did not get better, he took another (second) one.

****

b) *erst :* only refers to **time**) :
Er hat erst ein Bier getrunken :
He has only had (drunk) one beer (up to now).
Compare this with the word *nur,* which refers to quantity :
Er hat nur ein Bier getrunken :
He has only had one beer (that's all).

c) *erst (-er, -e, -es) :* first (adjective)
Der erste Tag des Monat ist diesmal ein Donnerstag :
This time the first [day] of the month is a Thursday.
Mein erstes Auto war ein Volkswagen :
My first car was a Volkswagen.

Some expressions with "erst" :
Jetzt erst recht : Now more than ever.
Jetzt erst recht nicht : Now less than ever.
Ich mag keine Schnecken, und erst recht keine Froschschenkel :
I don't like snails and even less frogs' legs.
Wie ich ihn liebe! Und dich erst! :
How I love him! And you even more!
But :
Sie hat den ersten besten (or *erstbesten) Mann geheiratet :*
She married the first man who came along.

****

ZWEIUNDNEUNZIGSTE (92.) LEKTION

Stille Wasser sind tief

1 — Haben Sie vielleicht Herrn Polsky gesehen, Frau Meier?

2 Die Milch steht seit heute morgen vor seiner Tür, und er hat mir nicht gesagt, daß er wegfahren würde. **(1)**

3 — Ja, haben Sie denn nicht gehört, was passiert ist?

4 Er wurde in aller Frühe von der Polizei abgeholt! **(2)**

5 — Von der Polizei? Herr Polsky? Das kann ich nicht glauben! Er war doch immer so nett und höflich.

6 — Ja, ja, so kann man sich täuschen. Stille Wasser sind tief.

7 — Jetzt erzählen Sie mal keine Märchen, Frau Meier!

8 Woher wissen Sie denn, daß er von der Polizei abgeholt wurde?

9 — Ich habe es mit eigenen Augen gesehen. Sie können mir glauben.

10 Wissen Sie, ich bin heute nacht durch laute Stimmen auf dem Flur geweckt worden. **(3)**

92TH LESSON

Still waters run deep

1 — Maybe you've seen Mr Polsky, Mrs Meier?
2 The milk has been standing in front of his house since this morning, and he didn't tell me that he had left (would leave).
3 — Why, didn't you hear what happened?
4 The police came early this morning to get him (he was got by).
5 — The police (by the police)? Mr Polsky? I cannot believe it! He always was so kind and polite.
6 — Yes, yes, we were mistaken (one can be mistaken). Still waters run (are) deep.
7 — You are telling stories, Mrs Meier (don't tell fairy-tales)!
8 How [where] do you know that the police came to get him?
9 — I saw it with my own eyes. You can believe me.
10 You know, last night (I was woken up by loud voices) loud voices in the corridor woke me up.

NOTES

(1) The *Konjunktiv : würde* is used because the sentence is in **indirect speech.** (See lesson 98).

(2) *Abholen :* to fetch, get a person who is waiting. *Holen :* go and get (see lesson 43, note 5). *Ich habe meinen Mann vom Büro abgeholt :* I went to meet my husband at the office. In the passive voice : *Mein Mann ist von mir vom Büro abgeholt worden.*

(3) *Jemanden wecken :* to wake someone up. *Wecken Sie mich bitte um halb acht :* Please wake me at half past seven. **But :** *aufwachen :* to wake up ; *Ich bin um 6 aufgewacht :* I woke up at 6 o'clock. (See lesson 74, note 4).

11 Vor der Tür von Herrn Polsky standen zwei Polizeibeamte in Uniform und klingelten und klopften ohne aufzuhören. (4)

12 Und er hat sich natürlich lange nicht gemeldet, aber ich wußte, daß er da war, denn ich hatte am Abend vorher Musik und Stimmen gehört. (5)

13 Schließlich haben sie gedroht, die Tür aufzubrechen, falls er sie nicht öffnen würde... (6) (7)

14 Na, und da ist er endlich rausgekommen, und sie haben ihn mitgenommen. (8)

Übung

1. Wissen Sie vielleicht, wo die Müllers sind? Die Zeitung liegt schon seit zwei Tagen in ihrem Briefkasten, und sie haben mir nicht gesagt, daß sie wegfahren würden. 2. Oh, das ist aber schade! Er war doch so ein netter und höflicher Mann! 3. Ich bin heute nacht dreimal durch Schreie auf der Straße geweckt worden. 4. Sie wußte genau, daß er zu Hause war; aber er hat sich nicht gemeldet. 5. Sie haben ihn in aller Frühe mitgenommen. Sie hat es mit eigenen Augen gesehen.

Antworten Sie bitte:

1 *Was steht vor der Tür von Herrn Polsky?*

What is [standing] in front of Mr. Polsky's door?

2 *Von wem wurde Herr Polsky abgeholt?*

Who came to get Mr. Polsky? (By whom Mr. Polsky).

3 *Wann wurde Herr Polsky abgeholt?*

When did they come to get Mr. Polsky?

11 Two policemen in uniform stood in front of Mr. Polsky's door ringing and knocking incessantly.
12 And of course, he didn't show himself for quite a while, but I knew that he was there, for I had heard music and voices the night before.
13 Finally they threatened to break down the door if he didn't open it.
14 Well, and then he came out after all and they took him with [them].

NOTES

(4) *Aufhören :* to stop. *Ohne :* without. If *ohne* is used as a conjunction, it is followed by *zu : Sie verließen das Restaurant ohne zu bezahlen :* They left the restaurant without paying. - *Es regnete 2 Tage lang ohne aufzuhören :* It has been raining continuously for 2 days. *Ohne aufzuhören :* continuously, incessantly.

(5) See lesson 71 note 6 ; *sich melden :* to show oneself, to register ; *etwas melden :* to announce something, to report. *Er hat seine Ankunft gemeldet :* He announced his arrival. *Anmelden :* to enrol, to register : *Er hat sein Kind in der Schule angemeldet :* He registered his child for school.

(6) *Drohen :* to threaten : *Die Polizei droht dem Autofahrer mit einer Geldstrafe :* The police threatened the driver with a fine. *Er droht seinen Eltern, nie mehr wiederzukommen :* He threatened his parents not to come back any more.

(7) *Aufbrechen :* to break down, force open down. *Brechen :* to break.

(8) The difference between *endlich* and *schließlich : Endlich :* is used when we wait for something to happen : *Endlich bist du da! :* Here you are after all! *Schließlich :* on the other hand indicates the end of an action : *Schließlich ist er gegangen, ohne etwas zu sagen :* Finally, he left without saying anything.

EXERCISE : 1. Maybe you know where the Müllers are? The newspaper has been (lying) in their letterbox for two days already and they didn't tell me that they had left. – **2.** Oh, what a pity! He was such a nice [and] polite man. – **3.** Last night I was woken up three times by shouts coming from the street. – **4.** She was well aware that he was at home but he didn't turn up. – **5.** They took him with [them] early in the morning. She saw it with her own eyes.

4 *Wodurch wurde Frau Meier in der Nacht geweckt?*

Why did Mrs Meier wake up during the night (by what was Mrs Meier).

5 *Womit drohten die Polizeibeamten?*

What did the policemen threaten to do?

****

DREIUNDNEUNZIGSTE (93.) LEKTION

"Aktenzeichen XY ungelöst" (1)

1 — Schönen guten Abend, Frau Meier! Was für eine entsetzliche Hitze, nicht?
2 Na, hoffentlich ist meine Milch nicht sauer!
3 — Sie, Herr Polsky? Ich dachte, Sie wären... (2)
4 — Im Gefängnis für immer? Nein, ganz so weit ist es glücklicherweise noch nicht! (3)
5 — Da bin ich aber froh! Ich habe mir ja gleich gesagt: Das muß ein Irrtum sein! (4)
6 Aber sagen Sie mal, warum sind Sie eigentlich verhaftet worden?
7 — Tja, stellen Sie sich vor, irgend jemand muß mich mit irgend jemandem verwechselt haben. (5)

*****

6 *Warum wußte Frau Meier, daß Herr Polsky zu Hause war?*

How (why) did Mrs. Meier know that Mr. Polsky was at home?

Fill in the blanks

1 Die Milch. **2** Von der Polizei. **3** In aller Frühe. **4** Durch laute Stimmen. **5** (Sie drohten,) die Tür aufzubrechen. **6** Sie hat Musik und Stimmen gehört.

Second wave : Dreiundvierzigste Lektion

****

93TH LESSON

"Reference XY unsolved"

1 — (Nice) good evening, Mrs. Meier! What [an] awful heat, isn't it?
2 I hope my milk is not sour!
3 — You, Mr Polsky? I thought you were...
4 — In prison for ever? No, fortunately it has not gone so far yet!
5 — I am really glad then! I told myself at once : it must be a mistake!
6 But tell me, why were you actually arrested?
7 — Well, imagine, somebody must have mistaken me for someone else.

NOTES

(1) *"Aktenzeichen XY ungelöst"* is a TV programme where unsolved crimes are reconstructed. The actors are chosen to resemble the criminals, thus the police appeal to the public for any information about the persons wanted.

(2) *Denken :* to think, to believe. Its *Imperfekt* and past participle are irregular : *dachte, gedacht. Bringen :* to bring ➧ *brachte, gebracht.*

(3) *So weit sind wir noch nicht :* It has not gone so far yet. You already know the expression : *Wie weit bist du? :* How far have you got?

(4) *Der Irrtum :* the error, mistake. *Sich irren, sich täuschen :* to be mistaken.

(5) *Jemand :* someone ; *irgend jemand :* anybody. *Irgend* translates **any :** *irgend etwas :* anything ; *irgendeiner/eine/eines :* any. *Besteht irgendeine Hoffnung? :* Is there any hope?

8 Man hat mich für einen der in "Aktenzeichen XY" gesuchten Verbrecher gehalten. (6)

9 Und ich muß zugeben, die Ähnlichkeit war frappierend. (7)

10 — Ja, nicht wahr? Das fand ich auch!

11 Zunächst wollte ich ja meinen Augen nicht trauen, aber dann habe ich meine Schwester angerufen, und sie hat mir auch gesagt, daß das sicherlich Sie wären, (N.1)

12 und ihr Mann und meiner und die Frau aus dem ersten Stock waren auch ganz sicher, verstehen Sie...

13 — Ja, ja, Frau Meier, ich verstehe schon, aber seien Sie das nächste Mal vorsichtiger, denn so können Sie große Wellen in stillen Wassern schlagen. (8)

Übung

1. Sie dachte, er wäre für immer weggegangen. **2.** Die Polizei hat Herrn Müller verhaftet? Das ist sicher ein Irrtum gewesen! **3.** Meine Schwester sieht mir sehr ähnlich. Man verwechselt mich oft mit ihr. **4.** Er mußte zugeben, daß er sich geirrt hatte. **5.** Sie dachten, ich wäre im Krankenhaus? Nein, so weit ist es glücklicherweise noch nicht! **6.** Diese Nachricht hat große Wellen geschlagen.

8 I was taken for a criminal who was looked for in "Reference XY".
9 And, I must admit, the resemblance was striking.
10 — Yes, wasn't it? That's what I found, too.
11 First I did not want to believe my eyes, but then I phoned my sister and she also told me that it was certainly you ;
12 and her husband and mine and the woman upstairs were completely sure about it too, you understand...
13 — Yes, yes Mrs Meier, I understand, but be more cautious next time, for [acting] like that you can raise big waves in still waters!

NOTES

(6) *Halten für +* **acc. :** to take for. *Er hält sich für den intelligentesten Menschen auf der Welt :* He takes himself for the most intelligent man in the world. *Für wen hält er sich eigentlich? :* What does he actually take himself for?

(7) *Ähnlich :* similar, alike (see lesson 71, note 2). Adjectives ending in *-lich* form their nouns by adding *-keit : ähnlich* ➧ *Ähnlichkeit ; freundlich* ➧ *Freundlichkeit* (friendliness) ; *persönlich* ➧ *Persönlichkeit* (personality). Remember that nouns ending in *-heit, -keit, -ung* are feminine.

(8) Do you remember the imperative of *sein? : Sei vorsichtig :* Be cautious! *Seid vorsichtig :* Be cautious (used when you are talking to more than one person, and *Seien Sie vorsichtig :* Be cautious (formal address).

EXERCISE : 1. She thought he had left for ever. – **2.** The police arrested Mr. Müller. It is certainly a mistake! – **3.** My sister looks very much like me. I am often taken for her. – **4.** He had to admit that he was wrong. – **5.** You thought I was in hospital? No, fortunately it hasn't gone so far yet! – **6.** This news created a stir (raised big waves).

*****

Ergänzen Sie bitte:

1 *What awful weather isn't it?*

. . . . entsetzliches Wetter, ... ?

2 *He thought that I wasn't at home (yet).*

. . . . , ... noch nicht zu Hause.

3 *Why was he actually arrested?*

Warum . . . er . . . . verhaftet

. . . . . . ?

4 *He was taken for a wanted criminal.*

Man . . . ihn . . . einen gesuchten Verbrecher

. . . .

****

VIERUNDNEUNZIGSTE (94.) LEKTION

Hatschi! (1)

1 — Gesundheit! Sind Sie erkältet? (2)
2 — Na, hören Sie mal! Das würde mir ja gerade noch fehlen! Hatschi! (3)

*****

5 *The resemblance between you and your brother is striking.*

. . . . zwischen Ihnen und Ihrem Bruder

ist . . . .

6 *He told me that you didn't have the time.*

. . . . , daß Sie keine Zeit . . . . . .

Fill in the blanks

1 Was für ein - nicht wahr. **2** Er dachte, ich wäre -. **3** - ist - eigentlich - worden. **4** - hat - für - gehalten. **5** Die Ähnlichkeit - frappierend. **6** Er hat mir gesagt - hätten.

Second wave : Vierundvierzigste Lektion

****

94TH LESSON

Atishoo!

1 — Bless you (health)! Have you got a cold?
2 — Oh, (listen) think of that! That's all I wanted! Atishoo!

NOTES

(1) Onomatopoeia differs from one language to another. Sneezing is expressed by *hatschi* in German, and the cock's crow by *kikeriki*. If we hurt ourselves we cry *au* [ow] or *auweh* or *aua*.

(2) *Erkälten :* to catch a cold/chill ; *eine Erkältung :* a cold. Some nouns are formed by adding *-ung* to the root of the verb : *Verzeihen :* to pardon ➧ *die Verzeihung : wohnen :* to live ➧ *die Wohnung...*

(3) Remember the following expression : *(na), hören Sie mal :* That's enough/Think of that ; *Das fehlt ja noch :* That's all I wanted! *Fehlen :* to lack, be wanting.

3 — Na also, da niesen Sie ja schon wieder!
4 Sehen Sie, das ist sicherlich der Anfang einer Erkältung!
5 — Ich versichere Ihnen, ich bin noch nie krank gewesen und ich habe auch nicht die Absicht, es zu werden. **(4)**
6 — Na, dann haben Sie eben einen Heuschnupfen. **(5)**
7 — Einen Heuschnupfen? Ich? Das ist ja die Höhe! Jetzt soll ich auch noch allergisch sein! **(6)**
8 — Aber da ist doch nichts Schlimmes dran! Das passiert vielen Leuten. **(7)**
9 — Was gehen mich die Leute an? Kümmern Sie sich um Ihre eigenen Angelegenheiten! Hatschi! **(N.2)**
10 — Gesundheit! Und ich bin sicher, daß es ein Heuschnupfen ist.
11 — Hören Sie, könnten Sie mich nicht endlich in Ruhe lassen?
12 — Aber natürlich! Wenn Sie es vorziehen, allein zu sein...
13 Ja, ja, so ist es immer: Je netter man zu den Leuten ist, desto unfreundlicher werden sie! **(8)**

Aussprache
3 ... neez*e*n. **6** ... Hoy'shnoopf*e*n. **7** ... allergish.

Übung

1. Hermann niest schon den ganzen Tag. Ich glaube, er hat sich gestern beim Schwimmen erkältet. **2.** Ihr Mann soll einen neuen Direktor bekommen. Stimmt das? **3.** Was? Das würde ihm ja gerade noch fehlen! **4.** In diesem Fall zieht er es sicher vor, die Arbeit zu wechseln. **5.** Je länger wir warten, desto kälter wird das Essen. **6.** Ich habe die Absicht, um acht Uhr dorthin zu gehen. Glaubst du, daß das möglich ist? - Natürlich! Je früher desto besser!

3 — There you are, you are sneezing again!
4 You see, it is certainly the beginning of a cold!
5 — I assure you I have never been ill and I don't mean to fall ill (it).
6 — In that case you have got hay fever.
7 — Hay fever? Me? That's the limit! Now, you are even saying that I am allergic (I am said to be)!
8 — But there's nothing bad about it! It happens to a lot of people.
9 — What do I care for people? (do people concern me?) Mind your own business! Atishoo!
10 — Bless you! And I am sure it is hay fever!
11 — Listen, couldn't you leave me alone (quiet) after all?
12 — Certainly! If you prefer being alone...
13 Yes, it's always like that : the kinder you are with people the more unfriendly they get!

NOTES

(4) *Die Absicht haben... :* to plan, to intend, to mean to...

(5) *Der Schnupfen :* the cold (illness), *das Heu :* the hay. *Eben* here means : Well, in that case... *Die Busfahrer streiken? Dann gehe ich eben zu Fuß :* The bus drivers are on stike? Well, I'll (in that case) go on foot then.

(6) *Sollen :* here is used in an idiomatic expression : *Er soll Millionär sein :* He is said to be/They say he is a millionaire.

(7) *Daran* (adverb) - (*dran* in spoken language :) stands for a part of the sentence introduced by *an :* In the above text : *Was ist Schlimmes* ***an*** *dieser Sache?* ➧ *Was ist da Schlimmes dran? :* What is bad about it?

(8) *Je... desto :* the more... the more. Notice that *je* and *desto* are followed by a comparative : *Je mehr ich verdiene, desto mehr gebe ich aus :* The more I earn, the more I spend.

EXERCISE : 1. Hermann has been sneezing all day long. I think he caught a cold yesterday when [he was] swimming. – **2.** It is said that your husband will have a new boss. Is that right? – **3.** What? That's all he wanted! – **4.** In this case he will certainly prefer to change his job. – **5.** The longer we wait, the colder the meal will get. – **6.** I intend to go there at eight o'clock. Do you think that this is possible? - Certainly! The earlier [you go] the better [it'll be].

Ergänzen Sie bitte:

1 *Could you leave him alone please? He is ill.*

. . . . du ihn bitte . . . . lassen? Er ist

. . . . .

2 *That is not my business. Take care of it yourself!*

. . . . geht mich nichts an.

. . . . selbst darum!

3 *I assure you I didn't mean to annoy you.*

Ich . . . . , daß ich nicht . . .

. . . . hatte, Sie zu ärgern.

4 *The more people talk the less they think.*

. . . . . . die Leute sprechen, ... weniger

denken sie nach.

5 *He has never been seriously ill, but he has had hay fever for years.*

Er . . . nie ernsthaft krank . . . . , aber er hat

seit Jahren . . . .

****

6 *The later the evening the kinder the guests!*

. . . . der Abend, ... die

Gäste!

Fill in the blanks

1 Könntest - in Ruhe - krank. **2** Diese Angelegenheit - Kümmere dich -. **3** - versichere Ihnen - die Absicht -. **4** Je mehr - desto -. **5** - ist - gewesen - einen Heuschnupfen. **6** Je später - desto netter -.

Second wave : Fünfundvierzigste Lektion

****

FÜNFUNDNEUNZIGSTE (95.) LEKTION

Ein Zeitungsbericht

Überfall auf Heidener Tankstelle geklärt

1 Der Überfall auf eine Tankstelle in Heiden, bei dem der Täter 5 200 Mark erbeutet hat, ist aufgeklärt. (1)

2 Der Räuber hatte - wie berichet - den allein anwesenden Tankstellenpächter mit einem Revolver bedroht (2)

3 und zur Herausgabe der Tageseinnahmen gezwungen. (3)

4 Als Täter konnte jetzt ein 28jähriger Maurer aus Heiden ermittelt

5 und in seiner Wohnung festgenommen werden. (4)

6 Dort wurde auch der größte Teil des geraubten Geldes und die Waffe gefunden. (5)

7 Als Tatmotiv gab der Täter an, daß er hoch verschuldet sei, (6)

8 da er zum dritten Mal verheiratet sei und (7)

DER ÜBERFALL AUF DIE SPARKASSE IN HANNOVER KONNTE VON DER POLIZEI NIEMALS AUFGEKLÄRT WERDEN

95TH LESSON

A newspaper report

The hold-up at the Heiden petrol station (has been) solved

1 The hold-up at a petrol station in Heiden where the perpetrator took 5,200 Marks has been solved.
2 The robber had- as [already] reported - threatened the (alone present) station attendant, who was alone, with a revolver
3 and forced him to hand over the day's takings.
4 Now a 28-year-old mason has been identified as the perpetrator
5 and has been arrested in his flat.
6 There, most of stolen money (the largest part) and the weapon were found, too.
7 The robber said that the motive for this crime was his high level of debt (the robber gave as a motive that he was highly indebted)
8 because he was married for the third time and

NOTES

(1) *Die Beute :* the loot ; prey ; *erbeuten :* to capture, to take.
(2) *Anwesend :* present ; *abwesend :* absent.
(3) *Die Einnahme :* the takings, money taken (e.g. shop, cinema). *Die Ausgabe :* the expenditure ; the distribution.
(4) *Als :* as : *Er arbeitet als Verkäufer in einem Kaufhaus :* He works in a department store as a shop assistant.
(5) *Rauben* or *stehlen :* to rob or to steal ; the past participles are *geraubt* and *gestohlen.*
(6) *Angeben :* to give, to state, introduces the indirect speech ; that's why we have the *Konjunktiv I* in the subordinate clause. (See lesson 98, paragraph 1).
(7) *Da,* (in the above text) means : as, for, because.

*****

9 den geschiedenen Frauen für seine vier Kinder aus den ersten beiden Ehen hohe Unterhaltskosten zahlen müsse. (8) (9)

Übung

1. Der Überfall auf die Sparkasse in Hannover konnte von der Polizei niemals aufgeklärt werden. **2.** Alle anwesenden Teilnehmer werden gebeten, ihre vollständige Adresse anzugeben. **3.** Er hat mir erzählt, daß er zum vierten Mal verheiratet sei und daß er sich wieder scheiden lassen wolle. **4.** Der größte Teil der geraubten Diamanten konnte unter dem Bett des Verbrechers gefunden werden. **5.** Sie hat zwei Jungen aus erster Ehe und ein kleines Mädchen aus der zweiten.

Ergänzen Sie bitte:

1 *The hold-up on the Deutsche Bank in F. has been solved.*

. . . . die Deutsche Bank in F. ist

. . . .

2 *In the hold-up the robbers took 200,000 Marks.*

. . . . hatten die Täter 200 000 Mark

. . . .

3 *They forced the cashier to put money into a suitcase.*

. . . . den Kassierer . . . . , . . .

. . . . in einen . . . . . . zu packen.

9 because he has to pay a lot of alimony to his divorced wives for the (his) four children by his first two marriages.

NOTES

(8) *Die Kosten :* the costs, expenses ; *der Unterhalt :* the maintenance, subsistance. *Die Unterhaltung :* the conversation, talk. The verb *unterhalten* covers the two meanings : *Ich unterhalte mich gern mit dir :* I like talking to you. **But :** *Mein Mann unterhält mich zur Zeit, denn ich bin arbeitslos :* My husband is supporting me at the moment because I am out of work.

(9) *Geschieden :* divorced ; *sich scheiden lassen :* to divorce. *Sie haben sich letztes Jahr scheiden lassen :* They divorced last year.

EXERCISE : 1. The hold-up at the savings bank in Hannover has never been solved by the police [the police have never been able to solve the hold-up...]. – **2.** (All) the participants [here] present are asked to give their full address. – **3.** He told me that he was married for the fourth time and that he wanted to divorce again. – **4.** Most of the stolen diamonds (the greatest part of) have been found under the bed of the robber. – **5.** She has two boys by her first marriage and a little girl by her second.

4 *Meanwhile, they threatened the other bank employees with a gun.*

Währenddessen . . . . . sie die anderen Bankangestellten

. . . . Revolver . . . .

5 *The police declared that one of the perpetrators was German ;*

the other two, however, [were] foreigners.

Die Polizei . . . . , daß der eine Täter

ein . . . . , die beiden anderen aber Ausländer.

6 *As for the German, he is 35-year-old Bernd K.*

Bei dem . . . . handele es sich 35

. . . . Bernd K.

****

SECHSUNDNEUNZIGSTE (96.) LEKTION

Andere Länder, andere Sitten (1)

1 — Reich mir doch bitte die Wurst, Liebling!
2 — Die Wurst? Igitt! Seit wann ißt du denn Wurst zum Frühstück?
3 — Ich habe beschlossen, da wir nun einmal in Deutschland sind, auch wie die Deutschen zu leben. (2)
4 Das ist die beste Art, Land und Leute gründlich kennenzulernen. (3)
5 — Na, meinetwegen! Mir soll es recht sein, solange du nicht von mir verlangst, das gleiche zu tun. (4)
6 — Übrigens schmeckt das gar nicht so schlecht! Ich glaube, ich könnte mich daran gewöhnen. (N.2)
7 — Das wundert mich nicht. Du warst schon immer ein großer Fleischfresser. (5)

*****

Fill in the blanks

1 Der Überfall auf - aufgeklärt. **2** Bei dem Überfall - erbeutet. **3** Sie haben - gezwungen, das Geld - Koffer -. **4** - haben - mit einem - bedroht. **5** - hat angegeben - Deutscher sei -. **6** - Deutschen - um den - jährigen -.

Second wave : Sechsundvierzigste Lektion

****

96TH LESSON

Other countries, other habits

1 — Pass me the sausage please, darling!
2 — The sausage? Ugh! Since when have you been eating sausage for breakfast?
3 — As we are in Germany I have decided to live like the Germans.
4 This is the best way to get to know the country and the people thoroughly.
5 — As you like! I don't mind, as long as you don't ask me to do the same.
6 — By the way, it doesn't taste as bad [as that]! I think I could get used to it.
7 — That doesn't surprise me. You have always been a great carnivore.

NOTES

(1) *Die Sitte :* the habit, custom, manner ; *die Sitten :* the habits.
(2) *Da, weil :* as, for. *Da es nun einmal so ist :* Since things are as they are...
(3) *Kennenlernen :* to get to know (lit. to learn to know). *Kennen-* is separable : *Ich lernte Herrn Schulze gestern kennen :* I got to know Mr. Schulze yesterday.
(4) *Meinetwegen :* on my behalf ; because of me : *Meinetwegen müssen Sie nicht hier bleiben :* You needn't stay here because of me. When used alone, it means : It's alright by me. Do as you like. *Gehen wir? Meinetwegen :* Let's go! As you like.
(5) *Fressen :* to eat (greedily), to devour. Generally *fressen* is used for animals. But, used colloquially, it means : to gorge.

8 Aber halte doch bitte dein Wurstbrot nicht direkt unter meine Nase! **(6)**

9 — Jetzt übertreibe mal nicht! So schlecht riecht das auch nicht! **(7)**

10 Nebenbei bemerkt, du tätest vielleicht auch gut daran, einige Sitten und Bräuche zu übernehmen. **(8)**

11 — Sieh da, sieh da! Denkst du an etwas Bestimmtes? **(N.2)**

12 — Nicht direkt... aber sind dir auf unserer Fahrt die vielen Blumenkästen vor den Fenstern und auf den Balkons aufgefallen? **(9)**

13 — Ja, das sind sie. Sie sehen wirklich wunderschön aus.

14 — Und hast du auch bemerkt, wie die deutschen Fensterscheiben in der Sonne blitzen? **(10)**

15 — Ja, und ich habe mich gefragt, ob wir unsere nächsten Fensterscheiben nicht in Deutschland oder der Schweiz bestellen sollten...

Aussprache
10 ... Br**oy**'ç*he*. **12** ... Balk**ong**s.

Übung

1. Würden Sie mir bitte das Salz reichen? **2.** Da wir nun einmal hier sind, haben wir beschlossen, auch davon zu profitieren. **3.** Sie hat sich gefragt, ob es nicht besser wäre, auf dem Balkon zu frühstücken. **4.** Ihm ist aufgefallen, daß die Deutschen viele Blumen vor ihren Fenstern haben. **5.** Er täte gut daran, mit Rauchen aufzuhören. **6.** Es ist schwierig, sich an die Sitten und Bräuche eines anderen Landes zu gewöhnen.

Ergänzen Sie bitte:

1 *What are you eating there? Ugh! It looks awful!*

. . . . denn da? . . . . . ! Das . . . . .

ja scheußlich . . . !

8 But please don't hold your sausage sandwich directly under my nose!
9 — Don't exaggerate (now)! It doesn't smell as bad [as that]!
10 By the way, maybe you'd better adopt some of the manners and customs too.
11 — Well, fancy that! Are you thinking of something special?
12 — Not exactly, but did you notice the numerous flower boxes in front of the windows and on the balconies on our way?
13 — Yes, of course! They look really beautiful.
14 — And did you also notice how German window panes are glistening in the sun?
15 — Yes, and I have been wondering whether we shouldn't order our panes in Germany or Switzerland next time.

NOTES

(6) *Das Wurstbrot :* sausage sandwich (sausage bread) ; *das Käsebrot :* cheese sandwich ; *das Marmeladenbrot :* bread and jam ; *das Butterbrot :* bread and butter.
(7) *Riechen :* to smell ; *schmecken :* to taste ; *fühlen :* to feel.
(8) *Tun, tat, getan :* to do, to make (see grammar appendix). *Ich täte gut daran, du tätest gut daran... :* I, you... had better.
(9) *Etwas fällt mir auf :* something strikes me ; I notice something.
(10) *Blitzen :* to shine ; to sparkle. *Der Blitz :* the lightning.

EXERCISE : 1. Could you pass me the salt please? – **2.** As we are here, we have decided to make the most of it (to profit by it). – **3.** She has been wondering whether it wouldn't be better to have breakfast on the balcony. – **4.** He noticed that the Germans have a lot of flowers in front of their windows. – **5.** He'd better stop smoking. – **6.** It is difficult to get used to the manners and habits of other countries.

2 *He decided to give up smoking.*

. . . . , nicht mehr . . . .

3 *Don't hold your hat directly in front of my nose please!*

. . . . doch bitte Ihren Hut nicht . . . .

. . . . !

4 *Did you know that sausage for breakfast doesn't taste as bad [as that]?*

. . . . , daß . . . . . zum Frühstück gar nicht so . . . . ?

5 *Are you thinking of something special or are you dreaming?*

Denken Sie . . . . oder träumen Sie?

6 *Did you notice that there are a lot of cigarette machines in Germany?*

. . . Ihnen . . . . , daß . . in Deutschland . . . . . Zigarettenautomaten . . . . ?

****

SIEBENUNDNEUNZIGSTE (97.) LEKTION

Die Rede des Bürgermeisters

1 — Liebe Gemeinde!
Viele unter Ihnen wissen schon, welch freudiges Ereignis uns heute hier zusammenführt. (1)

7 *But don't exaggerate! It isn't as bad [as that]!*

. . . . doch nicht! . . schlimm ist

. . . doch . . . . . . !

Fill in the blanks

1 Was essen Sie - Igitt - sieht - aus. **2** Er hat beschlossen - zu rauchen. **3** Halten Sie - direkt vor meine Nase. **4** Wußten Sie - Wurst - schlecht schmeckt. **5** - an etwas Bestimmtes -. **6** Ist - aufgefallen - es - viele - gibt. **7** Übertreiben Sie - So - das - nicht.

Second wave : Siebenundvierzigste Lektion

****

97TH LESSON

The mayor's speech

1 — Dear citizens! (commune)
A lot of you already know the happy event that (what a happy) brings us together here today.

NOTES

(1) After *welcher, welche, welches :* the declension of the adjective is weak. (See lesson 35) : *welches freudige Ereignis :* What a happy event. But we can also decline the adjective normally and leave out the ending of *welch- : Welch herrlicher Tag :* what a beautiful day.

2 Seit zwei Jahren beteiligt sich unser Dorf an dem Bundeswettbewerb „Unser Dorf soll schöner werden". (2) (N.2)

3 Rund 5 800 Dörfer und Stadtteile haben sich dieses Mal um die Auszeichnungen beworben - eine nicht zu verachtende Konkurrenz! (3)

4 Gestern hat nun das Bundeslandwirtschaftsministerium die endgültigen Sieger bekanntgegeben, (4)

5 und ich bin höchst erfreut, Ihnen mitteilen zu dürfen, daß unser Dorf eine der dreizehn Goldmedaillen erringen konnte. (5)

6 Ein Erfolg, der nur durch eine beispielhafte Zusammenarbeit und hervorragende Leistungen eines jeden einzelnen erreicht werden konnte. (6)

7 Ja, jeder von Ihnen hat dazu beigetragen und ich möchte Ihnen allen dafür von ganzem Herzen danken. (7) (N.2)

8 Lassen Sie uns auf eine glückliche Zukunft unseres Dorfes mit einem dreifachen "hipp, hipp, hurrà" anstoßen! Hipp, hipp hurra! Hipp, hipp, hurra! Hipp, hipp, hurra! (8)

9 — Na, Herr und Frau Müller, was sagen Sie zu unserem Erfolg? Ein schönes Ergebnis, nicht wahr? (9)

10 — Ja, wir müssen gestehen, wir sind sehr stolz auf unsere Gemeinde. (N.2)

Aussprache

2 ... Boondes'vettbeverb. **3** ... Owstsy'çhnoongen **4** ... Boondelanntvirtshaftsministeryoomm.**5** ... Goltmedallyenn.

*****

2 Our village has been participating in the federal competition "Our village shall become more beautiful" for two years [now].

3 This time about 5,800 villages and (town) districts were competing for the prizes - a remarkable competition (not to be despised).

4 Yesterday, the federal ministry of agriculture announced the definite winners,

5 and I am highly delighted to inform you that our village was able to carry off one of the thirteen gold medals -

6 a success which could only be achieved by the exemplary co-operation and excellent performance of each individual.

7 Yes, each of you contributed to it and I want to thank you with all my heart.

8 Let's drink to the happy future of our village with a threefold "Hip, hip, hurray!"

9 — Well, Mr. and Mrs. Müller, what do you think of our success? A nice result, isn't it?

10 — Yes, we must admit we are very proud of our commune.

NOTES

(2) *Sich beteiligen an +* **dat. :** to participate in. In the following lesson you will find other verbs which are followed by a preposition.

(3) *Verachten :* to despise ; *achten :* to respect.

(4) *Das Ministerium :* the ministry ; *die Landwirtschaft :* the agriculture.

(5) You can either say : *Ich bin erfreut* or *ich freue mich :* I am glad, happy.

(6) *Etwas erreichen :* to achieve, obtain something : *Er hat in seinem Leben viel erreicht :* He has achieved a lot in (his) life.

(7) *Ich danke jemandem :* I thank someone.

(8) Do you remember the imperative of the first person plural? *Wir wollen anstoßen* or *laßt uns anstoßen :* Let's drink to... *Einfach :* single (and simple), *zweifach :* twofold, *dreifach...*

(9) Be careful not to mix up : *das Ergebnis :* the result and *das Ereignis :* the event.

11 **A**ber **a**ndrerseits, wissen Sie, sind wir auch **zie**mlich froh, daß d**ie**se g**a**nze **Au**fregung endlich vorb**ei** ist.

12 Jetzt können wir **e**ndlich w**ie**der die Mülleimer ganz norm**a**l vor das Haus st**e**llen und die Kinder dürfen w**ie**der den R**a**sen betreten...

Übung

1. Heute wurde von der Regierung bekanntgegeben, daß die Ölpreise im nächsten Monat erhöht werden. **2.** Tausende beteiligten sich an der Friedensdemonstration. **3.** Sie hat sich um die Stelle einer Sekretärin beworben. **4.** Wir sind höchst erfreut, Ihnen die Geburt unseres dritten Kindes mitteilen zu dürfen. **5.** Er ist mit Recht sehr stolz darauf, die Bronzemedaille gewonnen zu haben. Es war wirklich eine hervorragende Leistung. **6.** Die Fortschritte, die wir in Deutsch gemacht haben, sind nicht zu verachten, nicht wahr?

Ergänzen Sie bitte:

1 *Our commune has the youngest mayor in Germany.*

. . . . hat den jüngsten

. . . . Deutschlands.

11 But on the other hand, you know, we are happy that all this excitement is over (finished) after all.
12 We can put our dustbins in front of the houses as usual (normally) and the children can walk on the lawn again.

EXERCISE : 1. Today the government announced that oil prices are going to increase next month. – **2.** Thousands [of people] were participating in the demonstration for peace. – **3.** She applied for the job of secretary. – **4.** We are highly delighted to announce [you] the birth of our third child. – **5.** He is justly (with right) proud of having won the bronze medal. It really was an excellent performance. – **6.** The progress we made in German is considerable (not to be despised), isn't it?

2 *Everybody participated in the preparations for the great festivities (feast).*

Alle . . . . den Vorbereitungen für das Fest

. . . .

3 *I am very glad to announce [you] that you have won the first prize in our competition.*

. . . . . sehr . . . . , ... mitteilen zu

. . . . , daß Sie den ersten Preis in unserem

. . . . gewonnen haben.

4 *The basis of our success is the good co-operation in our society.*

Die Grundlage . . . . ist die gute

. . . . in unserer Firma.

5 *Let's drink to that!*

Darauf . . . . . . wir . . . . !

6 *I can't bear this excitement any longer. I hope that everything will be over soon!*

. . . . ertrage ich nicht länger. Hoffentlich

. . . bald alles . . . . . . !

****

ACHTUNDNEUNZIGSTE (98.) LEKTION

Wiederholung und Erklärungen

1. The **Konjunktiv I** is used in **indirect speech.**

Direct speech :
Mein Bruder sagt : "Ich habe kein Geld mehr".
My brother says : "I have no money left".

Indirect speech :
Mein Bruder sagt, daß er kein Geld mehr ***habe.***
My brother says that he has no money left.

The first person in the direct speech becomes third person in the indirect speech.

The third person singular of the *Konjunktiv I* is formed by adding *-e* to the root of the infinitive ; the third person plural is the same as the indicative :

	Indikativ	**Konjunktiv I**
3rd person singular	*er braucht*	*er brauche*
	er hat	*er habe*
	er gibt	*er gebe*
3rd person plural	*sie brauchen*	*sie brauchen*
	sie haben	*sie haben*
	sie geben	*sie geben*

7 *Keep off the lawn!*

. . . . !

Fill in the blanks

1 Unsere Gemeinde - Bürgermeister -. 2 - haben sich an - beteiligt. 3 Ich bin - erfreut, Ihnen - dürfen - Wettbewerb -. 4 - unseres Erfolgs - Zusammenarbeit -. 5 - wollen - anstoßen. 6 Diese Aufregung - ist - vorbei. 7 Rasen betreten verboten.

Second wave : Achtundvierzigste Lektion

****

98TH LESSON

When the forms of the *Konjunktiv I* are equivalent to those of the Indicative, we use the *Konjunktiv II.* So you can say :

Sie sagen, daß sie kein Geld ***haben*** or ***hätten :***
They say that they have no money left.

See the complete conjugation of the *Konjunktiv I* and *II* in the grammar appendix.

2. Verbs followed by a preposition :
denken an **+ acc. :** to think about.
Ich denke nur noch an die Ferien : I am only thinking about the holidays.

When the complement of verb is a subordinate clause you have to use *da/dar* + **preposition :**
Ich denke nur noch daran, daß ich nächste Woche in Ferien fahre : I am just thinking about going on holiday next week.

abhängen von **+ dat. :** to depends on
Es hängt von meinen Eltern ab : It depends on my parents.
Es hängt davon ab, ob meine Eltern mich allein lassen : It will depend on whether my parents are going to leave me alone.

sich gewöhren an **+ acc. :** to get used to
Ich habe mich an die neue Wohnung gewöhnt : I have got used to the new flat.
Er hat sich daran gewöhnt, jeden Morgen um 5 Uhr aufzustehen : He got used to getting up at 5 o'clock every morning.

bitten um **+ acc. :** to ask for
Er bittet um ihre Hand : He asks for her hand.

But :
fragen nach **+ dat. :** to ask
Er fragt nach dem Weg zum Bahnhof : He asks the way to the station.

sich erinnern an **+ acc. :** to remember
Erinnern Sie sich an Ihre Ferien in Deutschland? :
Do you remember your holidays in Germany?
Erinnern Sie sich noch daran, daß Sie erst vor einigen Monaten anfingen Deutsch zu lernen? : Do you remember that you only started learning German some months ago?

3. In German we generally use the *Imperfekt* in narratives and in formal written language, and the *Perfekt* in conversation.
Exception : for the verbs *sein* and *haben* and the auxiliaries *müssen, sollen, können* etc., we prefer the *Imperfekt* - this is however not a grammar rule.
Read the following story and pay special attention to the tenses :

Tut mir leid, daß du so lange warten mußtest. Aber ich habe eine tolle Geschichte gehört. Bei Karl wurde gestern nacht eingebrochen. Zwei Männer stiegen durchs Küchenfenster ein und leerten dort erst mal in aller Ruhe den Kühlschrank. Uns als sie dann wirklich ans Stehlen gehen wollten, kam Karl nach Hause. - Na, dann war es ja nicht so schlimm, oder? - Doch, er hatte einen Bärenhunger!

I'm sorry for having kept you waiting for such a long time (that you had to wait...).
But I've heard an incredible story. Last night Karl's house was broken into. Two men got in through the kitchen window and they calmly emptied the refrigerator first. And when they were about to steal, Karl came home. So, it wasn't as bad as that, was it? Indeed it was, he was famished.

*****

Second wave : Neunundvierzigste Lektion (Wiederholung)

NEUNUNDNEUNZIGSTE (99.) LEKTION

Mein lieber Matthias!

1 Du bist sicherlich über diesen Brief sehr überrascht. Möge es eine angenehme Überraschung sein! (1)
2 Seit 15 Jahren haben wir uns aus den Augen verloren.
3 Aber das Sprichwort „aus den Augen, aus dem Sinn" trifft nicht immer zu. (2)
4 Ich habe viel an Dich* gedacht und mich oft gefragt, was wohl aus Dir* geworden ist.
5 Durch einen glücklichen Zufall habe ich gestern beim Aufräumen meines Schreibtisches Deine* Adresse wiedergefunden. (3)
6 Das war für mich ein Geschenk des Himmels!
7 Ich lerne nämlich gerade Deutsch, und das macht mir sehr viel Spaß. (4)
8 Diesen Brief schreibe ich ganz allein,und ich bin gespannt wie ein kleines Kind vor Weihnachten, ob Du auch alles verstehen wirst. (5)

* In a letter, the personal pronouns and possessive articles referring to our correspondent start with a capital letter.

99TH LESSON

My dear Matthias!

1 You will certainly be very surprised by this letter! I hope it is a nice (pleasant) surprise!
2 We have been losing sight (eyes) of each other (ourselves) for 15 years.
3 But the proverb "Out of sight, out of mind" does not always come true.
4 I have been thinking of you a lot and have often been wondering what might have become of you.
5 Yesterday while tidying my desk, I accidentally (by a happy accident) found your address.
6 That was a godsend for me,
7 for I am learning German at the moment and I like it a lot.
8 I am writing this letter all by myself and I am as anxious as a little child before Christmas [to know] whether you will understand everything :

NOTES

(1) *Mögen* in the *Konjunktiv I* expresses a wish : *Möge er nicht zu spät kommen :* May he not be late! - *Mögen die Götter mit uns sein! :* May the gods be with us! Notice that the **infinitive** is placed **at the end** of the sentence. Otherwise *mögen* means : to like : *Ich mag keine Wurst :* I don't like sausage (see lesson 21, paragraph 2c).

(2) *Zutreffen :* to come true, to be true of. When followed by the preposition *auf +* **acc.** it means : to apply to. *Das trifft auf ihn zu, aber nicht auf mich :* That applies to him but not to me.

(3) *Ein glücklicher Zufall :* a coincidence, lucky chance.

(4) *Nämlich* is always placed after the subject and the verb. It is used in a sentence which explains what has been said in the preceding one. There is no equivalent adverb in English ; we have to translate it by a subordinate introduced by : "since" or "because" : *Ich kenne ihn gut. Ich habe nämlich 2 Jahre lang mit ihm gelebt :* I know him well, since I have lived with him for two years.

(5) *Gespannt sein auf etwas :* to be anxious to... : *Er is gespannt auf das Ende des Films :* He is anxious [to see] the end of the film. Or : *Er ist sehr gespannt,* ***ob*** *das gut enden wird :* He is anxious [to know] if it will turn out (end) well.

9 Ich möchte Dich sehr gern wiedersehen, und ich frage mich, ob ich nicht vielleicht sogar deinetwegen angefangen habe, Deutsch zu lernen? **(6)**

10 Was meinst Du dazu? Laß bald von Dir hören!

Sei herzlich gegrüßt
von Deiner Patricia

Die Antwort kommt umgehend:

11 Komm, wann immer Du willst Stop Habe 15 Jahre lang auf Dich gewartet Stop ohne es zu wissen Stop

12 Dein Deutsch ist phantastisch Stop Freue mich sehr auf Dich Stop **(7)**

13 Bin etwas älter und dicker geworden Stop Ist das schlimm?

In Liebe
Dein Matthias

Übung

1. Sie haben sich sehr über unsere Einladung gefreut. **2.** Die Kinder freuen sich auf Weihnachten. **3.** Ich habe schon seit Wochen nichts mehr von ihm gehört. Möge der Himmel ihn schützen! **4.** Sie hat das Radio seinetwegen leiser gestellt. **5.** Ein glücklicher Zufall hat sie wieder zusammengeführt. **6.** Alle sind gespannt, wie es weitergehen wird. **7.** Sie hatten sich viele Jahre aus den Augen verloren. Aber eines Tages haben sie sich zufällig wiedergetroffen.

Ergänzen Sie bitte:

1 *He was very surprised by her letter.*

Er war . . . . sehr

. . . .

9 I would love to see you again and I am wondering whether I didn't (maybe) even start learning German because of you.

10 What do you think of this? I hope to hear from you soon (let hear from you soon)!

Love
(your) Patricia

The answer arrives by return of post :

11 Come whenever you want Stop Have been waiting for you for 15 years Stop without realizing (knowing) it Stop

12 Your German is fantastic Stop Happy to see you Stop

13 Have grown a bit older and fatter Stop Is that bad [do you mind]?

With (in) Love
(your) Matthias

NOTES

(6) You already know *meinetwegen* (see lesson 96, note 4). The other forms are : *deinetwegen, seinetwegen, ihretwegen :* because of you, of him, of her and *unsretwegen, euretwegen, ihretwegen :* because of us, of you, of them.

(7) *Sich freuen :* to be glad ; to be looking forward to, can be followed by two different prepositions. The meaning changes accordingly. *Sich freuen* ***über*** **+ acc. :** to be glad/happy about, to be pleased with (at the present moment) : *Ich freue mich über dein Geschenk :* I am happy about your present (the person has already got the present). *Sich freuen* **auf + acc. :** to be looking forward to : *Ich freue mich auf ihren Besuch :* I am looking forward to your visit.

EXERCISE : 1. They were very glad about our invitation. – **2.** The children are looking forward to Christmas. – **3.** I haven't heard anything of him for weeks. May [the] heaven keep him! – **4.** She turned the radio down because of him. – **5.** Pure (lucky) chance brought them together again. – **6.** Everybody is anxious [to know] how it'll go on. – **7.** They had lost sight of each other for many years. But one day they accidentally met [each other] again.

2 *But was very happy about it.*

Aber er . . . . sehr darüber . . . .

3 *While tidying up she found a 100 Mark note.*

Sie hat . . . . einen Hundertmarkschein

. . . .

4 *All their children were a godsend to them.*

Alle ihre Kinder waren für sie . . . .

. . . .

5 *Today I have made (baked) pancakes for you (because of you).*

Are you glad about that?

. . . . habe ich heute Pfannkuchen gebacken.

. . . . darüber?

****

HUNDERTSTE (100.) UND LETZTE LEKTION

Trauen Sie niemandem!

1 — Sagen Sie, was ist Ihnen denn über die Leber gelaufen? Kann ich Ihnen vielleicht irgendwie helfen? (1)

2 — Nein, niemand kann mir helfen! Alles ist zu Ende!

3 — Na, na, nun mal langsam! ,,Immer wenn du denkst, es geht nicht mehr, kommt irgendwo ein Lichtlein her''. Kennen Sie das?

4 Dieser Spruch hing bei uns zu Hause über dem Spiegel im Badezimmer und beim Zähneputzen mußte ich ihn immer ansehen. (2)

*****

6 *This does not apply to me because I am [a] foreigner.*

Das . . . . . . nicht auf mich . . Ich bin . . . .

Ausländerin.

Fill in the blanks

1 - über ihren Brief - überrascht. **2** - hat sich - gefreut. **3** - beim Aufräumen - gefunden. **4** - ein Geschenk des Himmels. **5** Deinetwegen - Freust du dich -. **6** - trifft - zu - nämlich -.

Second wave : Fünfzigste Lektion

****

100TH LESSON

Don't trust anybody

1 — Tell me, what's wrong with you (what has run across your liver)? Maybe I can help you in some way or other (somehow)?
2 — No, nobody can help me! Everything is over (finished)!
3 — Come on, take it easy (slowly)! "Each time you think it won't (doesn't) go on, a small light comes from somewhere." Do you know that?
4 This saying hung above the mirror in our bathroom at home and when I was brushing my teeth I couldn't help (I had to) looking at it.

NOTES

(1) *Laufen* or *rennen :* to run (see line 13) ; *die Leber :* the liver. The question : *Was ist Ihnen über die Leber gelaufen?* comes from the expression : *mir/dir/ihr... ist eine Laus über die Leber gelaufen :* A louse has run across my/your/her... liver [I am/you are... in a bad mood].
(2) *Hängen :* to hang, is the infinitive of *hing.*

5 So bin ich Optimist geworden, verstehen Sie? Also, was ist los?

6 — Ich bin an der letzten Lektion von meinem Deutschbuch angelangt!

7 — Na, wenn's weiter nichts ist! Werfen Sie's in die Ecke und freuen Sie sich!

8 — Nein, Sie verstehen mich falsch! Ich habe mich jeden Tag auf die nächste Lektion gefreut und jetzt gibt's keine mehr!

9 — Na, so etwas ist mir mein Leben lang noch nicht begegnet! Und ich bin weit rumgekommen! **(3)**

10 Zeigen Sie mir mal das Buch! Wir wollen mal sehen, ob da nichts zu machen ist!

11 Ha, ha, lustige Bildchen... Mmm, ich habe auch mal ein bißchen Deutsch in der Schule gelernt... Ah, das hier verstehe ich... und das da auch!

12 — Hören Sie, das gilt nicht! Sie sollen nicht lesen, Sie sollen mir helfen! **(4)**

13 Halt! Warten Sie! Was machen Sie denn da? Halt! Laufen Sie nicht weg! Mein Buch, Hilfe, mein Buch!

14 — Guten Tag! Warum weinen Sie denn so? Kann ich irgend etwas für Sie tun?

15 — Nein, niemand kann mir mehr helfen! Alles ist zu Ende...

Übung

1. Er traut niemandem, am wenigsten sich selbst. **2.** Ich weiß nicht, welche Laus ihm heute wieder über die Leber gelaufen ist. Auf alle Fälle geht man ihm besser aus dem Weg. **3.** Es ist schwierig, beim Zähneputzen zu singen. Haben Sie es schon einmal versucht? **4.** Er ist mit seinem Latein am Ende. Jetzt ist alles zu Ende! **5.** Als ich klein war, habe ich mich jeden Abend auf das Frühstück gefreut. **6.** Jetzt freue ich mich beim Frühstück auf das Abendessen.

5 That's how I became an optimist, you understand? So, what is the matter?

6 — I have come (reached) to the last lesson of my German manual!

7 — Well, if that's all (if it isn't anything more)! Throw it away (in the corner) and be happy!

8 — No, you misunderstand me! I was looking forward every day to the next lesson and now there aren't any [more] left!

9 — Think of that! I have never come across anything like that in my life! And I have done a lot of travelling!

10 Show me the book! Let's see whether there isn't anything to be done!

11 Ha, ha, funny pictures... mm, I also learnt (once) a little German at school. Ah, I can understand this... and that too!

12 — Listen, you are cheating! You shall not read, you shall help me!

13 Stop! Wait! What are you doing? Stop! Don't run away! My book, help, my book!

14 — Hello! Why are you crying like that? Is there anything I can do for you?

15 — No, nobody can help me! Everything is over...

NOTES

(3) *Er ist viel herumgekommen :* means he has travelled / seen a lot. We also say : *Diese Neuigkeit ist schnell herumgekommen :* This news spread rapidly.

(4) *Das gilt nicht :* This is not fair (you are cheating). The infinitive is *gelten :* to be valid (see lesson 65, note 2).

EXERCISE : 1. He doesn't trust anybody, least of all himself. – **2.** I don't know what's wrong with him today. In any case it's better to get out of his way. – **3.** It's difficult to sing while brushing your (the) teeth. Have you (already) tried it? – **4.** He is at his wits' end. Everything is over now. – **5.** When I was a little child I used to look forward to breakfast every evening. – **6.** Now, I am looking forward to dinner during [while I am having] my breakfast.

Ergänzen Sie bitte:

1 *Help! He ran away with my purse!*

. . . . . ! Er . . . mit meinem Portemonnaie

. . . . !

2 *Nobody can help us! Everything is over!*

. . . . kann . . . helfen! . . . .

. . . . !

ES IST SCHWIERIG, BEIM ZÄHNEPUTZEN ZU SINGEN

3 *Of course (but) not, you get everything wrong! I only want to help you!*

Aber nein, Sie . . . . !

Ich will . . . . . nur . . . . . . !

4 *You are cheating! You have seen my cards in the mirror!*

. . . . ! Sie . . . . . meine Karten

. . . . !

5 *What are you looking forward to most : [to] Christmas, [to] Easter or [to] your birthday?*

. . . . am meisten: . . .

Weihnachten, . . . Ostern oder . . . Ihren Geburtstag?

6 *We have come (reached) to the end of our book and we hope that you enjoyed it very much!*

Wir . . . . am Ende . . . . Buches . . . .

und wir hoffen, daß . . . . viel . . . .

. . . . !

Fill in the blanks

1 Hilfe - ist - weggelaufen. **2** Niemand - uns - Alles ist zu Ende. **3** - verstehen alles falsch - Ihnen - helfen. **4** Das gilt nicht - haben - im Spiegel gesehen. **5** Worauf - freuen Sie sich - auf - auf - auf -.**6** - sind - unseres - angelangt - es Ihnen - Spaß gemacht hat.

Second wave : Einundfünfzigste Lektion

Here we are at the end of our book.
In the course of a few months, you have been able to acquire a basic knowledge of the German language. You are capable of understanding a conversation and of making yourself understood.

But don't stop here, carry on with the Second Wave : there are still 50 lessons to study.

After that, don't put the book aside. Keep reading it a little every day, and don't hesitate : you are now able to read German newspapers and even novels (possibly with the help of a dictionary).

Listen to the radio, try to meet Germans or, better still, go to Germany and enjoy the "gemütlich" way of life!

GRAMMAR APPENDIX

1. Article + Adjective + Noun

Nominative

MASCULINE :

der (the)		*ein* (a)	
dieser (this)		*kein* (no)	
jener (that)	*klein**e** Mann*	*mein* (my)	*klein**er** Mann*
jeder (every)		*Ihr* (your)	

FEMININE :

die		*eine*	
diese		*keine*	
jene	*klein**e** Frau*	*meine*	*klein**e** Frau*
jede		*Ihre*	

NEUTER :

das		*ein*	
dieses		*kein*	
jenes	*klein**e** Kind*	*mein*	*klein**es** Kind*
jedes		*Ihr*	

Accusative

MASCULINE :

den		*einen*	
diesen		*keinen*	
jenen	*klein**en** Mann*	*meinen*	*klein**en** Mann*
jeden		*Ihren*	

FEMININE :

die		*eine*	
diese		*keine*	
jene	*klein**e** Frau*	*meine*	*klein**e** Frau*
jede		*Ihre*	

NEUTER :

das		*ein*	
dieses		*keine*	
jenes	*klein**e** Kind*	*mein*	*klein**es** Kind*
jedes		*Ihr*	

Dative

MASCULINE :			
dem		*einem*	
diesem		*keinem*	
jenem	*klein**en** Mann*	*meinem*	*klein**en** Mann*
jedem		*Ihrem*	
FEMININE :			
der		*einer*	
dieser		*keiner*	
jener	*klein**en** Frau*	*meiner*	*klein**en** Frau*
jeder		*Ihrer*	
NEUTER :			
dem		*einem*	
diesem		*keinem*	
jenem	*klein**en** Kind*	*meinem*	*klein**en** Kind*
jedem		*Ihrem*	

Genitive

MASCULINE :			
des		*eines*	
dieses		*keines*	
jenes	*klein**en** Mannes*	*meines*	*klein**en** Mannes*
jedes		*Ihres*	
FEMININE :			
der		*einer*	
dieser		*keiner*	
jener	*klein**en** Frau*	*meiner*	*klein**en** Frau*
jeder		*Ihrer*	
NEUTER :			
des		*eines*	
dieses		*keines*	
jenes	*klein**en** Kindes*	*meines*	*klein**en** Kindes*
jedes		*Ihres*	

Plural : Nominative = Accusative

die		
diese		
jene	*Männer*	*Männer*
alle	*klein***en** *Frauen*	*-klein***e** *Frauen*
keine	*Kinder*	*Kinder*
meine		
Ihre		

Plural : Dative

den		
diesen		
jenen	*Männern*	*Männern*
allen	*klein***en** *Frauen*	*-klein***en** *Frauen*
meinen	*Kindern*	*Kindern*
Ihren		

Plural : Genitive

der		
dieser		
jener	*Männer*	*Männer*
aller	*klein***en** *Frauen*	*-klein***er** *Frauen*
keiner	*Kinder*	*Kinder*
meiner		
Ihrer		

The Possessive pronoun
Its endings are the same as those of the possessive article, except : nominative masculine : we have to add *-er ;* nominative and accusative neuter : we have to add *-(e)s*

Mein Wein ist ausgezeichnet. Und wie ist deiner? : My wine is excellent. What about yours?

Ich habe kein Taschentuch. Gib mir bitte dein(e)s : I haven't got a handkerchief. Give me yours please.

2. The personal and reflexive pronouns

2.1. The personal pronoun

Nominative	Accusative	Dative	Genitive
ich	*mich*	*mir*	*meiner*
du	*dich*	*dir*	*deiner*
er	*ihn*	*ihm*	*seiner*
sie	*sie*	*ihr*	*ihrer*
es	*es*	*ihm*	*seiner*
wir	*uns*	*uns*	*unsrer*
ihr	*euch*	*euch*	*eurer*
sie	*sie*	*ihnen*	*ihrer*
Sie	*Sie*	*Ihnen*	*Ihrer*

2.2. The reflexive pronoun

The forms are the same as those of the personal pronoun, except the third person of the singular and the plural which are always ***sich.***

3. Prepositions

After the following prepositions the accusative or the dative are possible. The case depends on whether the preceding verb denotes movement (+ acc.) or not (+ dat.) :

in	in (to)	*vor*	in front of
an	at	*hinter*	behind
auf	on (to)	*über*	above ; across
neben	near	*unter*	below ; under
zwischen	between		

Example :
Er ***ist im*** *Garten :* He is in the garden/ **dative**
Er ***geht in den*** *Garten :* He goes into the garden/**accusative**

Das Buch ***liegt auf dem*** *Tisch :* The book lies on the table.
Wir ***legen*** *das Buch* ***auf den*** *Tisch :* We lay the book on the table.

Commonly used expressions :

Ich gehe ***nach*** *Hause :* I go home.
Ich gehe ***nach*** *oben :* I go upstairs.
Ich gehe ***zu*** *Bett :* I go to bed.

The place to which/where you **go**.

Ich gehe ***zu*** *meinem Freund :* I go to my friend's.

Ich bin ***zu*** *Hause :* I am at home.
Ich wohne ***oben*** *:* I live upstairs.
Ich bin ***im*** *Bett :* I am in bed.

The place you are in.

Ich bleibe ***bei*** *meinem Freund :* I stay at my friend's.

4. Word order

a)
Generally the word order is the same as in English :

Subject - Verb - Object

Ich treffe meinen Freund - I meet my friend.

b)
When the sentence begins with the object, or an adverb of time or place, **verb** and **subject** are **inverted :**

Gestern ***waren wir*** *im Kino :* Yesterday we were at the cinema.

The **inversion** also takes place **after :**
deshalb : therefore, that's why
also : so
trotzdem : despite
dann : then

Sie möchte nach Paris gehen, ***deshalb muß sie*** *Französich lernen :* She wants to go to Paris ; that's why she has to learn French.

c)
The **conjugated verb** is placed at the **end of the sentence** preceded by the infinitive or the past participle, **after :**
weil : because
obwohl : although
wenn : when
als : when
daß : that
relative pronouns

Sie möchte nach Paris gehen, ***weil*** *sie Frenzösich lernen* ***will :*** She wants to go to Paris because she wants to learn French.
Der Mann, ***den*** *ich gestern getroffen* ***habe,*** *ist mein Freund :* The man (whom) I met yesterday is my friend.

When the **subordinate clause precedes** the **main clause the verb** and **the subject** are **inverted** in the **main clause :**
Weil *sie Französich lernen will,* ***möchte sie*** *nach Paris gehen.*

5. Conjugations of *sein, haben, werden.*

5.1. *sein :* to be

Indicative

Present	**Imperfect**
ich bin	*ich war*
du bist	*du warst*
er	*er*
sie ist	*sie war*
es	*es*
wir sind	*wir waren*
ihr seid	*ihr wart*
sie sind	*sie waren*
Sie sind	*Sie waren*

the Perfekt : *sein* + past participle *gewesen :* been
the future : *werden* + infinitive *sein*

Er ist sehr krank gewesen : He has been very ill.
Sie werden morgen hier sein : They will be here tomorrow.

Konjunktiv I	**Konjunktiv II**
ich sei	*ich wäre*
du sei(e)st	*du wär(e)st*
er	*er*
sie sei	*sie wäre*
es	*es*
wir seien	*wir wären*
ihr sei(e)t	*ihr wär(e)t*
sie seien	*sie wären*
Sie seien	*Sie wären*

The imperative : *sei! :* be : *Seien wir! :* Let us be! *Seid! :* Be!
Seien Sie! : Be! (formal)

The present participle : *seiend :* being.

5.2 *haben* : to have

Indicative

Present	**Imperfect**
ich habe	*ich hatte*
du hast	*du hattest*
er	*er*
sie hat	*sie hatte*
es	*es*
wir haben	*wir hatten*
ihr habt	*ihr hattet*
sie haben	*sie hatten*
Sie haben	*Sie hatten*

The Perfekt : *haben* + past participle *gehabt* : had.
The future : *werden*+ infinitive *haben*

Er hat niemals Geld gehabt : He has never had any money.
Wir werden nicht genug Zeit haben : We will not have enough time.

Konjunktiv I	**Konjunktiv II**
ich habe	*ich hätte*
du habest	*du hättest*
er	*er*
sie habe	*sie hätte*
es	*es*
wir haben	*wir hätten*
ihr habet	*ihr hättet*
sie haben	*sie hätten*
Sie haben	*Sie hätten*

The imperative : *hab(e)!* : have! *Haben wir!* : Let's have! *Habt!* : Have! *Haben Sie!* : Have! (formal)
The present participle : *habend* : having.

*****

5.3 *werden :* to become, get : **Indicative**

This verb is used as an auxiliary to form the future and the passive voice.

Present	**Imperfect**
ich werde	*ich wurde*
du wirst	*du wurdest*
er	*er*
sie wird	*sie wurde*
es	*es*
wir werden	*wir wurden*
ihr werdet	*ihr wurdet*
sie werden	*sie wurden*
Sie werden	*Sie wurden*

The Perfekt : *sein +* past participle *geworden :* become.
The future : *werden+* infinitive *werden.*

Er ist Arzt geworden : He has become a doctor.
Das Leben wird immer teurer werden : Life will become more and more expensive.

Konjunktiv I	**Konjunktiv II**
ich werde	*ich würde*
du werdest	*du würdest*
er	*er*
sie werde	*sie würde*
es	*es*
wir werden	*wir würden*
ihr werdet	*ihr würdet*
sie werden	*sie würden*
Sie werden	*Sie würden*

The imperative : *Werde! :* Become/get! *Werden wir! :* Let's become/get! *Werdet! :* Become/get! *Werden Sie! :* Become/get! (formal).
The present participle : *werdend :* becoming/getting.

6. Regular verbs

In the infinitive all verbs end in *-en* or *-n*. The endings are added to the root of the verb, i.e., the infinitive without *-en* or *-n*.

***Kaufen* :** to buy

Indicative

Present	**Imperfect**	**Future**
ich kauf**e**	ich kauf**te**	ich werde kaufen
du kauf**st**	du kauf**test**	du wirst kaufen
er	er	er
sie kauf**t**	sie kauf**te**	sie wird kaufen
es	es	es
wir kauf**en**	wir kauf**ten**	wir werden kaufen
ihr kauf**t**	ihr kauf**tet**	ihr werdet kaufen
sie kauf**en**	sie kauf**ten**	sie werden kaufen
Sie kauf**en**	Sie kauf**ten**	Sie werden kaufen

Perfect	**Pluperfect**
ich habe gekauft	ich hatte gekauft
du hast gekauft	du hattest gekauft
er	er
sie hat gekauft	sie hatte gekauft
es	es
wir haben gekauft	wir hatten gekauft
ihr habt gekauft	ihr hattet gekauft
sie haben gekauft	sie hatten gekauft
Sie haben gekauft	Sie hatten gekauft

The imperative : *Kauf(e)! :* Buy! *Kaufen wir! :* Let's buy! *Kauft! :* Buy! *Kaufen Sie! :* Buy! (formal)

The present participle : *kaufend :* buying.

Konjunktiv I

Present	**Past tense**
ich kauf**e**	ich habe gekauft
du kauf**est**	du habest gekauft
er sie kauf**e** es	er sie habe gekauft es
wir kauf**en**	wir haben gekauft
ihr kauf**et**	ihr habet gekauft
sie kauf**en**	sie haben gekauft
Sie kauf**en**	Sie haben gekauft

Konjunktiv II

Present	**Present / Future**	**Past tense**
ich kauf**te**	ich würde kaufen	ich hätte gekauft
du kauf**test**	du würdest kaufen	du hättest gekauft
er sie kauf**te** es	er sie würde kaufen es	er sie hätte gekauft es
wir kauf**ten**	wir würden kaufen	wir hätten gekauft
ihr kauf**tet**	ihr würdet kaufen	ihr hättet gekauft
sie kauf**ten**	sie würden kaufen	sie hätten gekauft
Sie kauf**ten**	Sie würden kaufen	Sie hätten gekauft

With regular verbs we use *würden* + infinitive in the present tense of the *Konjunktiv II* because its forms are the same as those of the *Imperfekt* of the indicative.

The passive voice (see also lesson 91.1).

Present	**Imperfekt**
ich werde gekauft	ich wurde gekauft
du wirst gekauft	du wurdest gekauft
er sie wird gekauft es	er sie wurde gekauft es
wir werden gekauft	wir wurden gekauft
ihr werdet gekauft	ihr wurdet gekauft
sie werden gekauft	sie wurden gekauft
Sie werden gekauft	Sie wurden gekauft

Present

ich bin gekauft worden
du bist gekauft worden
er
sie ist gekauft worden
es
wir sind gekauft worden
ihr seid gekauft worden
sie sind gekauft worden
Sie sind gekauft worden

Pluperfect

ich war gekauft worden
du warst gekauft worden
er
sie war gekauft worden
es
wir waren gekauft worden
ihr wart gekauft worden
sie waren gekauft worden
Sie waren gekauft worden

Future

ich werde gekauft werden
du wirst gekauft werden
er
sie wird gekauft werden
es
wir werden gekauft werden
ihr werdet gekauft werden
sie werden gekauft werden
Sie werden gekauft werden

7. Irregular verbs.

In the imperfect, the root vowel of the verb always changes. Sometimes it also changes in the second and third person singular of the present tense : *a* becomes *ä* and *e* becomes *i*. (There are however some exceptions as i.e. *Gehen : ich gehe, du gehst...).* Their past participles mostly end in *-en.*

Sprechen : to speak

Indicative

Present

ich spreche
du sprichst
er
sie spricht
es
wir sprechen
ihr sprecht
sie sprechen
Sie sprechen

Imperfect

ich sprach
du sprachst
er
sie sprach
es
wir sprachen
ihr spracht
sie sprachen
Sie sprachen

Notice that the first and the third person singular of the imperfect have **no ending!**

The future : *werden* + infinitive (see conjugation of regular verbs)

The imperative : *Sprich! :* Speak! *Sprechen wir! :* Let's speak! *Sprecht! :* Speak! *Sprechen Sie! :* Speak! (formal).

The present participle : *sprechend :* speaking.

The past participle : gesprochen : spoken.

Perfect and **Pluperfect** ➧ see regular verbs.

Konjunktiv I	***Konjunktiv II***
Present	**Present**
ich sprech**e**	ich spr**ä**ch**e**
du sprech**est**	du spr**ä**ch**est**
er / sie / es sprech**e**	er / sie / es spr**ä**ch**e**
wir sprech**en**	wir spr**ä**ch**en**
ihr sprech**et**	ihr spr**ä**ch**et**
sie sprech**en**	sie spr**ä**ch**en**
Sie sprech**en**	

See the regular verbs for the **past** and the **future**. The **passive** is formed with the auxiliary *werden* + past participle.

*****

IRREGULAR VERBS

Backen (ä), **buk** (or **backte), gebacken :** to bake.
Befehlen (ie), **befahl, befohlen :** to command.
Beginnen, begann, begonnen : to begin.
Beißen, biß, gebissen : to bite.
Bergen (i), **barg, geborgen :** to hide, to save.
Besitzen, besaß, besessen : to possess.
Betrügen, betrog, betrogen : to deceive.
Bewegen, bewog, bewogen : to move.
Biegen, bog, gebogen : to bend.
Bieten, bot, geboten : to offer.
Binden, band, gebunden : to bind, to tie.
Bitten, bat, gebeten : to ask.
Blasen (ä), **blies, geblasen :** to blow.
Bleiben, blieb, geblieben : to stay.
Braten (ä), **briet, gebraten :** to fry, to roast.
Brechen (i), **brach, gebrochen :** to break.
Brennen, brannte, gebrannt : to burn.
Bringen, brachte, gebracht : to bring.

Denken, dachte, gedacht : to think.
Dringen, drang, gedrungen : to urge, to insist.
Dürfen (ich darf, du darfst, er darf, wir dürfen), **durfte, gedurft :** to be allowed/permitted, may.
Empfangen (ä), **empfing, empfangen :** to receive.
Empfehlen (ie), **empfahl, empfohlen :** to recommend.
Empfinden, empfand, empfunden : to feel.

Erbleichen, erblich, erblichen : to turn pale.
Erschallen, erscholl, erschollen : to resound.
Erschrecken (i), **erschrak, erschrocken :** to frighten.
Essen (i), **aß, gegessen :** to eat.

Fahren (ä), **fuhr, gefahren :** to drive.
Fallen (ä), **fiel, gefallen :** to fall.
Fangen (ä), **fing, gefangen :** to catch.
Fechten (i), **focht, gefochten :** to fence.
Finden, fand, gefunden : to find.
Fliegen, flog, geflogen : to fly.
Fliehen, floh, geflohen : to flee.
Fließen, floß, geflossen : to flow.
Fressen (i), **fraß, gefressen :** to devour.
Frieren, fror, gefroren : to freeze.

Geben (i), **gab, gegeben :** to give.
Gedeihen, gedieh, gediehen : to prosper.
Gefallen (ä), **gefiel, gefallen :** to please.
Gehen, ging, gegangen : to go.
Gelten (i), **galt, gegolten :** to be effective.
Genesen, genas, genesen : to recover.
Genießen, genoß, genossen : to enjoy.
Geschehen (ie), **geschah, geschehen :** to happen.
Gewinnen, gewann, gewonnen : to win.
Gießen, goß, gegossen : to pour.
Gleichen, glich, geglichen : to resemble.
Gleiten, glitt, geglitten : to glide.
Graben (ä), **grub, gebraben :** to dig.
Greifen, griff, gegriffen : to seize.

Haben (ich habe, du hast, er hat, wir haben), **hatte, gehabt :** to have.
Halten (ä), **hielt, gehalten :** to hold.
Hängen, hing, gehangen : to hang.
Hauen, haute (hieb), gehauen : to strike.
Heben, hob, gehoben : to lift.
Heißen, hieß, geheißen : to be called, to mean.
Helfen (i), **half, geholfen :** to help.

Kennen, kannte, gekannt : to know.
Klingen, klang, geklungen : to sound.
Kneifen, kniff, gekniffen : to pinch.
Kommen, kam, gekommen : to come.
Können (ich kann, du kannst, er kann, wir können), **konnte, gekonnt :** to be able, can.
Kriechen, kroch, gekrochen : to creep.

Laden, lud, geladen : to load.

Lassen (ä), **ließ, gelassen :** to let.
Laufen (äu), **lief, gelaufen :** to run.
Leiden, litt, gelitten : to suffer.
Leihen, lih, geliehen : to lend.
Lesen (ie), **las, gelesen :** to read.
Liegen, lag, gelegen : to lie.
Lügen, log, gelogen : to lie.

Mahlen, mahlte, gemahlen : to grind.
Meiden, mied, gemieden : to avoid.
Messen (i), **maß, gemessen :** to measure.
Mögen (ich mag, du magst, er mag, wir mögen), **mochte, gemocht :** to like, may.
Müssen (ich muß, du mußt, er muß, wir müssen), **mußte, gemußt :** to be obliged, must.

Nehmen (ich nehme, du nimmst, er nimmt, wir nehmen), **nahm, genommen :** to take.
Nennen, nannte, genannt : to call.

Pfeiffen, pfiff, gepfiffen : to whistle.
Pflegen, pflog or **pflegte, gepflogen** or **gepflegt :** to attend to, to be used to.
Preisen, pries, gepriesen : to praise.

Quellen, quoll, gequollen : to swell, to emanate from.

Raten (ä), **riet, geraten :** to advise.
Reiben, rieb, gerieben : to rub.
Reißen, riß, gerissen : to tear.
Reiten, ritt, geritten : to ride.
Rennen, rannte, gerannt : to run.
Riechen, roch, gerochen : to smell.
Ringen, rang, gerungen : to fight.
Rinnen, rann, geronnen : to flow, to trickle.
Rufen, rief, gerufen : to call, to shout.

Salzen, salzte, gesalzen : to salt.
Saufen (äu), **soff, gesoffen :** to drink, hard.
Schaffen, schuf, geschaffen : to create.
Scheiden, schied, geschieden : to part.
Scheinen, schien, geschienen : to shine, to seem.
Schelten, schalt, gescholten : to scold.
Scheren, schor, geschoren : to shear, to clip.
Schieben, schob, geschoben : to push.
Schießen, schoß, geschossen : to fire.
Schlafen (ä), **schlief, geschlafen :** to sleep.
Schlagen (ä), **schlug, geschlagen :** to beat.
Schleifen, schliff, geschliffen : to sharpen.
Schließen, schloß, geschlossen : to close.

Schlingen, schlang, geschlungen : to sling.
Schmelzen (i), **schmolz, geschmolzen :** to melt.
Schneiden, schnitt, geschnitten : to cut.
Schreiben, schrieb, geschriben : to write.
Schreien, schrie, geschrie(e)n : to cry, to shout.
Schreiten, schritt, geschritten : to stride.
Schweigen, schwieg, geschwiegen : to be silent.
Schwellen, schwoll, geschwollen : to swell.
Schwimmen, schwamm, geschwommen : to swim.
Schwinden, schwand, geschwunden : to wane.
Schwingen, schwang, geschwungen : to swing.
Schwören, schwur or **schwor, geschworen :** to swear.
Sehen (ie), **sah, gesehen :** to see.
Sein (ich bin, di bist, er ist, wir sind), **war, gewesen :** to be.
Senden, sandte, gesandt : to send.
Singen, sang, gesungen : to sing.
Sinken, sank, gesunken : to sink.
Sinnen, sann, gesonnen : to meditate.
Sitzen, saß, gesessen : to sit.
Sollen (ich soll, du sollst, er soll, wir sollen), **sollte, gesollt :** shall.
Spalten, spaltete, gespalten : to split.
Speien, spie, gespie(e)n : to spit.
Spinnen, spann, gesponnen : to spin, to be mad.
Sprechen (i), **sprach, gesprochen :** to speak.
Springen, sprang, gesprungen : to spring.
Stechen (i), **stach, gestochen :** to sting.
Stehen, stand, gestanden : to stand.
Stehlen (ie), **stahl, gestohlen :** to steal.
Steigen, stieg, gestiegen : to climb.
Sterben (i), **starb, gestorben :** to die.
Stinken, stank, gestunken : to stink.
Stoßen (ö), **stieß, gestoßen :** to push.
Streichen, strich, gestrichen : to rub, to spread.
Streiten, stritt, gestritten : to quarrel.

Tragen (ä), **trug, getragen :** to tragen.
Treffen (i), **traf, getroffen :** to meet.
Treiben, trieb, getrieben : to operate, to induce.
Treten (i), **trat, getreten :** to tread.
Trinken, trank, getrunken : to drink.
Tun (ich tue, du tust, er tut, wir tun), **tat, getan :** to do.

Verderben (it), **verdarb, verdorben :** to spoil.
Verdrießen, verdroß, verdrossen : to annoy, to gall.
Vergessen (i), **vergaß, vergessen :** to forget.
Verlieren, verlor, verloren : to lose.
Verschwinden, verschwand, verschwunden : to disappear.

Verzeihen, verzieh, verziehen : to pardon.

Wachsen (ä), **wuchs, gewachsen :** to grow.
Waschen (ä), **wusch, gewaschen :** to wash.
Weben, wob, or **webte, gewoben** or **gewebt :** to weave.
Weichen, wich, gewichen : to give way.
Weichen, weichte, geweicht : to soak.
Weisen, wies, gewiesen : to show.
Wenden, wandte or **wendete, gewandt** or **gewendet :** to turn.
Werben (i), **warb, geworben :** to recruit.
Werden (i), **wurde, geworden :** to become.
Werfen (i), **warf, geworfen :** to throw.
Wiegen (or **wägen), wog, gewogen :** to weigh.
Winden, wand, gewunden : to wind.
Wissen (ich weiß, du weißt, er weiß, wir wissen), **wußte, gewußt :** to know.
Wollen (ich will, du willst, er will, wir wollen), **wollte, gewollt :** to want.

Ziehen, zog, gezogen : to pull.
Zwingen, zwang, gezwungen : to force.